SANTA BARBARA PUBLIC LIBRARY

P9-BJL-040

WITHDRAWN

WITHDRAWN

PADRES CONSCIENTES

PADRES CONSCIENTES

Shefali Tsabary

Traducción de Joan Soler Chic

GRUPO ZETA

Barcelona • Madrid • Bogotá • Buenos Aires • Caracas • México D.F. • Miami • Montevideo • Santiago de Chile

Título original: *The conscious parent*
Traducción: Joan Soler Chic
1.ª edición: marzo 2015

© 2010, by Shefali Tsabary, Phd.
© Ediciones B, S. A., 2015
    Consell de Cent, 425-427 - 08009 Barcelona (España)
    www.edicionesb.com

Printed in Spain
ISBN: 978-84-666-5694-8
DL B 1469-2015

Impreso por LIBERDÚPLEX, S.L.
Ctra. BV 2249, km 7,4
Polígono Torrentfondo
08791 Sant Llorenç d'Hortons

Todos los derechos reservados. Bajo las sanciones establecidas
en el ordenamiento jurídico, queda rigurosamente prohibida,
sin autorización escrita de los titulares del *copyright*, la reproducción
total o parcial de esta obra por cualquier medio o procedimiento,
comprendidos la reprografía y el tratamiento informático, así como
la distribución de ejemplares mediante alquiler o préstamo públicos.

A mi esposo Oz. Mi mago

Prefacio

El Dalai Lama

En este libro, la doctora Shefali Tsabary describe la importancia de la compasión en términos sencillos y seculares, y habla de cómo podemos aprender a desarrollarla partiendo de la relación con nuestros hijos.

Aunque tengo setenta y cinco años, todavía recuerdo el amor espontáneo y el afecto desinteresado de mi madre. Si lo pienso hoy, aún me llega una sensación de paz y calma interior. En el mundo moderno, uno de los desafíos que afrontamos es cómo conservar el agradecimiento por esta entrega generosa a lo largo de la vida. Cuando crecemos, nuestra errada inteligencia tiende a volvernos miopes, lo que da lugar al miedo, la agresividad, los celos, la cólera y la frustración, y todo ello reduce nuestro potencial.

Cuando nacemos quizá no tengamos el concepto que nos lleva a decir «esta es mi madre», pero sí tenemos una conexión espontánea basada en nuestras necesidades biológicas básicas. Por el lado de la madre, hay un tremendo impulso a atender las necesidades físicas del niño, a consolarlo y alimentarlo. Eso no tiene nada que ver con valores abstractos, sino que surge de forma natural, por la mera constitución biológica.

Según mi limitada experiencia, la fuente esencial de toda felicidad es el amor y la compasión, una actitud de generosidad y afecto hacia los demás. Si podemos ser cordiales y confiar en los otros, estamos más tranquilos y relajados. Perdemos esa sensación de miedo y recelo que mostramos a menudo hacia otras personas cuando no las conocemos bien o si percibimos que nos amenazan o compiten de algún modo con nosotros. Si estamos relajados y tranquilos, podremos usar mejor nuestra capacidad mental para pensar con claridad, así que, hagamos lo que hagamos, estudiemos o trabajemos, seremos capaces de hacerlo mejor.

Ante la amabilidad todo el mundo responde de forma positiva; es evidente para cualquiera que haya sido padre o madre. Una de las causas del fuerte vínculo entre padres e hijos es la amabilidad natural que existe entre ellos. Desde el momento de la concepción en el vientre materno hasta que somos capaces de cuidar de nosotros mismos recibimos mucha generosidad de muchas personas distintas; sin ella no sobreviviríamos. Reflexionar sobre esto y sobre el hecho de que solo somos seres humanos, ricos o pobres, con educación o sin ella, pertenecientes a una nación, una cultura, una religión o a otras, acaso nos mueva a devolver la amabilidad y la generosidad recibidas siendo nosotros amables y generosos con los demás.

Nota para los padres

Ser padres perfectos es un espejismo. No existe el progenitor ideal, como tampoco existe el hijo ideal.

Los padres conscientes pone de relieve los desafíos que constituyen una parte natural de la educación de un niño, bien entendido que, como padres, cada uno intenta hacer lo máximo con los recursos de que dispone.

El objetivo de este libro es esclarecer cómo podemos identificar y sacar partido de las *lecciones emocionales y espirituales* inherentes al proceso parental, para así poder utilizarlas para nuestro *propio desarrollo*, lo cual a su vez se traducirá en la capacidad para ser padre o madre de una manera más efectiva. Como parte de este planteamiento, se nos pide que seamos receptivos a la posibilidad de que las imperfecciones propias sean realmente las herramientas más valiosas para el cambio.

Durante la lectura de estas páginas, quizás haya veces en que el material remueva sensaciones incómodas. Invito a todo aquel que experimente esas sensaciones a que tome nota de esa energía. Haz una pausa en la lectura y reconcíliate con los sentimientos que te broten. Puede que mientras lo haces te des cuenta de que los metabolizas de manera espontánea. De pronto, lo que se está diciendo empieza a adquirir más sentido.

Los padres conscientes está escrito pensando en cualquiera que se relacione con un niño de cualquier edad. Da lo mismo si se trata de un progenitor soltero, un adulto joven que planea formar una familia o acaba de formarla, un padre o una madre con hijos adolescentes o un abuelo que cuida los nietos, en todos los casos, comprometerse con los principios generales esbozados en el libro puede facilitar la transformación tanto en el adulto como en el niño.

Si está costándote educar a un hijo por tu cuenta y apenas tienes ayuda, *Los padres conscientes* puede aligerar tu carga. Si eres una madre o un padre dedicado a los hijos a tiempo completo, *Los padres conscientes* quizás enriquezca tu experiencia. En el caso de quienes pueden tener ayuda para educar a sus hijos, tal vez sea conveniente buscar a alguien comprometido con los principios expuestos en este libro, sobre todo si el niño tiene menos de seis años.

Me da una continua lección de humildad la enorme oportunidad que ofrece la crianza de un hijo para deshacernos de nuestra vieja piel, liberarnos de patrones trasnochados, implicarnos en nuevas formas de ser y evolucionar, y convertirnos en padres más conscientes.

Namaste,

SHEFALI

1

Una persona real como yo

Una mañana, mi hija, muy agitada, me despertó a sacudidas. «El ratoncito te ha dejado un regalo increíble —susurraba—. ¡Mira lo que te ha dejado el ratoncito Pérez!»

Busqué debajo de la almohada y encontré un billete de un dólar cortado exactamente por la mitad. Mi hija me explicó: «El ratoncito te ha dejado la mitad; la otra mitad está bajo la almohada de papá.»

Me quedé sin habla.

Al mismo tiempo me vi en un dilema. Se me agolparon en la cabeza todos aquellos mensajes de que el dinero no crece en los árboles o lo importante que era para mi hija valorar eso. ¿Tenía que aprovechar la ocasión para explicarle que no hay que tirar el dinero y que un billete de un dólar cortado por la mitad no vale nada?

Comprendí que era un momento en el que mi manera de responder podía ser decisiva para el espíritu de mi hija. Menos mal que decidí archivar la lección y decirle lo orgullosa que me sentía de su generosidad con su único dólar. Mientras le daba las gracias al ratoncito por su buen corazón y su sentido de la ecuanimidad al repartirlo a partes iguales entre papá y mamá, los ojos de mi hija reaccionaron con un destello que iluminó la habitación entera.

ESTÁS EDUCANDO UN ESPÍRITU QUE PALPITA CON SU PROPIA FIRMA

La paternidad y la maternidad proporcionan muchas ocasiones en las que se enfrentan la cabeza y el corazón, con lo que educar a un niño se parece a caminar por la cuerda floja. Una sola respuesta equivocada puede marchitar su espíritu, mientras que el comentario adecuado puede ayudarlo a crecer. En cada momento podemos ser determinantes, alimentar o paralizar.

Cuando los hijos van a su aire, se muestran indiferentes ante las cosas con las que los padres nos obsesionamos tan a menudo. Lo que son las cosas para los demás, los logros, progresar... en los planes de un niño no está ninguno de esos problemas que tanto preocupan a los adultos. En vez de implicarse en el mundo con un estado mental ansioso, los niños suelen lanzarse de cabeza a la experiencia de la vida, dispuestos a arriesgarlo todo.

La mañana que el ratoncito Pérez visitó mi dormitorio, mi hija no estaba pensando ni en el valor del dinero ni en la cuestión relacionada con el ego de si me impresionaría que ella hubiera compartido su dólar. Tampoco le importó despertarme tan temprano. No era más que su yo, maravillosamente creativo, que expresaba jubiloso su generosidad y ella estaba encantada de ver que sus padres descubrirían que, para variar, el ratoncito nos había visitado.

Como madre, me encuentro una y otra vez en la situación de responder a mi hija como si fuera una persona real como yo, con todas las sensaciones que yo experimento, las nostalgias, los deseos, el entusiasmo, la imaginación, la inventiva, la sensación de asombro, la capacidad para el placer... Sin embargo, como muchos padres y madres, estoy tan atrapada en mi día a día que suelo desperdiciar la oportunidad brindada por esos momentos. Me encuentro tan impulsada a sermonear, tan orientada a enseñar, que con frecuencia soy insensible a los fabulosos medios por los que mi hija revela su singularidad, que es distinta de la de cualquier otro ser que haya pisado este planeta.

Si tienes un hijo, es fundamental comprender que no estás

criando a un miniyo, sino a un espíritu que palpita con su propia firma. Por esa razón, es importante separar quién eres tú de quiénes son cada uno de tus hijos. De ninguna manera son propiedades nuestras. Cuando asimilamos eso en lo más hondo del alma, adaptamos la educación a *sus* necesidades en vez de moldearlos para que satisfagan las *nuestras.*

En lugar de satisfacer las necesidades individuales de los hijos, tendemos a proyectar en ellos nuestras ideas y expectativas. Incluso cuando tenemos las mejores intenciones de animarlos a ser fieles a sí mismos, la mayoría de nosotros, sin darnos cuenta, caemos en la trampa de imponerles nuestros planes. Por consiguiente, la relación entre padres e hijos a menudo insensibiliza el espíritu del niño en vez de darle vida. Esa es una razón clave por la que muchos críos crecen atribulados y, en muchos casos, llenos de disfunciones.

Cada uno de nosotros inicia el viaje parental con una idea de cómo va a ser. Por lo general, esa es una fantasía. Tenemos creencias, valores y prejuicios que jamás hemos analizado; ni siquiera vemos la necesidad de poner en entredicho nuestras ideas porque creemos tener razón y no tenemos nada que reconsiderar. Basándonos en nuestra cosmovisión no examinada, sin darnos cuenta, establecemos expectativas rígidas sobre cómo deben expresarse nuestros hijos. No comprendemos que, al imponerles nuestro estilo, limitamos su espíritu.

Por ejemplo, si tenemos mucho éxito en lo que hacemos, probablemente esperaremos que los hijos lo tengan también. Si somos artísticos, quizás empujemos a los hijos a ser artísticos. Si fuimos unos genios intelectuales en la escuela, tendemos a desear fervientemente que nuestros hijos sean brillantes. Si no nos fue tan bien en los estudios y, como consecuencia de ello, en la vida hemos tenido dificultades, quizá vivamos con el temor de que los niños acaben como nosotros, lo cual nos impulsará a hacer lo que esté en nuestra mano para intentar prevenir esa posibilidad.

Queremos lo que consideramos mejor para nuestros hijos, pero eso nos lleva a no tener en cuenta que la cuestión más importante es su derecho a ser personas *autónomas* y a dirigir su vida con arreglo a su espíritu único.

Los niños viven en el mundo de lo que es, no en un mundo de lo que no es. Acuden a nosotros con su ser rebosando potencial. Cada hijo tiene que vivir su destino particular, su propio *karma*, si se prefiere. Como los niños llevan dentro un anteproyecto, a menudo ya están en contacto con quiénes son y qué quieren ser en el mundo. Como padres suyos, nosotros hemos decidido ayudarlos a hacerlo *realidad*. El problema es que si no les prestamos mucha atención, les quitamos su derecho a vivir su destino. Acabamos imponiéndoles nuestra visión y reescribiendo su meta espiritual conforme a nuestros caprichos.

No es de extrañar que no logremos sintonizar con la esencia de nuestros hijos. ¿Cómo vamos a escucharlos cuando a veces apenas nos escuchamos a nosotros mismos? ¿Cómo vamos a percibir su espíritu y a oír el latido de su corazón si no lo hacemos en nuestra propia vida? Cuando, como padres, hemos perdido la brújula interna, ¿es extraño que tantos niños crezcan sin rumbo, desconectados y desalentados? Al perder contacto con nuestro mundo interior, anulamos la capacidad de ejercer como padres desde nuestro ser esencial tal como requiere la crianza consciente de los hijos.

Dicho esto, quiero que este libro lance un salvavidas a los padres que solo están intentando sobrevivir, sobre todo los que tienen hijos adolescentes. Partiendo de mi experiencia con adolescentes, estoy convencida de que, aunque tengamos un hijo con el que nos cuesta permanecer conectados, no es demasiado tarde. Si los hijos son pequeños, cuanto antes comencemos a construir una conexión fuerte, mejor, desde luego.

TODOS EMPEZAMOS EN LA CRIANZA INCONSCIENTE

Una de las tareas más exigentes que acometemos es traer al mundo a un ser humano y criarlo. No obstante, la mayoría de nosotros enfocamos este cometido de una forma muy distinta a como nos plantearíamos nuestra vida profesional. Por ejemplo, si tuviéramos que dirigir una organización de mil millones de dólares, diseñaríamos un proyecto con sumo cuidado. Sabríamos cuál es el objetivo y el modo de alcanzarlo. En el proceso de llevarlo a cabo, nos familiarizaríamos con el personal y sabríamos cómo aprovechar al máximo su potencial. Como parte de nuestra estrategia, identificaríamos los puntos fuertes y resolveríamos cómo sacar de ellos el máximo partido; al mismo tiempo, identificaríamos los débiles para minimizar su impacto. El éxito de la organización resultaría de *elaborar estrategias* para el éxito.

Es útil hacernos algunas preguntas: «¿Cuál es mi proyecto parental, mi filosofía parental? ¿Cómo lo pongo de manifiesto en la interacción cotidiana con mi hijo? ¿He planeado una misión seria, consciente, como haría si dirigiese una organización importante?»

Tanto si sois una pareja como si eres un padre o una madre solo, vale la pena que analices detenidamente el enfoque que le das a la relación con los hijos a la luz de las investigaciones sobre lo que funciona y lo que no. A veces no se tienen en cuenta cómo afecta el estilo parental a los hijos y hay bastante gente que si lo pensara, posiblemente, cambiaría su planteamiento: ¿el método que usas contempla escuchar el espíritu del niño? ¿Estarías dispuesto a cambiar la manera de interaccionar con tu hijo si quedara claro que lo que haces no funciona?

Cada uno de nosotros se imagina que es el mejor padre que puede ser y, de hecho, casi todos somos buenas personas que sentimos un gran amor hacia nuestros hijos. No imponemos nuestra voluntad a los hijos por falta de amor, desde luego, sino, más bien, por falta de *conciencia*. La realidad es que muchos de nosotros no somos conscientes de la dinámica que se genera en nuestra relación con los hijos.

No nos gusta pensar que somos inconscientes: por el contrario, es un concepto que tendemos a negar. Muchos estamos tan a la defensiva que si alguien dice algo sobre nuestro estilo parental, saltamos en el acto. Sin embargo, cuando empezamos a ser conscientes, rediseñamos la dinámica que compartimos con los hijos.

Si carecemos de conciencia, nuestros hijos pagan un alto precio. Demasiado consentidos, bastante medicados y con demasiadas marcas encima, muchos son desdichados. Por eso, a causa de la inconsciencia, les legamos nuestras necesidades no resueltas, nuestras expectativas insatisfechas o nuestros sueños frustrados. Pese a las mejores intenciones, los sometemos a la herencia emocional recibida de nuestros padres, atándolos al debilitante legado de los antepasados. La naturaleza de la inconsciencia es tal que, hasta que sea metabolizada, se irá filtrando de una generación a otra. Solo mediante la conciencia puede terminar el ciclo de dolor que va reproduciéndose en las familias.

PARA CONECTAR CON TUS HIJOS, CONECTA PRIMERO *CONTIGO MISMO*

Hasta que comprendemos con precisión *cómo* hemos estado funcionando en modo inconsciente, solemos negarnos a aceptar un planteamiento del estilo parental que se base en ideales totalmente distintos de aquellos en los que nos hemos basado hasta ahora.

Tradicionalmente, la paternidad se ha ejercido de forma jerárquica. Los padres gobiernan de arriba abajo. Al fin y al cabo, ¿no es el niño un *inferior* que debemos transformar nosotros puesto que somos los entendidos en la materia? Como los niños son pequeños y no saben tanto como los padres, estos dan por sentado que tienen derecho a controlarlos. De hecho, estamos tan acostumbrados a que en la familia los padres ejerzan el control que ni siquiera se nos pasa por la imaginación que quizás eso no sea bueno para los hijos ni para nosotros.

Por lo que respecta a los padres, el problema de aplicar ese enfoque tradicional al estilo parental es que, con sus vanas ilusiones de poder, le da rigidez al ego. Como los niños son muy inocentes y susceptibles de recibir la influencia de los padres, suelen ofrecer poca resistencia cuando les imponemos nuestro ego, una situación que puede fortalecer aún más el ego.

Si quieres iniciar un estado de conexión pura con tu hijo, puedes lograrlo prescindiendo de todo sentimiento de superioridad. Al no esconderte tras una *imagen* egoica, serás capaz de interaccionar con la criatura como una *persona real*, como tú.

Utilizo la palabra «imagen» en conexión con el ego de forma intencionada; por eso quiero aclarar qué quiero decir exactamente con *ego* y el adjetivo que se deriva: egoico. Por mi experiencia, la gente tiende a pensar que el ego es sinónimo de *uno mismo*, en el sentido de quiénes son como *personas*. Así pues, el adjetivo «egoico» se referiría a una concepción sobredimensionada de uno mismo, como el que relacionamos con la vanidad.

Ahora bien, para entender este libro es crucial tener en cuenta que estoy utilizando estos términos de una manera muy distinta. Propongo que lo que consideramos el ego no sea de ningún modo el *verdadero* uno mismo. Entiendo el ego más como una *imagen* nuestra que llevamos en la cabeza, una imagen que tenemos de nosotros mismos y que acaso tenga muy poco que ver con quiénes somos en esencia. Todos crecemos con una imagen así de nosotros y esa imagen comienza a formarse cuando somos pequeños, en gran parte a partir de las interacciones con los demás.

El ego, tal como uso aquí el término, es una sensación *artificial* de nosotros mismos. Es una *idea* sobre nosotros basada sobre todo en las opiniones de los demás. Es la persona que uno llega a *creer* y *pensar* que es. Esa autoimagen está superpuesta a quienes somos en esencia. En cuanto nos hemos formado la imagen de nosotros mismos en la infancia, tendemos a conservarla con todo el afán.

Si bien la idea de quiénes somos es estrecha y limitada, nuestro ser nuclear —ser fundamental, o esencia— no tiene límites. Al existir en libertad total, no tiene expectativas de los demás ni miedo ni sentimientos de culpa. Aunque vivir en un estado así acaso suene a algo extrañamente distanciado, en realidad nos habilita para conectar con los otros de una manera verdaderamente significativa porque es un estado *auténtico*. En cuanto nos distanciamos de nuestras expectativas sobre cómo debe comportarse otra persona y la contemplamos como lo que es en realidad, la aceptación que inevitablemente le expresamos produce la conexión de forma natural; ocurre porque la autenticidad sintoniza de manera automática con la autenticidad.

Como estamos tan pegados al ego, hasta el punto de imaginar que es lo que somos, acaso sea difícil reconocerlo. De hecho, aparte de sus manifestaciones más obvias, como la jactancia o la grandilocuencia, el ego suele estar en su mayor parte disfrazado y así nos hace creer que es nuestro ser genuino.

Como ejemplo de que el ego se hace pasar por nuestro verdadero ser, muchos de nosotros no somos conscientes de que *muchas de nuestras emociones consisten en ego disfrazado.* Por ejemplo, cuando decimos «tengo hambre», imaginamos que el que tiene hambre es el ser esencial, pero puede que la realidad sea bien distinta; es muy posible que, de alguna manera, estemos, efectivamente, oponiendo resistencia a determinada situación porque prefiramos no dejar de *creer cómo deberían ser* las cosas. Si después nos enfadamos con los demás, estamos ante una manifestación de ego en toda regla.

Lo sabemos todos por experiencia propia: el apego a la cólera u otras emociones como los celos, la decepción, la culpa o la tristeza, provoca, en última instancia, una sensación de separación entre nosotros y los otros. Eso pasa porque, al no identificar el enfado como una reacción egoica, creemos que es parte de lo que somos en esencia. Si se hacen pasar como nuestro verdadero ser, los apegos egoicos debilitan la capacidad para permanecer en un estado de dicha y unión con todos.

A veces, el ego se canaliza a través de la profesión, los intereses o la identidad nacional. Decimos «soy tenista», «soy religioso» o «soy estadounidense», pero dentro no llevamos nada de todo esto. Son más bien roles a los que nos vinculamos, a menudo sin darnos cuenta, por lo que pronto crean un sentido del yo. Si alguien pone en duda alguno de nuestros roles, nos sentimos amenazados, imaginamos que nos atacan. Cuando eso sucede, en vez de rendir el vínculo egoico al sentido del yo, tendemos a retenerlo con más fuerza. Esta relación con el ego es la causa de muchos conflictos, divorcios y guerras.

No quiero dar a entender que el ego sea malo y no debería existir. Por el contrario, el ego, por su naturaleza intrínseca, no es bueno ni malo: solo *es*. Se trata de una fase de nuestro desarrollo que contribuye a una finalidad, algo parecido al huevo en el que se forma el polluelo hasta que nace. La cáscara del huevo desempeña un papel en la formación del animalito. No obstante, si la cáscara permaneciera intacta más tiempo del necesario, en vez de romperse, impediría el desarrollo del pollito. De igual modo, hay que librarse poco a poco del ego y favorecer la reaparición de nuestro verdadero ser desde las brumas de la infancia.

Aunque quizá no lleguemos a estar totalmente libres de ego, ser padres de manera consciente exige que seamos cada vez más *conscientes* de la influencia de nuestro ego. La conciencia es transformadora, además de la esencia de llegar a ser un progenitor consciente. Cuando más conscientes lleguemos a ser, más reconoceremos la diversidad de situaciones en las que hemos estado viviendo sometidos a un condicionamiento no analizado de nuestra propia educación, que luego transmitimos a los hijos. A lo largo de este libro, veremos diversos ejemplos de las distintas maneras en las que eso ocurre en la vida de las personas que os presentaré.

Para ser consciente de que tu ego no es realmente lo que eres y de cómo funciona para hacerte creer que lo es, hace falta observar esos momentos en los que se abre un pequeño espacio y te sorprendes pensando, experimentando emociones o comportándote de una forma que no se corresponde del todo contigo. Cuando empieces a advertir esos momentos, sentirás que te distancias espontáneamente de tu ego.

PUEDES CREAR UN SENTIMIENTO
DE AFINIDAD EN TU FAMILIA

La crianza consciente de los hijos materializa nuestro deseo de experimentar la *unión* inherente a la relación padres-hijos, que es una asociación, y además de un carácter muy diferente de la dominación que por lo general ejercen los padres.

En el intento de establecer la unión entre tus hijos y tú, el camino pasa por el descubrimiento de la comunión con tu *propio ser olvidado*. Eso es así porque establecer una asociación significativa con tus hijos hará que inevitablemente te ocupes del desarrollo de tu propio ser auténtico. A medida que vas desintegrando la jerarquía padres-hijos, tu creciente conciencia les ofrece, de manera espontánea, a todos los miembros de la familia las mismas ventajas y oportunidades. Alejarte de la conducta egoica, renunciando a tus opiniones sobre cómo *deben* ser las situaciones y cómo *debe* actuar la gente, te permitirá bajarte del pedestal de dominación.

Como los hijos son tan moldeables, a menudo pasamos por alto la invitación a moldearnos nosotros y convertirnos en socios espirituales suyos. No obstante, si prestamos atención a quien está, a efectos prácticos, *bajo nuestro control*, tenemos la oportunidad de liberarnos de toda necesidad de controlar. Los hijos facilitan nuestra evolución, ya que nos procuran un medio para librarnos de la cáscara del ego y avanzar hacia la libertad, permitida por el hecho de vivir en nuestro más auténtico estado de ser. Así nos encontramos expuestos al potencial transformador del viaje parental.

Con el mito de que hay que romper la relación entre padres e hijos de manera unidireccional, se hacen visibles las posibilidades circulares de este viaje al descubrir que los hijos contribuyen a nuestro crecimiento más intensamente de lo que nosotros contribuiremos al suyo. Aunque los críos parecen inferiores y sensibles a los caprichos y dictados de sus progenitores, siempre más poderosos, es precisamente en la condición de ser, aparentemente, menos poderoso, donde radica el potencial del niño de dar lugar a una enorme transformación en los padres.

Considerar la paternidad como un proceso de metamorfosis individual nos permite crear el espacio psíquico en el que pueden impartirse las clases de este viaje. Como padres, si sois capaces de reconocer que vuestros hijos están en la vida para promover un sentido renovado de quiénes sois, descubriréis su potencial, el que os llevará a descubrir vuestro propio y verdadero ser.

En otras palabras, aunque acaso creáis que vuestro reto más importante es educar bien a los hijos, debéis ocuparos de una tarea aún más esencial: el establecimiento de un estilo parental efectivo. Esta tarea consiste en educaros y convertiros *vosotros* en los individuos más presentes y despiertos que sea posible. La razón de que eso sea tan importante para el buen estilo parental es que los niños no necesitan nuestras ideas y expectativas, ni el dominio ni el control; lo único que necesitan es que nos adaptemos a ellos con nuestra *presencia* comprometida.

LA CONCIENCIA CAMBIA EL ESTILO PARENTAL

La conciencia no es una cualidad mágica concedida a unos pocos afortunados. No cae del cielo; es un estado que surge como parte de un proceso.

Para implicarse en este proceso, es útil tener en cuenta que la conciencia no es una repentina y total ausencia de inconsciencia. Por el contrario, de esta emerge gradualmente aquella. Quienes transitan por el camino de la conciencia no son diferentes de los otros, salvo por el hecho de que han aprendido a extraer de la inconsciencia su potencial para aumentar la conciencia, lo cual significa que esta es accesible para *todos*. De hecho, lo mágico de la relación padres-hijos es que nos brinda continuas oportunidades para educarnos y elevarnos a un estado de conciencia intensificada.

Aunque creemos tener el poder de educar a los hijos, la realidad es que los hijos tienen el poder de educarnos a *nosotros* y convertirnos en los padres que necesitan que lleguemos a ser. Por esta razón, la experiencia parental no es la de los padres *frente* al hijo sino la de los padres *con* el hijo. El camino hacia la totalidad pasa por el regazo de los hijos y lo único que tenemos que hacer es tomar asiento. Mientras los hijos nos muestran el camino de regreso a nuestra propia esencia, se convierten en nuestros principales despertadores. Si no los tomamos de la mano para seguir sus pasos mientras nos ayudan a cruzar la puerta de la conciencia incrementada, perdemos la ocasión de avanzar hacia nuestra propia iluminación.

Cuando hablo de los hijos que nos transforman como padres, no penséis, ni por un momento, que estoy hablando de renunciar a influir en los hijos ni de convertirnos en sus subalternos. Por mucho que el estilo parental consciente tiene que ver con escuchar a los niños, aceptar su esencia y estar plenamente presentes, también tiene que ver con poner límites y aplicar disciplina. Como padres, se exige de nosotros no solo que les procuremos elementos básicos, como casa, comida y educación, sino también que les enseñemos el valor de la estructura, la adecuada contención de sus emociones y destrezas como reconocer la realidad. En otras palabras, el estilo parental consciente abarca todos los aspectos necesarios en la educación de un niño para que sea un miembro equilibrado y ponderado de la especie humana; de ahí que educar de forma consciente no tenga nada de permisivo. A lo largo de este libro veremos ejemplos de padres que aprenden a *educar* de una manera tan constructiva que habilita a sus hijos para que lleguen a madurar desde el punto de vista emocional y conductual.

Así pues, creo que es importante explicar por qué he reservado para el último capítulo la información concreta que deseo transmitir sobre disciplina. El enfoque consciente de la disciplina se basa en nuestra capacidad de practicar la *presencia real* con los hijos. Es clave que los padres comprendan que este enfoque solo es efectivo una vez que hayan aprendido, mediante la dinámica padres-hijos, a *estar presentes*; y eso irá desplegándose capítulo a capítulo mientras hagamos juntos este viaje.

La metamorfosis parental es crucial para dar un salto en la conciencia humana. Sin embargo, cuando vienen a verme, los padres, por lo general, no buscan un medio para desarrollarse en el plano personal, sino que, más bien, están impacientes por hallar respuestas al comportamiento de sus hijos. Esperan que yo tenga una varita mágica que transforme a los niños en jóvenes con una psique sana y resuelta. Yo les señalo que el estilo parental consciente es algo más que la aplicación de estrategias ingeniosas. Consiste en una completa filosofía de vida ligada a un proceso que tiene la capacidad de transformar a padres e hijos en un plano elemental. La única manera coherente de relacionarse los padres con los hijos es como socios espirituales en un *ascenso espiritual mutuo*. Por eso, el estilo parental consciente va más allá de las técnicas pensadas para abordar una conducta concreta: se dirige a los aspectos más profundos de la relación entre padres e hijos.

La belleza del enfoque consciente de la crianza de un niño está en que, en vez de intentar aplicar una técnica y esperar que sea la apropiada para la situación concreta, la conciencia nos dice, a cada paso, cuál es la mejor forma de acometer la tarea parental. Por ejemplo, cuando mi hija partió por la mitad el billete de dólar, ¿qué habría sido mejor, una reprimenda o un elogio? Dejé que me guiara mi ser interior, lo cual, en nuestra unión, encontró una estrecha correspondencia en su ser interior. Incluso cuando recibimos la señal de que debemos imponer disciplina, la conciencia nos enseña a hacerlo de tal manera que refuerce el espíritu del niño en vez de debilitarlo.

Cuando reúnes el coraje necesario para abandonar el control inherente a un planteamiento jerárquico y así acceder al potencial espiritual de una dinámica circular padres-hijos, te sientes cada vez más libre de conflictos y luchas por el poder. Por tanto, la dinámica padres-hijos pasa a ser una experiencia trascendente, repleta de intercambios emocionantes dignos de seres que reconocen el privilegio de encontrar un compañero espiritual. Al entregarnos a la unión de una relación consciente entre padres e hijos, sacamos el estilo parental del terreno puramente físico y lo elevamos al terreno de lo sagrado.

2

La razón espiritual por la que tenemos hijos

Pese a todas las evidencias de que muchas de las estrategias parentales no funcionan y a menudo incluso resultan contraproducentes, muchos de nosotros nos aferramos al enfoque inconsciente que ha generado las dificultades que estamos viviendo con los hijos.

Para cambiar y pasar a una forma más efectiva de relación con los hijos, tenemos que estar dispuestos a afrontar y resolver problemas internos que derivan de cómo fuimos educados *nosotros*. Si no propiciamos esta transformación, probablemente seremos padres poco respetuosos, ajenos al grito del espíritu de nuestros hijos y ciegos a su sabiduría. Solo si como padres estamos sintonizados con nuestro propio ser, sabremos ayudar a los hijos a sintonizarse con su esencia exclusiva.

Por ese motivo, ser padres conscientes exige pasar por una transformación personal. De hecho, sé por experiencia que la relación entre padres e hijos existe sobre todo para transformar a los primeros, mientras que educar a los segundos es secundario.

Cuando les describo a los padres las maneras de experimentar la transformación, suelo toparme con cierta resistencia. «¿Por qué *nosotros*?», replican desconcertados ante mi sugerencia de que son *ellos* quienes necesitan cambiar. Cuando les digo que los hijos modificarán su conducta solo si los padres se vuelven más conscientes, suelen sentirse decepcionados, incapaces de aceptar que lo importante es cambiar su modo de pensar, no el de los hijos. Observo que muchos padres tienen miedo de abrirse a lo desconocido tal como requiere pasar de la inconsciencia a la conciencia.

Este camino no es para pusilánimes, sino para las almas valerosas que deseen tener afinidad con sus hijos. Los niños acuden a nosotros para que podamos identificar nuestras heridas psíquicas y reunir el valor necesario para superar las limitaciones impuestas por esas heridas. Mientras sacamos a la luz los caminos por los que el pasado nos lleva, vamos siendo cada vez más capaces de ser padres conscientes. Hasta entonces, por mucho que intentemos llevar la conciencia a nuestro estilo parental, la inconsciencia se filtra en las interacciones con nuestros hijos a la menor provocación.

Quiero insistir en lo absurdo de desear que la inconsciencia no exista. En realidad, entender las ramificaciones de la inconsciencia y llegar a comprender sus consecuencias puede empujar a una persona a emprender el penetrante autoexamen requerido para llegar a ser un padre eficiente.

En esto, tus hijos son tus aliados, ya que una y otra vez reflejan aspectos de tu inconsciencia, lo que te ofrece una oportunidad tras otra de despertar del sopor. Puesto que los hijos merecen padres conscientes, ¿no tenemos el deber de dejar que nos transformen al menos tanto como nosotros pretendemos transformarlos a ellos?

Aunque los detalles concretos de la transformación que debemos experimentar son exclusivos de cada individuo, la naturaleza de esta transformación es, en muchos aspectos, universal; de ahí que un enfoque consciente del estilo parental inste a los padres a abordar cuestiones que son los sellos distintivos de la conciencia; por ejemplo:

¿Voy a dejarme conducir hacia un mayor despertar espiritual mediante la relación con mis hijos?

¿Cómo puedo educar a mis hijos con conciencia de lo

que ellos necesitan realmente de mí y, de este modo, llegar a ser el padre que merecen tener?

¿Cómo puedo elevarme por encima de mi temor al cambio y transformarme para satisfacer los requisitos del espíritu de mi hijo?

¿Me atreveré a ir contra corriente y educar partiendo de la premisa de que hay que valorar más la vida interior que la exterior?

¿Reconozco cada aspecto de mi estilo parental como un llamamiento a mi evolución superior?

¿Soy capaz de percibir la relación con mis hijos como una relación sagrada?

CÓMO PUEDE UN *NIÑO* ABRIRLE LOS OJOS A UN *ADULTO*

Un niño entra en tu vida con sus problemas individuales, sus dificultades, su obstinación y sus líos temperamentales para ayudarte a ser consciente de lo mucho que tienes que crecer todavía. Eso ocurre porque los hijos son capaces de conducirnos a los restos de nuestro pasado emocional y suscitar sentimientos sumamente inconscientes. Por consiguiente, para entender qué parte de nuestro paisaje interno debe desarrollarse, no hace falta ir más allá de la mirada de los hijos.

Tanto si inconscientemente generamos situaciones en las que nos sentimos igual que cuando nosotros éramos niños, como si luchamos con desespero para evitarlo, experimentamos de alguna manera las mismas emociones que sentíamos de pequeños. Esto se debe a que, a menos que integremos de manera consciente los aspectos no integrados de la infancia, no nos abandonarán nunca, sino que, por el contrario, se reencarnan una y otra vez en nuestro presente y luego reaparecen en los hijos. De ahí que, al ofrecernos un reflejo de nuestra inconsciencia, los hijos nos hacen un regalo valiosísimo. Al tiempo que ellos nos brindan oportunidades para identificar nuestra inconsciencia cuando se pone de manifiesto aquí y ahora, nosotros tenemos la oportunidad de librarnos de las garras del pasado para no seguir regidos por condicionamientos viejos. Los hijos también reflejan los éxitos y los fracasos de esta empresa, por lo que nos indican la dirección que tenemos que seguir.

Como interaccionamos con los niños basándonos en cómo nos criaron a nosotros, antes de darnos cuenta —y a pesar de nuestras mejores intenciones— ya estamos recreando la dinámica de nuestra propia infancia. Voy a ilustrar cómo funciona esto con la historia de una madre y una hija a las que tuve el privilegio de ayudar. Jessica fue una buena estudiante y la hija ideal hasta los catorce años; pero durante los dos años siguientes se convirtió en la peor pesadilla de su madre: no paraba de mentir, robar, pegar y fumar, se volvió grosera, rebelde, incluso violenta. Los cambios de humor de su hija le creaban a Anya una ansiedad tal que al final no pudo reprimir más sus emociones y empezó a descargar toda la furia en la muchacha, a la que le gritaba y le soltaba unos insultos que un niño no debería oír jamás. Aunque Anya sabía que el comportamiento de Jessica no justificaba estas explosiones extremas, no conseguía controlar su cólera, que ni sabía de dónde venía. Como se sentía inepta y pensaba que era un fracaso como madre, era incapaz de darle a Jessica la conexión que la chica necesitaba.

A su debido tiempo, Jessica le confió a su consejero escolar que había comenzado a autolesionarse. Al enterarse del dolor de Jessica, Anya se puso en contacto conmigo en busca de ayuda. Me decía: «Es como si volviese a tener seis años. Cuando mi hija me chilla, me siento igual que cuando me chillaba mi madre. Cuando me pega un portazo y me excluye de su mundo, es como si me estuvieran castigando, como si hubiera hecho algo malo. La diferencia es que mientras a mis padres nunca les protestaba, ni gritaba ni insultaba, ahora no puedo parar. Cada vez que mi hija me hace sentir como me hacían sentir mis padres, es como si el mundo se me cayera encima y yo perdiera la razón.»

El único medio que yo tenía de desbloquear la inconsciencia que Jessica había provocado en Anya era revisitar su pasado, en especial su familia de procedencia. El padre de Anya era frío a la hora de expresar emociones, por lo que ella estuvo privada de afecto. Ella explicaba que su madre «no estaba nunca. Incluso cuando se encontraba físicamente allí, era como si no estuviera. Yo tenía siete u ocho años cuando comencé a conocer la soledad».

El aislamiento y que sus padres no la aceptaran le causaban a Anya tal dolor que decidió crear su propia personalidad: «Resolví que empezaría a actuar como mamá, y entonces papá me querría tanto como a ella.» La madre de Anya iba siempre bien arreglada, estupendamente vestida, con todo controlado. Anya recuerda: «De la noche a la mañana dejé de ser una niña y me convertí en una mujer adulta. Me puse a hacer ejercicio como una loca y a sacar buenas notas.»

Por desgracia, con independencia de lo responsable que se volviera Anya, nunca fue lo bastante buena para su rigurosísimo padre. Un incidente concreto dio pie a un punto de inflexión. Así lo cuenta ella: «Recuerdo que un día mi padre estaba molesto conmigo porque no me quedaba quieta haciendo los deberes. Hombre de pocas palabras, me llevó a un rincón de la habitación y me levantó los brazos. Luego me dobló las rodillas y me bajó al suelo. Estuve arrodillada con los brazos en cruz durante dos horas. No abrí la boca en todo el rato. Mi madre tampoco se atrevió a decir nada. No me miraban. Creo que lo más doloroso no fue el castigo sino que me trataran como si no existiera. Lloré y supliqué perdón, pero no parecía oírme nadie. Al cabo de dos horas, mi padre me dijo que me levantara y me pusiera a estudiar. A partir de ese día, juré que no volvería a meterme en líos. Me tragué la ira y me oculté bajo capas de rencor.»

Igual que había aprendido a ser la hija *perfecta*, Anya le había enseñado a su hija Jessica a ser su pequeña autómata, carente de expresión emocional, responsable, contenida y con la manicura perfecta. No obstante, al ser un espíritu distinto, Jessica solo aguantó la rigidez de su madre durante la infancia. En cuanto fue capaz de liberarse, lo hizo. Al no tener un concepto de centro, su péndulo emocional osciló hacia el otro extremo y cuanto más se rebelaba Jessica, más controladora y dominante se mostraba Anya. Al final, la hija explotó. Y entonces empezaron las autolesiones.

En toda la conducta de su hija, Anya veía solo sus propias heridas, provocadas por la cólera, el rechazo y el abuso de sus padres. En lugar de entender la rebelión de Jessica como un grito de ayuda, la interpretaba como algo que debilitaba su papel de madre. Eso funcionó como recordatorio de lo impotente e inútil que la habían hecho sentir sus padres cuando niña; solo que en vez de llegar a ser la hija perfecta que fuera todos aquellos años en el hogar familiar, como madre tomaba represalias. La tragedia es que lo hacía contra la *persona equivocada*.

Anya no tenía conciencia alguna de que, dadas las circunstancias de la rígida educación recibida, su hija estaba comportándose con bastante normalidad. No era capaz de oír que Jessica estaba diciendo: «Ya está bien de farsa. Despierta y date cuenta de que soy un individuo único, con necesidades distintas de las que tienes tú. Ya no puedo ser tuya para que sigas controlándome.»

Efectivamente, Jessica estaba pidiendo a gritos la liberación que Anya nunca reclamó para sí misma. La hija era la abanderada de la guerra no librada por la madre. Aunque a ojos de la gente parecía mala, a decir verdad era una chica diligente que representaba el pasado no vivido de Anya. Pese a su conducta antisocial, estaba facilitando que por fin su madre expresara todo lo que llevaba atrapado dentro desde hacía decenios.

Para el viaje hacia ser una madre consciente, la *maldad* de Jessica fue de gran ayuda, una oportunidad para que Anya se enfrentara con el resentimiento y la pena de su infancia. Así que, por fin, Anya se permitía gritar, soltar su toxicidad emocional. Nuestros hijos son generosos, ya que se convierten, de buen grado, en receptáculos de nuestras emociones poco convenientes para que, en última instancia, podamos liberarnos. Es nuestra poca disposición a caminar hacia esa libertad lo que crea la impresión de que los hijos son *malos* y están haciendo las cosas con mala intención.

Si entiendes que la conducta inadecuada de los hijos es un llamamiento a una mayor conciencia por *tu* parte, eres capaz de ver las oportunidades que te brindan para evolucionar de manera distinta. Entonces, en vez de reaccionar contra ellos, miras hacia dentro y te preguntas el *porqué* de esa reacción; y al preguntar, abres un espacio del que surgirá la conciencia.

Solo cuando fue capaz de revisitar su infancia y sacar a la luz la cólera hacia sus padres, pudo Anya liberar a su hija de la trampa de perfección en la que ella misma había estado toda la vida. Al embarcarse en el proceso de liberación, empezó a desprenderse de las capas de ficción con las se había envuelto, y poco a poco fue surgiendo una persona radiante, llena de alegría, divertida y llevadera. El perdón que le pidió a su hija por toda la carga que, con total falta de sensibilidad, le había hecho arrastrar también le permitió curar sus propias heridas. Madre e hija estaban ayudándose una a otra a ser los seres auténticos que en realidad habían sido desde el principio.

Las diferentes maneras que el pasado tiene de influir en el presente son imborrables, si bien, paradójicamente, no son visibles. Por eso a alguien cercano le da por devolvernos el reflejo de las heridas antiguas, de manera que los hijos son capaces de ayudarnos a ser libres. Por desgracia, a menudo los padres no les permitimos hacer realidad su objetivo espiritual en nuestra vida. En vez de ello, intentamos que hagan realidad *nuestras* fantasías y *nuestros* planes egoicos.

¿Cómo vamos a guiar, proteger y atender al bienestar de los hijos en el mundo físico, renunciando estrictamente a toda clase de dominio sobre su espíritu, si no hemos cultivado un espíritu libre dentro de *nosotros*? Si tu espíritu lo aplastaron unos padres divorciados de su propia libertad emocional, existe el riesgo de que tú aplastes el de tus hijos. Puede que, sin querer, engendres en ellos el dolor que sufriste en la infancia, y así se transmita de una generación a otra. Por eso es tan importante deshacernos conscientemente del estado inconsciente y avanzar hacia una forma de ser iluminada.

CÓMO SE APRENDE EL ESTILO PARENTAL CONSCIENTE

Los padres conscientes no buscan respuestas fuera de la relación parental, sino que confían en la posibilidad de encontrarlas, para unos y para otros, en la misma dinámica padreshijos. Por esta razón, el estilo parental consciente se aprende mediante la *experiencia* real de la relación con los hijos, no leyendo libros que ofrecen soluciones apresuradas o haciendo un curso de técnicas especializadas. El enfoque consciente encarna valores procedentes de la relación. Educar así requiere la participación plena y voluntaria de los padres, pues solo mediante la interacción con su propia conciencia en desarrollo puede tener lugar el cambio en el niño.

Este planteamiento toma la relación entre padres e hijos *tal como es*, y luego introduce el elemento de la conciencia. En otras palabras, el estilo parental consciente se vale de la implicación habitual, continua, con los hijos para fomentar una conexión auténtica. Como este enfoque es muy relacional, no se puede empaquetar como una receta, sino que, como se ha dicho antes, es una filosofía de vida, lo cual significa que cada lección está intrínsecamente ligada a las otras, de modo que nada se distancia ni se aísla del tejido de la unidad familiar.

Utilizando el momento presente como laboratorio vivo, las interacciones cotidianas tienen el potencial de enseñar lecciones valiosísimas. El más vulgar y corriente de los momentos nos procura oportunidades para alimentar la autodefinición, la resiliencia, la tolerancia y la conectividad, surgido todo ello de la presencia. No se necesitan grandes intervenciones ni estrategias. Utilizamos lo que tenemos delante para introducir un cambio de perspectiva, tanto en nosotros como en los hijos. De este modo, la más simple de las situaciones se convierte en un inspirador portal para la transformación. Una y otra vez veremos esto en la vida de individuos de los que hablaré a medida que vayamos avanzando.

Como los padres queremos *arreglar* la conducta de los hijos enseguida, con urgencia, sin tener que recorrer el difícil proceso de cambiar primero nosotros, es preciso recalcar que el enfoque consciente del estilo parental no cambiará una familia de un día para otro. Este libro no es un manual de información práctica, pues esa clase de libros pasan por alto la *naturaleza del momento presente* del estilo parental consciente. Lo que quiero dejar claro es que la información práctica se incorpora en cada situación a medida que surge, no está condensada en un conjunto de instrucciones. Este libro tiene que ver con el uso de la relación parental para llegar a ser conscientes, para poder así localizar lo necesario en la vida de los hijos *en el* momento en que se plantea un problema. Gracias a la acumulación de muchos momentos conscientes a lo largo del tiempo, emerge una dinámica familiar informada que modifica radicalmente las reglas del juego. Para que esta dinámica llegue a hacerse realidad hace falta paciencia.

El objetivo tampoco es cambiar una conducta *concreta*. La preocupación no es cómo hacer que mi hijo se duerma ni cómo conseguir que mi hijo coma. La principal tarea consiste en poner cimientos espirituales en la vida del niño y en la nuestra. Esto provoca un cambio en la forma elemental de relacionarnos con nuestros hijos, con el resultado de que su comportamiento se ajusta automáticamente a las reglas cuando toman conciencia de quiénes son de verdad y son consecuentes con ello. Los cambios conductuales resultan de un cambio en la relación.

Una vez que el estilo parental está en consonancia con la conciencia, la manera concreta de poner las cosas en práctica carece ya de importancia. Si los cimientos son fuertes, la vida construida encima será constructiva. También por ese motivo he puesto el capítulo sobre la disciplina al final, no para minimizar su importancia sino para hacer hincapié en que, si la disciplina no surge en un ámbito de conciencia, a largo plazo será ineficaz.

Para abordar la crianza de los hijos de manera consciente, es del todo inútil adoptar un enfoque de todo o nada. En vez de ello, los padres listos cogen un trocito aquí y otro allá, sabedores de que siquiera un cambio minúsculo en las vibraciones de una familia tiene la capacidad de modificar la conciencia de todos sus miembros. Así que, mientras lees esto, ten presente que en el método parental consciente que estoy describiendo nos metemos poco a poco.

Lo repito: todo comienza en *este* momento, y en las situaciones más corrientes.

LOS PADRES CONSCIENTES NO SURGEN DE LA NOCHE A LA MAÑANA

Como el estilo parental no es un ejercicio intelectual sino un intercambio molecular, lleno de energía, incesante, en el que nuestra psique interacciona con la de los hijos, a menos que seamos conscientes de cómo estamos influyendo en los niños en cierto momento, los educaremos sin tener en cuenta sus verdaderas necesidades. Por esta razón, la capacidad de ver —ver de verdad— a nuestros hijos separados de lo que seamos nosotros es el mejor regalo que podemos hacerles. A la inversa, nuestro principal punto débil como padres es la incapacidad para aceptar el camino de un hijo a medida que emerge.

Para educar de forma consciente tenemos que ser observadores sagaces de nuestra propia conducta cuando estamos con los hijos. De ese modo podemos empezar a ser conscientes de los guiones inconscientes y de las marcas emocionales cuando aparezcan.

Mientras procuramos ser conscientes de cómo interaccionamos con los hijos, quizá notemos que repetimos los mismos patrones de conducta pese a la buena voluntad. Si eso sucede una y otra vez, nos preguntamos si la inconsciencia terminará algún día; puede ser desalentador.

El hecho es que un progenitor consciente no se hace de un día para otro. Criar niños de forma consciente es una práctica, diaria y para toda la vida, que consiste en ser testigos atentos de nuestra propia inconsciencia. Cada vez que somos conscientes de un elemento de comportamiento inconsciente, por pequeño que sea, tiene lugar un cambio rotundo. Cuando nos sorprendemos en un momento inconsciente y somos capaces de distanciarnos de él, ampliamos la conciencia.

La claridad de mente y espíritu tiene un precio. Todos tenemos generaciones de material inconsciente que hemos de integrar. Por su propia naturaleza, no reprimimos la inconsciencia; de hecho, no podemos reprimirla. Al margen de lo que quiera la conciencia, la inconsciencia tiene su ritmo particular. Se filtra en los hábitos, los pensamientos, las emociones y la presencia sin darnos cuenta siquiera. Solo siendo testigos de nuestra inconsciencia cuando los hijos nos la muestran reflejada seremos capaces de integrarla.

Llegados al final del capítulo, quiero asegurarme de que tenemos claro en la mente que la conciencia y la inconsciencia no son polaridades, dos extremos de un espectro. La inconsciencia no es enemigo nuestro. Al revés, nos proporciona la plataforma en la que surge la conciencia si estamos dispuestos a permitir que así sea.

La conciencia no es un estado al que llegamos, un destino. El que nos hayamos vuelto conscientes no significa que ya no vayamos a experimentar más momentos de inconsciencia: vivir de forma consciente es más bien un proceso en curso. Nadie es del todo consciente, y podemos serlo en un aspecto de la vida y no en otro, de la manera de actuar en cierto momento pero no en otro. Llegar a ser consciente es ser testigo de la inconsciencia, con lo que esta se vuelve consciente paso a paso. Por ese motivo, no hace falta tratar la inconsciencia como si fuera el coco. No hay que tenerle miedo, sino contemplarla como el portal que nos da paso a la transformación en seres humanos completos.

3

Libera a tus hijos de que necesiten tu aprobación

Sin darnos cuenta, obligamos a los hijos a esperar nuestra aprobación y así los hacemos esclavos de lo que opinamos sobre ellos: o bien los privamos continuamente de aprobación, o bien los hacemos dependientes de ella.

¿Te imaginas cómo debe de sentirse un niño privado de aprobación y temeroso de que desaprueben lo que hace? Muy diferente de saberse aceptado y respetado sin condiciones, desde luego. Los críos se dan cuenta de que a veces su conducta los mete en un lío, pero eso no tiene nada que ver con ser aceptados y respetados por ser quienes son. Por eso es tan importante que, como padres, superemos la idea equivocada de que nos corresponde aprobar y desaprobar a los hijos. ¿Quiénes somos nosotros para juzgarlos? Los hijos tienen que saber que, solo por estar en esta Tierra, son ellos quienes tienen derecho a aprobar quiénes son intrínsecamente. No somos *nosotros* quienes les concedemos este derecho. Por el mero hecho de respirar, tienen derecho a decir lo que piensan, expresar sus sentimientos y plasmar su espíritu. Estos derechos son inherentes al hecho de nacer.

Quizá nos sorprenda oír que tanto la aprobación como la desaprobación son tentáculos de control. Aunque desde luego elogiamos a los niños y celebramos sus éxitos, es muy fácil introducir la impureza de la aprobación o la desaprobación, que afecta enseguida a cómo los críos se sienten respecto a su ser esencial.

Que los hijos tienen dotes artísticas, cultivan la ciencia, buscan el riesgo, practican deportes, les gusta la música o son soñadores o introvertidos, nada de eso ha de tener relación con el modo de tratarlos. En una escala mayor, no es tarea nuestra aprobar o desaprobar si son creyentes, gais, partidarios del matrimonio, ambiciosos o viven de una manera u otra. Aunque la conducta de un niño está sometida a modificaciones que lo llevan a estar más en estrecha consonancia con su ser esencial, hay que celebrar el núcleo de su persona de forma incondicional. Si los hijos escogen una religión diferente de la nuestra, una profesión que no es la que soñamos para ellos, su orientación sexual no es la que esperábamos o se casan con alguien que tiene otro color de piel, nuestra manera de reaccionar es un barómetro de lo conscientes que somos. ¿Somos capaces de responder teniendo en cuenta que tienen derecho a manifestar su ser interior a su modo único y exclusivo?

Los hijos necesitan crecer sabiendo que ser quienes son es digno de celebración. Los padres dirán que ellos ya lo hacen, desde luego. Al fin y al cabo festejan los cumpleaños, los llevan al cine, les hacen regalos y se gastan un dineral en la tienda de juguetes. Si eso no es celebrar el ser de un niño, ¿qué es? Sin reparar en ello, a menudo apoyamos a los hijos por sus acciones, no por ser quienes son. Celebrar su ser significa permitirles que existan sin las trampas de nuestras expectativas. Es deleitarse en su existencia sin que ellos tengan que hacer nada, demostrar nada ni alcanzar ningún objetivo.

Al margen de cómo se manifieste, la esencia de los hijos es pura y afectuosa. Cuando honramos su presencia, ellos confían en que entenderemos que su mundo interior es bueno y encomiable, sin tener en cuenta cómo aparezca externamente. Nuestra capacidad para permanecer conectados a su esencia, manteniéndonos firmes durante aquellos períodos en los que puede que su mundo exterior se desmorone, transmite el mensaje de que su valor es inmenso.

Permitidme sugerir algunas formas de comunicarles a los que son aceptados por sí mismos, sin más, hagan lo que hagan:

Están descansando y les dices lo mucho que los valoras.
Están sentados y les dices lo contento que estás de sentarte con ellos.
Entran en casa; los paras y les dices «gracias por estar en mi vida».
Te cogen de la mano y les dices lo mucho que te gusta cogerles las suyas.
Se despiertan por la mañana y les escribes una carta donde cuentas la dicha de que sean lo primero que ves cada día.
Los recoges en la escuela y les dices lo mucho que los has echado de menos.
Sonríen y les dices que te alegran el corazón.
Te dan un beso y les dices que te encanta estar en su presencia.

Sean pequeños o adolescentes, tus hijos necesitan sentir que te deleitan por el mero hecho de existir. Necesitan saber que no tienen por qué hacer nada para ganarse toda tu atención. Merecen sentirse como si por el simple hecho de haber nacido tuvieran derecho a ser adorados.

Los hijos que crecen con un concepto intrínseco de lo que está bien o lo que es idóneo cuando se hacen mayores llevan siempre la marca de la conexión interna y, por consiguiente, la solidez emocional. Aprenden pronto que en una relación lo más importante es el espíritu, al que recurrirán para orientarse entre sus experiencias adultas. Si actúan partiendo de esta conectividad intrínseca, no necesitan validaciones externas ni ansían elogios, sino que celebran lo que son a partir de su propio sentido de validez.

LA CLAVE ES LA ACEPTACIÓN

Aceptar a los hijos en su estado original requiere renunciar a la idea que podamos tener sobre quiénes deben ser (renuncia similar a una muerte psíquica) y entrar en un estado de pura comunión con ellos para así poder responder cuando nos necesiten.

Como al conocernos nos morimos, tenemos la oportunidad de volver a nacer con el espíritu que empieza a formarse de nuestros hijos. Para que eso ocurra, lo único que tenemos que hacer es darle prioridad a la constantemente cambiante aventura de la paternidad, en la que los hijos marcarán el rumbo. Por eso educar a un niño pequeño es nuestra mejor oportunidad para cambiar: si estamos abiertos a ello, el hijo actuará como gurú.

Podemos ver cómo funciona eso en el caso de Anthony y Tina, que llevaban años peleándose con las dificultades de aprendizaje de su hijo. Pese a que los dos son profesionales bien formados, no podían aceptar las limitaciones intelectuales de Sean, que no solo tenía dificultades en la escuela sino que tampoco era capaz de socializarse y afrontar la vida en general. De hecho, el chico no podía alejarse del hijo que sus padres habían imaginado. Anthony, el padre, era un tenista destacado y un entusiasta del ciclismo y, sin embargo, Sean detestaba estar al aire libre, tenía pánico a los insectos y prefería entretenerse con videojuegos o leer en su cuarto. Exasperado por la personalidad del chaval, Anthony lo menospreciaba continuamente. Por su parte, Tina, la madre, abogada enérgica y dinámica, creía que los hombres debían ser fuertes y dominantes, por lo cual le irritaban las vacilaciones de Sean. En su intento de *hacerlo un hombre*, se empeñó en que hiciera ejercicio en el gimnasio, que llevara ropa más guay y que hablara con las chicas, pese al miedo que le daban a su hijo.

Los ratos de los deberes escolares y las épocas de exámenes eran períodos de estrés y conflicto agudo. Los padres no aceptaban que Sean no era capaz de cumplir con las exigencias de la educación reglada. Cada uno de los progenitores trataba al muchacho de una manera, pero los dos era autoritarios, le insultaban y le gritaban, se burlaban de su incapacidad para aprender matemáticas elementales y no le dejaban comer hasta que dominaba un concepto. Cuando hablé con ellos, subrayaban una y otra vez que su hijo no era retrasado, que no era uno de *esos* de educación especial.

En aquella casa, las peleas eran cotidianas. Si no eran entre Sean y su padre, eran entre Sean y su madre. En su intento de educar al hijo, Anthony y Tina llegaron a estar tan desesperados que dejaron de actuar como un equipo y poco a poco empezaron a enfadarse uno con otro e, inevitablemente, a distanciarse. Cuando anunciaron que habían decidido divorciarse, no me sorprendió, y tampoco la explicación que daban: «No podemos soportar el comportamiento de Sean. Está abriendo una brecha entre nosotros. Ya no podemos con él. Nos saca de quicio.»

Anthony y Tina pensaron que cuando le explicaran a Sean que se separaban por su culpa, él cambiaría de golpe su *mala* conducta. Tras haber encontrado una causa de su sufrimiento en el hijo, llegaron a creer de veras que, si no hubiera sido por Sean, seguirían juntos y felices. Aunque se tomaron el comportamiento de Sean como una afrenta personal, lo cierto es que se trataba de un doloroso recordatorio de sus propios fracasos como pareja. Por su parte, Sean estaba ya tan acostumbrado a ser el receptor de las angustias de sus padres que interpretó hasta el extremo el papel de demonio.

Cuando, por fin, Anthony y Tina estuvieron dispuestos a ver que su negatividad procedía de la incapacidad para aceptar a su hijo emprendieron el proceso de transformación, proceso que les exigía afrontar su ansiedad ante las peculiaridades de Sean. A medida que iban conociendo sus patrones inconscientes, empezaron a notar que los descargaban sobre Sean, que a su vez llevaba a la práctica aquellos patrones, lo cual les ocasionaba más problemas aún.

Cuando Anthony y Tina cayeron en la cuenta de que habían estado imponiéndole al hijo sus propios planes, comenzaron a abordar el problema real: su relación de pareja. Después de trabajar varios meses en la grieta que se había abierto en el matrimonio, fueron capaces de liberar a Sean de la carga que le habían obligado a llevar.

Aunque puede que no apoyemos una conducta concreta, debemos apoyar siempre, de manera inequívoca y sin reservas, el derecho de nuestros hijos a ser quienes son en su estado básico. Aceptar a los hijos nos permite educarlos sin juzgarlos, ocupándonos de ellos en un estado neutro. Darles la respuesta que necesitan, sin reflejar nuestros propios condicionamientos del pasado, requiere tener en cuenta claramente lo que son, lo que aún no han llegado a ser y lo que pueden enseñarnos a nosotros en el proceso.

EN LA ACEPTACIÓN NO HAY NADA *PASIVO*

Se suele pensar que la aceptación es pasiva, lo cual es un evidente malentendido. La aceptación no puede ser solo una decisión intelectual, sino que debe implicar al corazón y a la mente en su totalidad. Quiero hacer hincapié en que la aceptación es cualquier cosa menos pasiva. Al revés: se trata de un proceso muy activo, de lo más vivo.

Para ilustrar lo que es la aceptación en la práctica, os contaré cómo reaccionaron John y Alexis ante su hijo Jaque, que crecía de una manera que no era «propia» de un muchacho. Jaque, a quien no le gustaban los deportes ni los juegos ruidosos, era tranquilo y tenía dotes artísticas, así que prefería las artes y la danza. Como consecuencia, ya cuando era pequeño, sus padres le vieron sufrir las burlas de sus compañeros. Pensaron que quizá fuera gay, si bien no querían encasillarlo solo porque manifestara rasgos más femeninos que masculinos. Aunque a veces reprimían su deseo de que fuera como los demás chicos, disimularon la preocupación y lo ayudaron en su gusto por la danza y la música. Mientras observaban y esperaban, el hijo fue transformándose en el hombre amable y sensible que estaba destinado a ser.

Si Jaque iba a ser gay, John y Alexis querían que aceptara su orientación sexual por sí mismo. No le daban importancia a la orientación sexual del chaval, ya que pensaban que la sexualidad es una de las muchas y espléndidas manifestaciones de la esencia de una persona. Cuando Jaque recibía un trato hiriente de los compañeros, sus padres no intentaban quitarle el dolor sino ayudarlo a convivir con él.

A medida que Jake fue haciéndose mayor, John y Alexis formaron una grupo de amigos en el que había homosexuales y heterosexuales. Querían que el chico supiera que, si quería revelar su condición de gay, habría a su alrededor un círculo de personas que lo aceptarían. Y en ese marco, ya bien entrado en la adolescencia, llegó el día en que les reveló su sexualidad. Sin decir palabra, sus padres recibieron la noticia encantados. Como habían aceptado a su hijo en su forma natural desde el principio, habían sido capaces de cuidar su ser auténtico sin condiciones, juicios ni culpas. Toda la familia celebraba la vida de Jake por lo que era.

Se trata de una familia que no necesita que su hijo represente sus fantasías ni haga realidad sus sueños. No utilizaron al hijo para curar sus heridas no resueltas ni para reafirmar su ego. En su esencia, él era distinto de sus padres. La capacidad para crear un espacio entre nosotros y los hijos ayuda a fomentar la máxima unión.

NO HAGAS DE PADRE O DE MADRE A BASE DE ESTEREOTIPOS

Cuando eres capaz de respetar el desarrollo del viaje particular de tu hijo, le enseñas a cultivar su propia voz interior y, al mismo tiempo, aceptar la voz de los demás. Eso potencia su capacidad para comprometerse en las relaciones de tal manera que genere una interdependencia sana. Como el camino de cada individuo surge de una forma exclusiva, ya no hay una dependencia tóxica del otro. Eso prepara a los críos para su edad adulta, en la que la interdependencia sana es el sello distintivo de las relaciones íntimas satisfactorias.

Para aceptar a los hijos hace falta desprenderse de guiones vitales tóxicos e involucrarse con cada niño hasta el nivel celular. Cuando te adaptas a la singularidad de un chaval, te das cuenta de que es inútil educar con un enfoque estereotipado. Cada niño requiere algo diferente de ti. Unos necesitan padres indulgentes y delicados, mientras para otros han de ser más enérgicos —incluso *agresivos*—. En cuanto aceptas la naturaleza más elemental de tus hijos, puedes moldear tu estilo para satisfacer su temperamento; eso equivale a deshacerte de las fantasías que puedas tener sobre el tipo de padre que vas a ser para convertirte en el padre que debes ser para el niño concreto que tienes delante.

Antes de ser madre, tuve una visión de quién sería mi hijo. Cuando supe que era niña, me cree todo tipo de expectativas para ella: tendría todos mis atributos positivos, pensé; sería dulce y delicada, y mostraría inclinaciones artísticas; sería inocente e infinitamente dócil.

Cuando el espíritu de mi hija comenzó a desarrollarse, reparé en que ella no era nada de lo que yo había previsto. Es delicada, sí, pero de una manera enérgica y vigorosa. Tiene una actitud firme, y puede ser impetuosa y obstinada. Tampoco tiene nada de artista. Su cabeza no es fantasiosa como la mía, sino muy lógica y mecánica. En cuanto al temperamento, más que inocente, o incluso crédula, es lista y astuta. Y, sobre todo, no es complaciente, un papel del que no me habría atrevido a salirme cuando niña. En vez de todo eso, ella es quien es, ni más ni menos.

Aceptar la realidad de la hija que había entrado en mi mundo fue una tarea importante. Tuve que recalibrar mis expectativas y desprenderme de las fantasías. Yo estaba tan obsesionada con lo que creía que ella *debía* ser que durante un tiempo no pude creer que fuera quien era. Aceptar el hecho de que es la hija que me ha tocado en suerte ha resultado más difícil que ocuparme realmente de ella. ¿No es así para la mayoría de los padres? El obstáculo que hay que salvar suele ser más el ajuste de las expectativas que la propia realidad.

Cuando aceptamos a los hijos por lo que son, creemos, erróneamente, que esto es permitirles mantener una conducta que acaso sea destructiva, sin hacer nada, pero la pasividad no es, de ningún modo, lo que tengo en mente. Estoy hablando de admitir el *ser* de los hijos, aceptarlos tal como son: el estado *tal cual* de su naturaleza. Aceptar es fundacional. Luego viene lo de adaptar su conducta para que esté más en consonancia con su ser esencial.

Si nuestros hijos se comportan de una manera que consideramos *mala* por reflejar rebeldía, la respuesta adecuada es la firmeza. Si son *malos* porque les cuesta gestionar emociones dolorosas, tenemos que ser comprensivos. Si están necesitados y pesados, quizá debamos ser mimosos y atentos; y si ya hemos sido muy atentos y no hemos fomentado en ellos la independencia, tal vez tengamos que ayudarlos a que aprendan a estar contentos consigo mismos y cómodos a solas. Si se sienten reservados y tranquilos, lo mejor que podemos hacer es ofrecerles espacio y respetar su deseo de desconectar. Si están bullangueros y juguetones en un momento adecuado, mejor dejarlos disfrutar de su alegría sin interferencias; pero si están juguetones y bulliciosos cuando tienen que hacer los deberes, tenemos que contenerlos y conducirlos hacia la atención y la concentración.

La aceptación de los hijos puede adoptar diversas formas, entre ellas las siguientes:

Acepto que mi hijo es diferente.
Acepto que mi hijo es tranquilo.
Acepto que mi hijo puede ser terco.
Acepto que mi hijo se toma su tiempo para entusiasmarse con las cosas o las personas.
Acepto que mi hijo es simpático.
Acepto que mi hijo se altera enseguida.
Acepto que a mi hijo le gusta complacer a la gente.

Acepto que mi hijo opone resistencia a los cambios.

Acepto que mi hijo tiene miedo de la gente desconocida.

Acepto que mi hijo puede portarse mal.

Acepto que el humor de mi hijo es cambiante.

Acepto que mi hijo es delicado.

Acepto que mi hijo es asustadizo.

Acepto que mi hijo es tímido.

Acepto que mi hijo es mandón.

Acepto que mi hijo es rebelde.

Acepto que mi hijo tiene poca personalidad.

Acepto que mi hijo es temperamental.

Acepto que mi hijo no saca buenas notas.

Acepto que mi hijo no está tan motivado o enchufado como la mayoría.

Acepto que mi hijo miente a menudo si siente presión.

Acepto que mi hijo puede ser demasiado teatral.

Acepto que a mi hijo le cuesta estarse quieto.

Acepto que mi hijo tiene su propia manera de estar en el mundo.

Acepto que mi hijo es una persona única.

Acepto que, para prosperar, mi hijo necesita límites claros.

ACEPTARÁS A TU HIJO SI TE ACEPTAS A TI MISMO

Aceptar a los hijos tal como son lleva consigo otro componente: aceptar el tipo de padre o madre que hemos de ser para ese niño particular.

Cuando admití que mi hija era más astuta de lo que había yo imaginado, fui capaz de modificar mi actitud hacia ella. Ya era hora de tratarla como la chica lista que era, no como la señorita Inocente que yo esperaba que fuese. En lugar de ir siempre dos pasos por detrás, lo que provocaba que me molestara su capacidad de hacerme inoperante, aprendí a pensar dos pasos por delante. Ella siempre conseguía parecer más lista que yo; pues bien, cuando acepté su ingenio dejé de ver su agudeza como una manipulación y, entonces, pude empezar a pensar dos pasos por delante de ella. Y es una bendición haberme librado del deseo de ser la madre de mi fantasía y no la que mi hija necesitaba que fuese.

La capacidad para aceptar a los hijos está ligada directamente a la capacidad para aceptarnos a nosotros mismos, tanto lo que somos en un momento determinado como lo que podemos llegar a ser. Al fin y al cabo, ¿cómo vamos a educar a los hijos para que sean librepensadores y espíritus libres si nosotros no lo somos? ¿Cómo vamos a criar niños independientes, autónomos, si nosotros no somos autónomos ni independientes? ¿Cómo vamos a formar a otro ser humano, otro espíritu, si hemos rechazado parte de nuestro ser y hemos aplastado nuestro espíritu de forma sistemática?

Quizá resulte útil que cite algunas de las cosas que estoy aprendiendo a aceptar de mí misma:

Acepto que soy ser humano antes que madre.

Acepto que tengo limitaciones y puntos flacos, pero no pasa nada.

Acepto que no siempre conozco el camino correcto.

Acepto que a menudo me da vergüenza reconocer mis defectos.

Acepto que suelo desequilibrarme más que mi hija.

Acepto que, cuando me ocupo de mi hija, puedo ser egoísta e irreflexiva.

Acepto que a veces, como madre, voy a tientas y tropiezo.

Acepto que no siempre sé cómo reaccionar ante mi hija.

Acepto que a veces, con mi hija, digo y hago lo que no debo.

Acepto que a veces estoy demasiado cansada para ser sensata.

Acepto que a veces estoy demasiado preocupada para estar presente con mi hija.

Acepto que hago todo lo que puedo y que eso es suficiente.

Acepto mis imperfecciones y mi vida imperfecta.

Acepto mi deseo de poder y control.

Acepto mi ego.

Acepto mi anhelo de conciencia (aunque a menudo, cuando estoy a punto de entrar en ese estado, me hago sabotaje a mí misma).

Si somos incapaces de aceptar a los hijos es porque ellos nos reabren viejas heridas, lo que es una amenaza para cierta ligazón con el ego que todavía conservamos. Si no abordamos la razón por la que no aceptemos a los hijos exactamente como son, o bien estaremos siempre intentando moldearlos, controlarlos o dominarlos, o bien permitiremos que nos dominen ellos.

Es fundamental darnos cuenta de que cualquier barrera que nos encontremos cuando se trata de aceptar plenamente a los hijos tiene su origen en los condicionamientos que hemos vivido. Un progenitor incapaz de aceptar su propio ser en todo su esplendor nunca será capaz de aceptar a sus hijos, porque la aceptación de los hijos es inseparable de aceptarnos a nosotros mismos. Respetaremos a los hijos solo en la medida en que nos respetemos primero nosotros.

Si tenemos mentalidad de víctima, es probable que nos digamos: «Acepto que mi hijo es, y será siempre, rebelde.» Eso no es aceptación, sino resignación. A la inversa, tener una mentalidad ganadora y decir: «Acepto que mi hijo es un genio» no es aceptación, sino pomposidad.

Cuando intentamos moldear a los hijos para cumplir nuestras expectativas, oponemos resistencia a lo que son y eso equivale a sembrar la semilla de la disfunción. En cambio, aceptar a los hijos tal como son alimenta un sentimiento de liberación y de amplitud interior. Como ya no nos definimos por la necesidad de controlar, iniciamos la afinidad. Al comenzar desde donde están los hijos, no desde cierto lugar de nuestra imaginación, nos colocamos en una posición que nos permitirá *ayudar-*

los a desarrollarse en consonancia con lo que ellos hayan descubierto que son en su esencia.

Hay que pensar que lo que hayan descubierto que son no es inamovible ni definitivo. Tengamos presente que los niños no son entidades rígidas, sino seres en desarrollo que están cambiando continuamente. Si nos ligamos al sentido del yo de una manera estricta y no nos reconocemos como seres en desarrollo permanente, haremos lo mismo con los hijos. Determinamos quiénes son, ego a ego, y respondemos de esta manera caprichosa. Por eso seguimos cometiendo un error tras otro. La mayoría no sabemos siquiera quiénes son nuestros hijos *ahora mismo*; menos aún dejaremos que surja su novedad a cada momento.

Para liberarte de estereotipos, debes entrar de veras en el presente y reaccionar ante tus hijos con toda franqueza. Has de hacerte estas preguntas: «¿Sé realmente quién es mi hijo? ¿Puedo crear dentro de mí el espacio necesario para conocer a mi hijo cada día y a cada instante?» Para eso hace falta que estés callado en su presencia, que te liberes de todas las distracciones y que sintonices con él a través de la curiosidad y el regocijo.

4

Un golpe a tu ego

Darles a tus hijos la aceptación total que merecen te expondrá al diamante de la tradición espiritual: la posibilidad de *perder el ego*.

Para los padres, es difícil no ser egoicos. Decir «este es *mi* hijo» ya es una manifestación de nuestro ego. De hecho, cuando se trata de un hijo rara vez disimulamos el ego, pues lo que nos tomamos más a pecho es cómo le va en la escuela, cuál es su aspecto, con quién se casa, dónde vive o cómo se gana la vida. Pocos padres permiten la existencia de sus hijos sin considerarlos una prolongación de su ego.

Les pregunté a unos cuantos padres por qué tenían niños. Algunas respuestas fueron: «quería vivir la paternidad», «me encantan los niños», «quería ser madre», «quería formar una familia» o «quería demostrar a todo el mundo que podía ser una buena madre». En todos los casos, la razón de querer tener hijos rezumaba ego. Es lo que nos pasa a la mayoría de los padres, sin duda.

Criar a los hijos es un viaje que suele comenzar con un elevado grado de narcisismo egoico, y llevamos esa energía a la relación con el hijo. Como consecuencia de ello, es fácil caer, aunque sea sin darnos cuenta, en la trampa de *utilizar* a los niños para satisfacer alguna necesidad nuestra, sin dejar de estar ilusamente convencidos de que los queremos, nos entregamos a ellos y los cuidamos. Los usamos para sanar nuestro yo roto, los usamos cuando los empujamos a asumir roles familiares que no les corresponden, los usamos para procurarnos un sentido de validez y los usamos para amplificar la fantasía de nuestra influencia en el mundo.

Nos cuesta creer que muchos de nosotros seamos padres, al menos en parte, para *satisfacer nuestros deseos*. Si no nos damos cuenta de la fuerza con que nos impulsa el ego y no vamos dejando, poco a poco, de identificarnos con él, educaremos a los hijos partiendo de ese estado falso, lo cual nos impedirá conectar con su ser nuclear.

CÓMO FUNCIONA EL EGO

Hemos visto que el ego es un vínculo ciego con la *imagen* de nosotros mismos, con el retrato personal que tenemos en la cabeza. Las maneras de pensar, de exteriorizar las emociones y de actuar están enraizadas en ese autorretrato.

Para entender mejor el ego, recordemos algo que ya he comentado. Cuando les indico a los padres que para mejorar la conducta de los hijos deben cambiar *ellos*, insisten en que estoy equivocada. Y luego me dan diversas explicaciones de por qué la relación con sus hijos es como es. Nos resulta difícil aceptar que pueda haber algo de nosotros que contribuya a que las cosas no vayan tan bien como nos gustaría; preferimos atribuir la responsabilidad de la situación a factores del mundo que nos rodea. Si lo único que conocemos de nosotros es esa imagen, la idea de cambiar amenaza nuestra identidad, razón por la cual nos encastillamos, a la defensiva, y esperamos en vano que sean los otros los que cambien.

El ego estará en funcionamiento siempre que nos veamos ligados a un patrón de pensamiento o a un sistema de certezas absolutas. Con frecuencia ni siquiera reconocemos esta ligazón hasta que algo nos provoca en un plano emocional. No obstante, cada vez que toman el mando la ira, el control, la dominación, la tristeza, la ansiedad —o incluso emociones positivas como la felicidad— y prevalece nuestro sentido de «lo que debe ser», estamos poniendo el ego por delante. Cuando actuamos partiendo de esta rígida posición de «lo que debe ser», adaptamos la realidad a un supuesto, un ideal o juicio ya formulados. Si una situación o un individuo no se avienen a nuestra voluntad, reaccionamos intentando controlar al individuo o la situación, llevándolos bajo nuestro dominio.

Si vivimos en un estado egoico, no vemos a los demás como son en su verdadero ser, en su esencia. Un ejemplo clásico es el de Stuart, cuyo hijo Samuel era un joven efervescente, lleno de energía, competente en todo lo que emprendía. Samuel destacaba sobre todo en interpretación y lo que más deseaba era ir a una escuela de arte dramático. Stuart se oponía. Inmigrante de primera generación, como toda la vida había tenido empleos no cualificados, inestables y mal pagados, lo que más quería para su hijo era la seguridad de un trabajo fijo, no la carrera inestable e incierta de un actor.

Cuando llegó el momento de ir a la universidad, Samuel quería escoger una con buenos estudios de arte dramático, mientras que su padre insistía en que se matriculara en una escuela de negocios. Discutían todos los días. Al final Stuart amenazó a Samuel diciéndole que si solicitaba plaza en una escuela de actores, no lo ayudaría a pagar la matrícula y lo apartaría de su vida para siempre. Samuel se dio cuenta de lo mucho que aquello significaba para su padre y cedió. Como era un joven brillante, lo aceptaron en la Business School de Columbia y pasó a tener una carrera próspera.

Aunque Samuel asume la decisión de haber renunciado a su carrera de actor, todavía lamenta la oposición del padre a su pasión. El estilo de vida al que se ha visto abocado por su actividad empresarial no tiene nada que ver, ni de lejos, con la alegría de espíritu y el sentido de plenitud que sentía al salir a escena. Actuar era su verdadera vocación, una expresión de su esencia, su auténtico ser. Y, sin embargo, ha acabado envuelto en hipotecas y préstamos estudiantiles, con poca libertad para cambiar de rumbo.

Stuart educó a Samuel partiendo de una proyección pura. En la raíz de su ansiedad sobre la elección de carrera de su hijo había un guion emocional incorporado que proclamaba que la incertidumbre es mala. Consumido por la angustia sufrida como inmigrante intentó controlar el destino de su hijo.

Mientras los pilares de tu ego permanezcan intactos, como pasaba en el caso del padre de Samuel, te resultará difícil vivir de forma auténtica; y si no eres auténtico, te costará permitir que lo sean tus hijos. Criar hijos partiendo del ego es vivir con el mandato inconsciente de que tu camino es el correcto. Por consiguiente, instas al hijo —como ocurrió con Samuel— a entrar en tu mundo y *dejar escapar la oportunidad de entrar en el suyo*. Por desgracia, es probable que te sientas más capaz cuando tu hijo está bajo tu dominación, dispuesto a creer en tu palabra como si fuese el evangelio.

Los vínculos con el ego son una máscara de nuestros miedos, el mayor de los cuales es el que tiende a rendirse a la misteriosa naturaleza de la vida. Cuando nos basamos en el ego más que en el ser puro, no conectamos con el ser esencial de los hijos, que, entonces, crecen desconectados de su esencia y, así, aprenden a recelar de su conexión con todo lo que existe. Afrontar la vida con miedo impide que aparezca su ser genuino, desinhibido, natural. Por tanto, el ego debe desmoronarse para dejar salir la autenticidad, la cual, a su vez, libera a los hijos para que crezcan fieles a sí mismos.

Si nos liberamos del ego y observamos el desarrollo de los hijos tal como lo impulsa la vida, se convierten en nuestros maestros. En otras palabras, vivir de forma auténtica nos permite dejar de considerar a los hijos lienzos en blanco en los que proyectar nuestra imagen de quiénes deberían ser para pasar a verlos como compañeros de viaje, *que nos cambian tanto como nosotros los cambiamos a ellos*.

La pregunta es la siguiente: ¿estás dispuesto a dejar de pensar que sabes, a bajarte de tu pedestal egoico de autoridad y a aprender de esas criaturas perfectamente capaces de vivir en un estado de conciencia sin ego?

Vivir de una manera auténtica, no basada en el ego, supone aceptar la evolución continua, darse cuenta de que estamos siempre cambiando, de que somos una obra en marcha. La autenticidad nos exige acceder a este aspecto profundo, silencioso, de nuestro ser, que, sin embargo, es audible por debajo del barullo circundante. Aun estando respaldado y guiado por el entorno, ese estado auténtico del ser no necesita el medio exterior para sobrevivir. Lo que se requiere más bien es la sincronía con la mente y la conexión con el cuerpo en cada momento.

Si vivimos de manera auténtica, quizá conservemos la relación, la casa, el coche y otros lujos por los que el ego se siente atraído (las cosas que Stuart quería para su hijo), pero todo esto existe con una finalidad completamente distinta. Si para ser felices nos basamos en la relación, el coche, el empleo, la casa y otras cosas externas, seremos esclavos del ego. Si existen para que podamos atender a otros cumpliendo nuestros objetivos, favorecen el compromiso con nuestro ser esencial.

Aunque el ego se manifiesta en cada persona de modo distinto, en su camino hacia la autoinducción hay patrones comunes, unos estilos universales que resulta útil conocer.

EL EGO DE LA IMAGEN

Una madre joven, tras recibir una llamada de la oficina del director en la que se le informaba de que su hijo de nueve años se había peleado con otro niño, se quedó desolada. Incapaz de creer que su precioso niño se hubiera convertido en uno de «esos», se sentía avergonzada y confusa. ¿Qué hacer? ¿Cómo reaccionar? Claramente a la defensiva, enseguida se puso a echarle la culpa a todo el mundo. Discutió con el director, los maestros, los padres del otro niño, insistiendo en que se había culpado a su hijo por error. También le escribió al inspector del distrito para decirle que su hijo había sido objeto de una acusación injusta.

Sin darse cuenta, su ego hacía que el incidente girara en torno a ella, como si lo que estuviera en entredicho fuese *su* competencia. Incapaz de separarse lo bastante del comportamiento del hijo para verlo tal como era, hizo una montaña de un grano de arena. Era como si fuera *ella* la atacada, como si la hubieran llamado a ella al despacho del director y la hubieran regañado por no ser una buena madre. El resultado final fue que el niño de nueve años, en vez de ver las consecuencias naturales de sus acciones, se sintió culpable y avergonzado por la manera de actuar de su madre.

Muchos caemos en la trampa de dejar que la valoración que hacemos de nosotros mismos acabe enredada con la conducta de los hijos. Si se comportan de una manera que se sale de la norma, nos sentimos responsables; incapaces de despegar el ego de la situación, sacamos las cosas de quicio.

A nadie le gusta que piensen que no es una madre o un padre competente. Nuestro ego necesita que se nos considere padres superlativos. Si en algún momento nos sentimos menos perfectos de lo que desearíamos ser, sentimos ansiedad porque creemos haber sido «deshonrados» públicamente. Y entonces reaccionamos por instinto.

EL EGO DE LA PERFECCIÓN

Casi todos creemos ser perfectos, pero el apego a esa fantasía nos impide fluir con la vida tal como es en realidad. Por ejemplo, una madre que planificaba el bar mitzvá de su hijo se gastó más de treinta mil dólares en los preparativos, con atención a cada detalle. Pese al hecho de llevar meses de acá para allá, cuando llegó el día estaba preocupadísima.

Al final, la celebración fue, a ojos de la madre, un desastre tras otro. El día comenzó con una tormenta inesperada. Menos mal que había previsto esa contingencia y contaba con una carpa de reserva. Además, el encargado de la música se quedó atrapado en un atasco y llegó con una hora de retraso. Poco después, la madre advirtió que el hijo se había achispado un poco y estaba alborotando delante de los familiares y amigos de la alta sociedad.

Ella se sentía totalmente avergonzada y desconsolada; y furiosa. Aunque logró mantener la imagen de madre perfecta mientras hubo invitados, una vez que se hubieron marchado dio rienda suelta a su furia contra todos y echó a perder la fiesta de su hijo, al que puso en ridículo delante de sus amigos, que iban a pasar la noche en la casa. Inmediatamente después de la explosión, se enzarzó en una pelea con su marido y luego le montó un número al encargado de la música. Como el acto no había estado a la altura de lo que esperaba, le amargó la fiesta a todo el mundo.

Si cuando la vida no nos va según lo planeado reaccionamos con resistencia y alterándonos, es porque nos sentimos amenazados. Como nuestra fantasía sobre cómo debe ser la vida se viene abajo, aparece la necesidad egoica de controlar las cosas. Incapaces de aceptar que nuestros seres queridos y la vida misma no son autómatas que obedecen a nuestra voluntad, imponemos el deseo maníaco de mirar todo y a todos de determinada manera. Pero lo que no vemos es que aferrarnos a la ilusión de que la vida ha de tener un final de cuento de hadas suele poner en peligro el bienestar de los seres queridos.

Al educar con el enfoque tradicional, animamos a los niños a admirarnos y respetarnos porque así es como nos educaron a nosotros. Para ser buenos padres, sentimos la necesidad de ser omniscientes y todopoderosos. No nos damos cuenta de que cuando hacemos ver que que somos perfectos, fomentamos en los hijos la inhibición y el temor. Nos miran y ven una imagen tan inalcanzable que se sienten desmesuradamente pequeños. De este modo, grabamos en ellos la idea de que son menos que nosotros, lo que impide que establezcan contacto con su propia competencia.

Cuando los hijos notan que siempre lo sabemos todo, que siempre tenemos una solución perfecta o una opinión correcta, crecen creyendo que ellos también tienen que ser así. Incómodos con nuestras imperfecciones y reacios a dejar ver nuestros defectos, les enseñamos a disimular sus imperfecciones y a compensar en exceso sus puntos débiles. Sin embargo, lo que de verdad necesitan aprender es que la perfección es el ideal de los idiotas.

El objetivo no es ser impecablemente *perfecto*, como intentaba la madre en el bar mitzvá de su hijo, sino aceptar nuestro yo perfectamente defectuoso. En el caso de aquella madre, aceptar el hecho de que su hijo es tan imperfecto como ella y que quizá meta la pata en el momento más inoportuno. Es importante liberar a los hijos de la falsa impresión de que siempre lo tenemos todo claro; y eso solo podemos hacerlo si nos hemos liberado de la obsesión por ser padres perfectos.

Si te sientes cómodo al reconocer tus defectos y tus errores cotidianos, no flagelándote sino con toda naturalidad, les transmites a tus hijos que los errores son inevitables. Al reírte de tus errores y admitir al punto tus inseguridades, te bajas del pedestal. Y al dejar a un lado las jerarquías, animas a tu hijo a que se relacione contigo de ser humano a ser humano, de espíritu a espíritu.

Lástima que aquella madre que organizaba la fiesta de su hijo no se riese de todo lo que salió mal. Si lo hubiera hecho, le habría enseñado a su hijo una de las lecciones más valiosas que el chaval podía aprender: aceptar la realidad, incluso su conducta poco adecuada.

Lo único que tenemos que hacer es modelar. Si los hijos se dan cuenta de que nos sentimos a gusto con nosotros mismos, brotará en ellos un sentimiento de competencia. Si nos deleitamos en nuestras insensateces, les enseñaremos que no deben tomarse demasiado en serio. Si estamos dispuestos a probar cosas nuevas y hacer el ridículo, los animaremos a explorar la vida sin que importe mucho lo que parezcan o cómo actúen.

Me pregunto si la madre que planeó la fiesta de su hijo con tanto afán llegó alguna vez a hacer tonterías adrede ante su hijo, como cantar y bailar, algo fuera de lo común para demostrar que era humana y falible. Estas cosas estimulan a los hijos a salir de su zona de confort y adentrarse en territorio desconocido. Me pregunto si jugó con su hijo y los amigos de la fiesta, sin importarle arrodillarse y rebuznar como un burro o convertirse en el príncipe rana. Cuando los hijos nos ven ponernos a su nivel, nos igualamos, lo que a ellos les permite conectar con nosotros de una manera lúdica, inocua. También me gustaría saber si esta madre se permitió alguna vez tropezar, caer, venirse abajo, ceder, mancharse, chapotear, llorar o echar humo delante del hijo, en forma moderada, en lugar de esconder estos aspectos de su humanidad. ¿Alguna vez le dio a entender que le parecía bien que la casa no estuviera perfectamente limpia, no llevar las uñas perfectamente arregladas o que su maquillaje no fuera el idóneo? Cuando obramos así, les comunicamos a los críos que «no está mal» significa «estupendo».

Al admitir nuestras limitaciones y rebosar aceptación, nos hacemos un favor a nosotros mismos y se lo hacemos a los hijos, de tal modo que los estimulamos a sentirse cómodos con lo que son, capaces de ver el humor y la claridad en su interior, y, por tanto, despegarse de la intolerable rigidez de su ego.

El ego del estatus

El estatus es para muchos padres un problema enorme. Por ejemplo, como un alumno no fue aceptado en ninguna de las escuelas de la Ivy League en la que había solicitado plaza y, en cambio, sí lo fue en la escuela estatal local, los padres experimentaron una sensación de vergüenza inconsolable. Conmocionados por la noticia, no tenían ni idea de cómo contar a los parientes y los amigos que su hijo asistiría a una escuela *de baja calidad*, sobre todo teniendo en cuenta que ellos se habían graduado en Yale y Columbia, respectivamente.

Cuando le comunicaron su enorme desengaño al hijo, este se dio cuenta de que los había decepcionado. A juicio de los padres, el chico no solo les había fallado sino que también había dilapidado un preciadísimo legado familiar. Cargado con este sentimiento de vergüenza, el chico entró en premedicina y se esforzó como nunca para demostrar a sus padres que se merecía su aprobación, con lo que aún perdió más contacto con su verdadero yo.

Muchos de nosotros tenemos una idea muy rígida de lo que significa triunfar. Tenemos criterios externos, como un empleo bien pagado, un coche llamativo, una casa elegante, el barrio perfecto o amigos con clase, entre otras cosas. Así pues, si fracasamos en una tarea, perdemos el trabajo o nos vemos obligados a aceptar que los hijos no van a ser triunfadores, sentimos que hemos fallado en algo fundamental. Imaginamos la esencia amenazada, y entonces explotamos.

Si estamos apegados a ciertos prejuicios, se los imponemos a los hijos, insistiendo en que así es cómo tiene que ser una persona competente y cuidadosamente construida. Pasamos por alto el hecho de que cada uno de los hijos es un ser con su propia vocación y no comprendemos que solo mediante el pleno reconocimiento del espíritu único y autónomo del hijo podemos aprovechar las oportunidades espirituales inherentes a la paternidad.

Es crucial no intentar entender por qué un hijo es cómo es y guardarse mucho de hacerles creer que lo que son está mal. El desafío como padre es permitirle al espíritu del hijo surgir sin que lo dominen sus padres. ¿Puedes acabar con esas ganas irresistibles de convertir a los hijos en prolongaciones tuyas? ¿Estás dispuesto a generar en ellos el espacio interno que les permitirá florecer sin tu necesidad de proyectar en ellos tu voluntad?

Para que eso ocurra debes crear *dentro de ti* un espacio interior desprovisto de la tendencia a poseer y controlar. Solo entonces podrás tratar a tus hijos como son realmente y no como te gustaría que fueran, aceptándolos del todo sin quedarte enganchado en la visión que pudieras tener de ellos.

Cuando te relacionas con los hijos respetando lo que son en cierto momento, les enseñas a respetarse a sí mismos. Si, en cambio, intentas sacarlos de su estado presente, alterando su conducta para conseguir tu aprobación, transmites el mensaje de que su ser auténtico es inadecuado. Como consecuencia de ello, los hijos empiezan a adoptar un *personaje*, lo cual los aleja de quienes son en realidad.

Romper con la idea de paternidad que tenías y con el deseo de escribir el futuro de tus hijos es la muerte psíquica más dura que hay que soportar. Exige que renuncies a todos los planes anteriores, y que entres en un estado de liberación y entrega puras. Pide que abandones aquella idea fantástica de quién creías que sería tu hijo y en vez de ello respondas al hijo real que tienes delante.

EL EGO DE LA CONFORMIDAD

A los seres humanos nos gusta considerarnos criaturas con una finalidad. Preferimos ir del punto A al punto B. Queremos que nuestras interacciones en la vida sean ordenadas, organizadas. Por desgracia, la vida no viene pulcramente empaquetada. No nos proporciona soluciones fáciles, respuestas precocinadas. En lugar de ser ordenada y organizada, es todo lo contrario, sobre todo en el caso de la paternidad. Por eso los padres lo pasan fatal con un hijo que se sale del molde familiar, que decide ser quien quiere ser y hacer lo que quiere hacer aunque eso signifique convertirse en la oveja negra. Si un hijo es una amenaza para nuestro apego egoico a la conformidad, experimentamos confusión emocional.

Me acuerdo de una chica adolescente que siempre fue distinta. Torpe y de trato difícil, experimentaba más colapsos emocionales que las otras chicas, lo que acabó con la paciencia de sus padres. Era perezosa, mientras que los padres eran prácticos. Le daba igual su aspecto, mientras para los padres el aspecto era una preocupación vital. Aunque no quería serlo, esta adolescente sabía que era una vergüenza para su familia. Se mostraba especialmente irritante con su ambiciosa madre, que se había esforzado mucho por hacerse un sitio en la sociedad. La verdad es que no sabía cómo llegar a ser la chica que sus padres querían que fuera. Por mucho que lo intentara, nada de lo que hacía era lo bastante bueno.

Si oponemos resistencia a la manera de ser de los hijos, suele ser porque albergamos secretamente la idea de que, de algún modo, estamos por encima de lo que está pasando, sobre todo si nos parece que lo que está pasando es un lío. Nos decimos que, mientras ciertos episodios no deseables de la vida pueden sucederles a otros, no pueden ni deben sucedernos a nosotros. Implicarse en la falibilidad corriente de la vida y dejar al descubierto nuestra propia falibilidad es demasiado peligroso. Al negarnos a aceptar la vida tal como es, acabamos enganchados a la idea de que somos superiores al común de los mortales; por tanto, un niño que altere esa imagen da la sensación de ser un enemigo.

Recuerdo un caso muy diferente del de la adolescente que acabo de describir. Otra chica, esta de de veinte años, que había sido la hija perfecta; había seguido siempre el ejemplo de sus padres, destacaba en todo y era un encanto. Cuando se incorporó al Cuerpo de Paz y empezó a viajar por el mundo, sus padres se pusieron la mar de contentos. Emocionados por la entrega de su hija a los desfavorecidos, era como si reflejara las mejores cualidades de ellos.

En uno de sus viajes, la chica se enamoró de un joven de la India. Cuando decidió casarse, sus padres se opusieron porque decían que «podía encontrar algo mejor». En un intento de impedir el matrimonio, el padre dejó de hablarse con la muchacha. La madre, menos drástica, no disimulaba lo mucho que la contrariaba la decisión de su hija y menospreciaba al prometido a la menor ocasión.

La joven estaba atribulada. De tan complaciente que era, al final rompió con el hombre y, al cabo de unos años, se casó con alguien de su misma etnia y clase social. Hoy en día la mujer recuerda al joven indio como su alma gemela y sabe que nunca amará a nadie de la misma manera, ni mucho menos. También se da cuenta de que no tuvo el suficiente coraje para anteponer el amor a los deseos de sus padres, decisión con la que deberá convivir.

Muchos de nosotros abrigamos la esperanza de que, de todas las personas con las que hemos de lidiar en la vida, al menos los hijos cederán a nuestros deseos. Si no lo hacen y se atreven a vivir su propia vida, marchar a su propio ritmo, nos sentimos ofendidos. Si fallan nuestros métodos más discretos para conseguir conformidad, nos volvemos más contundentes y enérgicos, realmente incapaces de soportar la idea de que los hijos están poniendo nuestra voluntad en tela de juicio. Como es lógico, este distanciamiento resultante es la razón de que los hijos nos mientan, que a veces incluso engañen y roben, y puedan llegar al extremo de interrumpir la comunicación con nosotros.

En la medida en que seamos capaces de librarnos de la necesidad de conformidad, seremos capaces de establecer con los hijos relaciones de reciprocidad y mutuamente potenciadoras. Los planteamientos jerárquicos centrados en la autoridad son cosas de épocas antiguas.

EL EGO CONTROLADOR

Si nos han criado padres que valoran más el control de las emociones que la expresión de los sentimientos, pronto aprendemos a controlar concienzudamente las respuestas emocionales y a descartar las que susciten desaprobación. Como creemos que un arrebato de expresión emocional es un punto débil, suprimir las emociones acaba siendo una táctica automática.

Al mismo tiempo, desarrollamos estándares rígidos para quienes nos rodean así como para la propia vida. Sentimos la necesidad de controlar la vida juzgando situaciones y manifestando desaprobación. La fantasía de la superioridad nos transmite la sensación de que tenemos las emociones bajo control y de algún modo estamos por encima de los caprichos de la vida.

Ejercer poder sobre los demás mediante el control, la crítica, las reprimendas, los remordimientos, los juicios o las manifestaciones de un conocimiento mayor es un indicador no de un alma superior sino de un alma empobrecida. Si un niño no ve nunca a sus padres con una actitud débil o pueril, no digamos ya como seres humanos que titubean y meten la pata, ¿cómo va a arriesgarse a revelar sus propias flaquezas?

Al crecer reprimidos de este modo, dejamos de explorar, de asumir riesgos, y por tanto de cometer errores. La desaprobación silenciosa de los padres nos da miedo. Como suponemos que no tendremos su aprobación, en vez de emprender la verdadera aventura de la vida, vamos a lo seguro, dentro de los límites fijados. Naturalmente, al tener el control, en la escuela los profesores nos identifican como angelitos, etiqueta que llevamos a expensas de la autenticidad.

Con esta impronta egoica, tendemos a considerar el poder y el control como un mecanismo de seguridad. Como hemos aceptado la idea de que el mundo se reparte entre los que ejercen el poder, a menudo en virtud de su edad o sus conocimientos, y los que no lo tienen, nos decimos: «Debo estar en todo momento sereno y tener las emociones bajo control. He de ser siempre lógico, pragmático, y estar al tanto de todo.» Los niños que crecen con una cosmovisión así se convierten en adultos incapaces de acceder a su habilitación interior. Serán susceptibles de dar rienda suelta a su necesidad de controlar en especial a los más vulnerables, como padres al educar a sus propios hijos o como maestros en la escuela. Llegan a ser adultos incapaces de tolerar cualquier falta de respeto a su estatus: se valen de su papel para fomentar la inhibición en los demás.

Pocas veces he sido testigo de una relación más polémica que la de Christopher y su hijastro Jaden, de diecisiete años. Jaden estaba angustiado por la separación de sus padres y le contagió su angustia a su padrastro con toda naturalidad. Christopher, interpretando el rechazo de Jaden como algo muy personal, no soportaba que no lo tratara como cabeza de familia y le exigía respeto, y se enfurecía al ver que no le hacía caso. Incapaz de ponerse en el lugar del chico y ver las cosas desde su perspectiva, carecía de recursos para afrontar el rechazo emocional de su hijastro.

Preocupado por su falta de poder sobre Jaden, Christopher se enfrentaba con él a diario, arrinconándolo hasta el punto de que al adolescente no le quedó otra alternativa que tomar represalias. Christopher también discutía continuamente sobre Jaden con su nueva esposa, a quien empujaba a tomar partido; incluso la amenazaba con dejarla si no era capaz de cambiar a su hijo.

Las cosas se pusieron tan feas que Jaden apenas salía de su cuarto cuando estaba en la casa solo con Christopher, lo que no solía hacer hasta que llegaba la madre. Desesperado por anestesiar su dolor y su hartazgo, empezó a salir con gente poco recomendable y, como es lógico, el rendimiento escolar empeoró.

Christopher se sentía inseguro en sus nuevos roles de marido y padrastro. En vez de ser consciente de su conflicto interno, consideraba a Jaden la causa de su aflicción. No podía admitir que, aunque cada uno es un individuo único con su propio camino que recorrer a su manera, no hay una separación *fundamental* entre yo y tú, pues en este viaje vamos todos juntos. Si Christopher lo hubiera entendido, habría visto que estaba utilizando a Jaden como tapadera de su propio dolor. Se habría dado cuenta de que, al atacar a Jaden, estaba intentando borrar sus propios sentimientos de ineptitud. También habría comprendido la falta de respeto de Jaden como reflejo de su falta de respeto por sí mismo. Esto no lo podía cambiar ningún control.

Como el patrón egoico de la necesidad de controlar pasa de una generación a otra, los hijos de estos padres suelen crecer intentando ser perfectos en todo, hasta el punto de obsesionarse con los detalles. Incapaces de expresar sus emociones, tienden a almacenarlas en su cuerpo y se vuelven rígidos. Debido a su aguda rigidez, que se manifiesta intelectualmente mediante una actitud de blanco o negro con respecto a casi todo, estos chicos suelen ser rechazados por sus compañeros. Ello se debe a que, sin darse cuenta, dan la impresión de ser superiores a los demás, a los que consideran inmaduros. Estos niños rara vez se sueltan, no hablemos ya de desinhibirse. No los veremos comer sandía con la cara hundida en la rodaja; usan servilleta, tenedor y cuchillo.

Paradójicamente, crecer con una cosmovisión tan limitada quizá dé como resultado unos padres que permiten a sus hijos desbocarse precisamente porque eso es lo que ellos no pudieron hacer. Acostumbrados a estar controlados, esos padres permiten que sus hijos los controlen a ellos, reproduciendo así el control que sufrieron siendo jóvenes.

En cambio, si los padres son incapaces de tolerar sus emociones cuando las cosas no salen como estaban previstas, los hijos absorben dichas emociones, que a continuación constituyen su repertorio. Estos individuos saltan en todo momento y lugar, al parecer con la fantasía de que, si reaccionan con la fuerza suficiente, la vida cederá a sus deseos.

Cuando una persona con una huella egoica así experimenta un bajón en cierto aspecto de su vida y se enfurece, esta reacción es un intento de camuflar su inseguridad. Al no estar habituada a convivir con el doloroso sentimiento de la impotencia, su ego transforma la inseguridad en indignación y cólera. La ira es un potente estimulante, que nos incita a creer que somos fuertes y tenemos el control de la situación. Paradójicamente, si sufrimos un acceso de ira, no controlamos nada. Somos prisioneros del ego.

PUEDES ABANDONAR EL EGO

En cuanto a las respuestas a los hijos, he observado que a los padres les va bien diferenciar entre esencia y ego cuando les pongo ejemplos de respuestas procedentes del ego, que comparo con respuestas procedentes de la esencia. Es la diferencia entre lo que viene del pensamiento y lo que viene del corazón, entre la idea de cómo *deberían* ser las cosas y la aceptación de *lo que* son.

Como ejemplos de reacciones egoicas derivadas de la obsesión con el resultado de una situación, la perfección, los códigos postales, los saldos bancarios, el aspecto, la riqueza o el éxito, tenemos los siguientes:

Sermones, como «yo, en tu lugar...».
Opiniones, como «si me preguntas...».
Valoraciones, como «me gusta...» o «no me gusta...».
Órdenes, como «no estés triste», «no llores», «no tengas miedo».
Control, como «si haces esto, yo haré aquello» o «no acepto que te guste esto».

Entre los ejemplos que fluyen de la esencia, nuestro *ser* auténtico, están los siguientes:

«Te veo», acogiendo al individuo tal como es.
«Te comprendo», aceptando a la persona tal como es.
«Te escucho», respetando a la persona tal como es.
«Eres completo tal como eres», honrando la totalidad en cada uno de nosotros.
«Este momento entre nosotros es perfecto tal como es», teniendo en cuenta la totalidad de la vida en sí misma.

El ego puede activarse de un momento a otro, con lo que caemos en sus garras antes siquiera de entender lo que está pasando. Somos especialmente sensibles a ello cada vez que imponemos disciplina a los hijos. Si estamos en un estado de agitación, frustración o fatiga, cabe la posibilidad de que estropeemos el proceso disciplinario. Muchos de nuestros errores al ponerles límites a los hijos resultan de conflictos internos, ambivalencias o cansancio, factores que a menudo hacen que aflore el ego.

No debemos trasladar nuestro estado emocional a los hijos, con independencia del motivo. Si somos conscientes de nuestra tendencia a partir del ego, reconoceremos que estamos en un estado frágil y que nuestro juicio acaso esté sesgado. Solo cuando nos hallamos en un estado neutro cabe esperar que reaccionemos ante la conducta de los hijos de la manera que merecen.

Siempre que respondemos a nuestro hijo, es pertinente comprender que, como él ha asimilado de nosotros su sentido de identidad, de hecho estamos reaccionando ante partes de nuestro propio ser reflejadas en el niño. Por eso nos cuesta verlo tal como es: lo imaginamos como un miniyo, lo cual, naturalmente, refuerza nuestro ego. No nos damos cuenta, pero la mayoría de las veces, cuando creemos estar respondiendo a los hijos, estamos reaccionando ante las partes de nosotros que ellos han interiorizado. Por eso nos consideramos tan identificados con los hijos, sus sentimientos y sus problemas. Incapaces de separar nuestras emociones de las suyas, así como de ser objetivos y racionales, en realidad estamos identificándonos con algo de nuestro pasado. En este proceso psicológico más bien complicado, aplastamos sin querer la capacidad de los hijos para ser quienes son y los atamos a nuestra psique de un modo que en nada les favorece.

El debilitamiento del ego que puede iniciarse al llegar a ser padre o madre es un regalo maravilloso tanto para nosotros como para los hijos. No obstante, supone pasar por un período inestable. Cuando los pilares de nuestro ego empiezan a desmoronarse, como debe ser si vamos a criar a otro espíritu de forma consciente, el desmoronamiento se produce en un contexto en el que todavía no se han echado los cimientos de nuestro verdadero ser.

Esta fase de transición, que normalmente tiene lugar entre el nacimiento de los hijos y sus primeros años escolares, da como resultado un sentimiento de pérdida seguido de confusión. A medida que los hijos se vuelven más independientes, nos enfrentamos al vacío de nuestra vida, porque hay un hueco que antes ocupaban los hijos, que parecen necesitarnos cada vez menos. Ese proceso se intensifica en la adolescencia y, sobre todo, al irse los hijos de casa. Cuando intentamos reinventarnos a nosotros mismos, tenemos miedo de lo que vamos a ver en el espejo. Para algunos ha pasado tanto tiempo desde que pensaron en sí mismos como entes diferenciados de sus hijos, que la idea les aterra. Surgen sentimientos de culpa, tristeza y aprensión mientras nos contemplamos regresando al espacio personalizado llamado *yo*. No obstante, si volvemos a entrar en el espacio yo con cierta noción de nuestro potencial regenerativo, empezamos a experimentar el ser innato y por fin nos convertimos en lo que somos realmente.

Si estamos dispuestos a ello, los hijos nos llevan, por toda clase de medios, a sitios de nuestro corazón de los que desconocíamos la existencia. De este modo, reducen el control de nuestro ego y nos ayudan a ensanchar nuestro sentido del yo verdadero, lo que nos permite acceder a la capacidad de amar sin condiciones, vivir en plenitud el presente e iniciar la experiencia de la conciencia.

Así pues, vaya regalo tener a los hijos en nuestra vida para poder viajar juntos, beneficiándonos unos a otros gracias a la exposición continua de la inconsciencia y a las innumerables oportunidades de abandonar el ego y asumir una manera de ser más auténtica.

5

Tu hijo te hace crecer

Como esponjas que son, los hijos se empapan de todas nuestras estupideces e insensateces. Por eso, debemos ser conscientes de las emociones que experimentamos y les imponemos de forma injustificada. Solo podemos enseñarles las percepciones que hemos inculcado en nuestra propia vida. Si nos ven que proyectamos nuestros sentimientos a los demás y que culpamos a otros de las carencias de nuestra vida, así lo vivirán también ellos. Si observan que creamos oportunidades para la introspección y no tenemos reparos en admitir los errores, aprenderán a no tener miedo de sus defectos y a ser capaces de superarlos.

Educar de forma consciente significa que, en las interacciones con los hijos, nos preguntamos: «¿Me ocupo de mi hijo de manera consciente o me condiciona lo que yo viví?» El centro de atención son siempre los padres, que son los que tienen que mirar hacia dentro y pensar si lo que ponen en la relación lo reciben los hijos o no.

Sobre todo en los primeros años, los padres hacen de espejo para los hijos. Por consiguiente, si eres incapaz de acceder a *tu* alegría, serás incapaz de ser un reflejo de la alegría de tus hijos, que no tendrán acceso a un aspecto esencial de su ser. ¡Qué lástima que un niño no pueda disfrutar de su esencia espontáneamente feliz!

La conciencia y la inconsciencia se transmiten no solo mediante el dolor manifiesto, sino también en la energía que exudamos ya solo con nuestra presencia, aunque no digamos ni hagamos nada. Así, para los hijos supone mucho cómo los abrazamos por la mañana, cómo reaccionamos si rompen nuestro jarrón favorito, cómo nos desenvolvemos en un accidente de tráfico, cómo nos sentamos y hablamos con ellos, si realmente miramos lo que nos enseñan o si manifestamos interés en lo que dicen. Si nos entrometemos en su vida con preguntas y exigencias injustificadas, se dan cuenta; asimismo, les duele cuando nos apartamos de ellos o los regañamos. Si los elogiamos por sus éxitos, se emocionan, pero se sienten heridos cuando los menospreciamos por sus fallos. Son conscientes de lo que es estar en nuestra presencia cuando nos sentamos con ellos en silencio y del campo energético de aceptación o rechazo que experimentan a nuestro alrededor. Cada uno de estos intercambios concretos transmite o bien conciencia, o bien inconsciencia.

¿Cómo puedes darte a tus hijos si no te permites primero llenarte de tu propio pozo? Si no estás satisfecho, utilizarás a tus hijos para completarte. Les enseñarás a vivir con sus miedos no reconocidos, tu desolación rechazada o tus mentiras olvidadas sin ser consciente de ello. Tal es el poder del extravío no admitido.

Afronta tus reacciones

Gracias a los hijos, conseguimos asientos de platea en el complejo teatro de nuestra inmadurez, ya que nos despiertan intensas emociones que nos hacen sentir como si perdiéramos el control, con toda la frustración, la inseguridad y la angustia que las acompañan.

No es que los hijos nos hagan sentir así, desde luego; se limitan a desvelar los problemas emocionales no resueltos de nuestra infancia. Sin embargo, como son vulnerables y en general impotentes, nos cuesta bien poco echarles la culpa de nuestras reacciones. Solo afrontando el hecho de que el problema no son ellos sino nuestra inconsciencia, puede producirse la transformación.

¿Cómo es que saltamos a la mínima? No heredamos solo ciertos roles y actitudes egoicos de la familia de la que provenimos, sino también una firma emocional. Bajo cada actitud y rol hay una marca emocional única. Eso ocurre porque, cuando somos niños de pecho, nos encontramos en un estado de *ser*, no de ego, es decir, no tenemos aún formadas las defensas y somos sensibles a la energía emocional que nos rodea. Interaccionamos con fuerza con el estado emocional de los padres, absorbiendo su marca emocional, hasta que esto acaba siendo nuestro sello propio. A menos que en algún momento de la vida lleguemos a ser conscientes de la energía emocional que hemos absorbido de los padres, inevitablemente traspasaremos la marca a nuestros hijos.

Como ni nuestros padres ni la sociedad nos enseñaron a acceder a la calma interior y encontrar dentro de nosotros las raíces del dolor y el placer, ante las circunstancias externas reaccionamos. Como no aprendimos a observar sin más nuestras emociones, respetarlas, convivir con ellas y desarrollarnos a partir de ellas, nuestra respuesta a los estímulos externos ha sido cada vez más tóxica desde el punto de vista emocional, lo cual es la causa de nuestros torbellinos dramáticos.

Cuando se nos enseña a reprimir las emociones más sombrías, estas forman una sombra de la que quedamos aislados. Siempre que las emociones se escinden de la conciencia, permanecen aletargadas, listas para activarse en cualquier momento: de improviso, estallamos. Y si esas emociones tienen su origen en la sombra de otro, nos sentimos molestos con esa persona. Permitidme subrayar de nuevo que nadie puede despertar en nosotros tales emociones si no forman parte ya de nuestra sombra. Al no tener esto en cuenta, procuramos aliviar la incomodidad del enfrentamiento con nuestra sombra mediante la proyección de estas emociones en el otro, al que después consideramos el malo de la situación. Tenemos tanto miedo de afrontar las emociones reprimidas que cada vez que las identificamos en otro sentimos odio, lo que conduce a rebeldía, trato injusto y, en algunos casos, la muerte del individuo.

¿Por qué los padres y los hijos suelen chocar en cuanto llega la adolescencia? ¿Por qué fracasan los matrimonios? ¿Por qué la gente es racista y comete crímenes de odio? Estas cosas pasan cuando nos separamos de nuestra sombra, de nuestro dolor interno. Por ejemplo, si cuando somos niños sufrimos intimidación, a menos que hayamos resuelto nuestro dolor seremos incapaces de tolerar el dolor de los hijos cuando los apabullen; y es más que probable que en una situación así fomentemos en ellos o bien cierta incapacidad de manejar sus emociones, o bien la idea de que no deben parecer vulnerables bajo ninguna circunstancia. Al creer que deben parecer poderosos y seguros de sí mismos, aprenden a ser duros aunque ni siquiera se sientan fuertes. Les imponemos a los hijos nuestros problemas en torno al control y el poder de mil maneras sutiles

Cuando las personas y las circunstancias nos tocan las narices, es fácil que empecemos a pensar que la vida está en contra nuestra. Asumimos un papel victimista, imaginando que la vida nos la tiene jurada o nos engaña de alguna manera, aunque sea neutra sin más. Quizá comencemos a creer que la vida *siempre* nos da cartas malas.

La verdad es que ahí fuera no hay enemigo alguno. La persona que nos provoca una reacción es una persona y nada más, la situación es una situación y nada más. Nos parecen enemigos solo porque no somos capaces de entender y dominar la sombra interna que proyectamos en ellas.

Si te provocan, la respuesta más útil es reconocer tu carga emocional como signo de que algo te pasa. En otras palabras, la impulsividad emocional es un motivo para mirar hacia dentro y centrarnos en nuestro crecimiento. En cuanto te das cuenta de que no hay enemigos, solo guías para el crecimiento interior, todos los que desempeñan un papel en tu vida se convierten en espejos de tu yo olvidado. Así pues, los desafíos de la vida llegan a ser oportunidades regenerativas desde el punto de vista emocional. Si en el camino te encuentras un obstáculo, sea una persona o una situación, en vez de verla como un enemigo contra el que hay que reaccionar, haz una pausa y piensa: «¿Qué percibo que me falta?» Y entonces reconocerás que la carencia percibida en el entorno ha surgido por una sensación *interna* de carencia.

Entender eso te invita a valorar la persona o la situación por su función como espejo de tu sensación de carencia. Ahora la separación entre tú y el otro ya no está presente porque ya no hablamos tanto de un otro separado, aunque la persona sea un individuo aparte, como de un reflejo de tu estado interno. Caes en la cuenta de que has introducido esta lección espiritual en tu vida porque tu ser esencial desea cambios en la conducta cotidiana.

Como ningún otro viaje es capaz de provocarnos más reacción que la educación de los hijos, ser padre o madre nos invita a tratar las reacciones que aquellos provocan en nosotros como oportunidades para el crecimiento espiritual. Al poner nuestra sombra emocional bajo una luz que nunca habíamos puesto, la crianza de los hijos nos brinda una fabulosa oportunidad para domeñar ese impulso de reaccionar a todo. De hecho, el viaje parental tiene el potencial de ser una experiencia especialmente regeneradora tanto para los padres como para los hijos, en la que cada momento es un encuentro de espíritus, y tanto los hijos como los padres entienden que todos bailan en un camino espiritual único, nada de cogerse las manos. Una vez que se ha entendido eso, nos respondemos unos a otros de forma creativa en vez de reaccionar de forma destructiva.

DESCUBRE TU HERENCIA EMOCIONAL

Todos recibimos toda clase de estímulos sin cesar. Como padres, somos especialmente sensibles a estallar porque los hijos están continuamente cerca y nos necesitan en todo momento. Pero la próxima vez que tus hijos te irriten, en vez de reaccionar contrariado, analiza tu reacción y averigua qué la desenca-

dena. Esa disposición a mirar adentro, que no requiere introspección en la *causa* del mal humor sino solo ser consciente de
que procede del propio yo y no de las acciones de otra persona,
te permitirá parar los pensamientos el tiempo suficiente para no
reaccionar por impulso y elaborar una respuesta más fundamen-
tada.

La mayoría de nosotros somos capaces de identificar los
desencadenantes aparentes, como «estallo si mi hijo me falta al
respeto», «estallo si mi hijo no hace los deberes» o «estallo si
mi hija se tiñe el pelo». Esas son las razones superficiales por
las que saltamos. Pero ¿qué es lo que nos estalla realmente dentro? En lo más hondo, ¿qué estamos experimentando?

Explotar es mostrar resistencia a todo lo que pase en la vida.
Al reaccionar estamos diciendo: «No quiero esta situación; no
me gustan las cosas tal como son.» En otras palabras, si oponemos resistencia al modo en que la vida se manifiesta en los hijos, la pareja o los amigos, es porque nos negamos a aceptar la
vida tal como es. La explicación es que la opinión ideal de nosotros mismos a la que estamos ligados —el ego— está siendo
zarandeada, y eso lo percibimos como amenaza. En un estado
así, eludimos nuestra capacidad de dar una respuesta creativa e
ingeniosa y, en cambio, reaccionamos. La forma que adopte esa
reacción depende de los roles, las actitudes vitales y la herencia
emocional que nos son exclusivos.

La conciencia equivale a estar alerta, realmente alerta, a todo
lo que estamos experimentando. Supone ser capaz de responder a la realidad que tenemos delante mientras *se despliega a
cada momento*. Esta realidad quizá no sea lo que nos decimos
que debería ser; *es lo que es.*

Para estar en un estado de conciencia afrontamos la realidad partiendo de que la vida simplemente *es*. Tomamos la decisión consciente de fluir con la corriente, sin ningún deseo de
controlarla ni necesidad alguna de que sea algo distinto de lo
que es. Salmodiamos el mantra «es lo que es». Esto significa que
educamos a los hijos *tal como son*, no tal como nos gustaría que
fueran. Lo cual requiere aceptar a los hijos tal como son.

Antes he mencionado que, cuando nos negamos a aceptar nuestra realidad —a nuestros hijos tal como son, o las circunstancias—, imaginamos que, si estamos lo bastante enfadados, lo bastante tristes, lo bastante contentos o lo bastante dominantes, las cosas cambiarán de algún modo. Pues ocurre lo contrario: no ser capaces de abrazar la realidad *tal cual es* nos deja atascados. Por esta razón, el primer paso para cambiar la realidad no es *oponerle resistencia* sino *aceptarla*.

Renunciar al control permite abordar la vida desde la perspectiva del deseo de aprender. De hecho, aprendemos las lecciones más importantes cuando reaccionamos a la vida tal como llega. La clave está en comenzar con *lo que es*, no con *lo que no es*; es decir, en responder a los hijos donde están y no en empujarlos adonde queremos que estén.

¿Ves lo sencillo que resulta aceptar la condición de *tal como son* para educar a los hijos? Si sienten dolor, aflicción o tienen una pataleta, ¿eres capaz de aceptar que eso es natural y, por tanto, completo? ¿Puedes reconocer todo lo que ocurre tal como es? En cuanto has aceptado a tus hijos *tal como son*, incluyendo sus rabietas, con tu aceptación se produce una pausa. Y tras esta pausa sabemos responder en vez de reaccionar.

Si la criatura crece con unos padres explosivos, que ponen mala cara, marcan distancias o, incluso, son potencialmente manipuladores, el niño aprende que la vida es hostil. Se da cuenta de que las situaciones se manejan sometiéndolas a los impulsos. Nuestras consignas son: ¿cómo te atreves?, ¿cómo puede ser? y ¿cómo se atreven?

Las personas que tienen ese estilo de gestionar las emociones tienen muy claro que «tienen derechos», por lo que una y otra vez se dicen cosas como «merezco más». Al creer que la vida les debe solo experiencias agradables, intentan evitar el dolor a toda costa. Cuando la vida no cumple, se apresuran a echarle la culpa a alguien y dicen: «Todo es culpa suya.» Y luego se reafirman en su idea: «¡Tengo derecho a estar disgustado!»

Cuando los hijos de padres con esta impronta lleguen a ser padres, probablemente reaccionarán furiosos ante sus hijos. Si un niño se desvía del plan que sus padres tenían para él y va a su aire en vez de acatar los decretos paternos, los padres acaso recurran a la crueldad y el atropello para meter al chico en vereda. Los hijos criados así aprenden lo que es el miedo, no el respeto. Creen que la única manera de efectuar un cambio es dominando a los demás, por lo que educarán a sus propios hijos de modo que un día también ellos llegarán a ser dictadores, con una actitud hostil ante el mundo, quizás incluso violentos.

Como señalé antes, naturalmente siempre existe la posibilidad de que un niño intimidado por la cólera de los padres acabe con tan poca autoestima que, años después, cuando tenga hijos, recree con ellos esos matices que vio de progenitores prepotentes y virulentos. Demasiado inseguro para reclamar respeto, un padre incita a sus hijos a ser narcisistas y, al final, acaba dominado por ellos.

CÓMO INTEGRAR EL DOLOR

Los hijos sienten sus emociones de manera natural, sin reprimirlas. Se entregan espontáneamente al sentimiento puro y después liberan la emoción cuando se produce. Por tanto, sus emociones van y vienen como olas.

Los adultos solemos tener miedo a dejarnos llevar por las emociones. Nos resulta difícil soportar sentimientos como el rechazo, el temor, la ansiedad, la ambivalencia, la duda o la tristeza. Así que para huir de los sentimientos los evitamos, les ponemos resistencia o los trasladamos a otras personas y situaciones mediante las reacciones emocionales. Para no sentir, muchos recurrimos a intelectualizarlo todo, a hacernos la cirugía plástica, a engordar la cuenta bancaria o a crear amplias redes sociales; o bien desviamos el dolor a base de repartir culpas, estar resentidos o expresar enojo hacia la persona a la que consideramos causante de nuestra pena.

Una persona consciente es capaz no solo de tolerar sus emociones, sino también de aceptarlas, y me refiero a *todas* las emociones. Cuando no sabemos cómo aceptar los sentimientos propios, no aceptamos los de los hijos. En la medida en que vivimos en un estado de falsedad, los hijos aprenden a reprimir sus sentimientos y, por tanto, asumen también la falsedad. Si animásemos a los hijos a ser auténticos respecto a lo que sienten —como ocurre con naturalidad hasta que los interrumpimos—, no tendrían necesidad de negar sus emociones ni deseo de trasladárselas a los demás. Por este motivo, si queremos enseñarles a vivir vidas integradas en las que asuman toda la responsabilidad de sus actos, debemos aceptar *todas* sus emociones, de manera que no tendrán que generar una sombra. Al final, llegan a valorar la vida como un tejido sin costuras en el que cada acción y cada reacción están efectiva y activamente conectadas.

Dicho esto, es importante señalar que existe una diferencia entre reaccionar emocionalmente y vivir los sentimientos. A menudo damos por supuesto que cuando estamos enfadados o tristes, es que nos sentimos así; pues es todo lo contrario: lo que suele ocurrir es que estamos reaccionando. Sentir de veras una emoción significa ser capaz de admitir la incoherencia que nos conduce en momentos como esos, sin presumir de ella ni negarla, simplemente conteniéndola y estando presente con ella.

Sentir las emociones sin responder a ellas puede ser espantoso. Aceptar las emociones significa tener que estar en soledad, lo que para muchos es insoportable. Estamos demasiado acostumbrados a tener un pensamiento y que ese sea el motor de la acción, a experimentar una emoción y reaccionar ante ella. Por ejemplo, si nos sentimos angustiados, comemos o tomamos un fármaco. Si estamos enfadados, tenemos ganas de airearlo o, incluso, desahogarnos con alguien. Estar quietos y observar los pensamientos con calma acaso nos parezca absurdo, pero es precisamente así como se aprenden las lecciones básicas de la conciencia. Al contemplar los pensamientos y sentimientos en silencio, aprendemos a aceptarlos como son, les permitimos moverse en nuestro interior sin oponer resistencia ni reaccionar.

Si aprendes a convivir con las emociones, estas dejan de abrumarte. En la plena aceptación de la entrega, algo bien distinto de la mera resignación, llegas a entender que el dolor es solo dolor, ni más ni menos. Sí, el dolor duele... como ha de ser. No obstante, si no alimentas el dolor oponiendo resistencia ni reaccionando sino aceptándolo, se transforma en sabiduría. Tu sabiduría aumentará con arreglo a tu capacidad para asimilar todos los sentimientos, con independencia de su naturaleza. Y cuanto más aumenta la sabiduría mayor es la capacidad para la compasión.

Cuando aprendemos a aceptar el conjunto de nuestra experiencia —el hecho de que las cosas a veces no salen según lo previsto, sino que tienen su dinámica propia—, comenzamos a bailar con la vida. Y cuando los hijos nos ven bailar, aprenden también que la manera de crecer es sintiendo todo lo que sentimos. Aprenden a superar su miedo a las emociones incómodas e incluso dolorosas para que ninguna parte de su ser acabe aplastada.

CÓMO TRATAR EL DOLOR DE TU HIJO

Que los hijos estén heridos, física o psicológicamente, puede ser insoportable para los padres. En el caso del daño emocional, queremos rescatarlos, lo cual suele desembocar en sentimiento de impotencia al no ser capaces de mitigar ese dolor. Llamamos al director, le gritamos al maestro, nos quejamos al padre del niño que se atrevió a pegarle al nuestro, sin darnos cuenta de que eso agudiza su dolor. Además, eso genera cierta incapacidad para aguantar el sufrimiento, tanto el propio como el de los demás.

Si queremos que los hijos controlen sus emociones, debemos enseñarles a entregarse a lo que están experimentando. Esto no equivale a que se los coman las emociones ni los impulsos. Entregarse significa que de entrada aceptamos cualquier estado emocional en el que nos encontremos. De ese modo, animamos a los niños a vivir los sentimientos. Los invitamos a abrir un espacio en el que esté presente el dolor que ya sienten.

Un ejemplo de lo que les pasa a los niños cuando no dejamos que su dolor tenga presencia es una niña de ocho años, algo gordita y con gafas gruesas, que sufría las burlas y el vacío de sus compañeros de clase. Plenamente consciente de su aspecto, se esforzaba por integrarse; para ello convenció a su madre de que le comprase lo último en ropa, bolsos y zapatos. A la madre, una joven moderna, le faltó tiempo para satisfacerla. La pequeña llegaba a casa y se ponía a llorar en su cuarto un buen rato, y a menudo se negaba a comer o a hacer los deberes. La madre no podía soportarlo. El aspecto físico de su hija le daba vergüenza, por lo que le compró una cinta de correr y fue a un nutricionista, que obligó a la niña a hacer ejercicio y a consumir menos calorías. La madre llevó a la cría a la peluquería y le puso lentillas. Llamó a la escuela y solicitó una reunión con los profesores, a los que les pidió que evitaran que los compañeros le hicieran el vacío a la niña. También acudió a un psicoterapeuta que las ayudara a ambas a afrontar la situación y empezó a tomar ansiolíticos.

Aquella incapacidad de la madre para soportar la pena de su hija, no digamos ya ayudarla a soportar la pena, negaba a la chica la oportunidad de sentir sus emociones. En vez de permitir que se sintiera herida y marginada, se le hizo creer que si cambiaba lo bastante su aspecto externo, los demás la aceptarían. De este modo, estaba aprendiendo que las emociones dolorosas son demasiado fuertes para afrontarlas y es mejor barrerlas y ocultarlas debajo de la alfombra o, aún mejor, camuflarlas mediante algunas tácticas, como echarles la culpa a otros o cambiar el aspecto físico. Como todo el esfuerzo iba dirigido a anular el dolor u ocultarlo, sin hacer esfuerzo alguno por enfrentarse a él, la hija estaba llegando, erróneamente, a la conclusión de que su imagen externa valía más que su mundo interno de sentimientos. Lo que necesitaba a toda costa eran herramientas para manejar el rechazo, desde luego.

Si les permitimos a los hijos que vivan los sentimientos, ellos son capaces de liberarlos con asombrosa rapidez. Salen del dolor entendiendo que es solo una sensación más. La expectativa del dolor suele ser más insoportable que el dolor real. Cuando los hijos experimentan el dolor *en su forma pura*, sin alimentarlo con resistencia ni colorearlo con una reacción, se transforma en sabiduría y perspectiva.

En cuanto has procesado sus emociones, los críos no necesitan aferrarse a ellas mucho tiempo, como suelen hacer los adultos. Saben por intuición que, como el flujo y el reflujo de la marea, el dolor llega en oleadas; e igual que viene, se va. Los adultos sentimos que queda para siempre porque nuestros pensamientos han acabado mezclados con él basándonos en vestigios del pasado. El dolor sigue existiendo en la mente, no en la realidad. Por eso no lo soltamos.

Parte del problema es que no estamos acostumbrados a afrontar el dolor a solas. Preferimos proyectarlo sobre otros, a quienes amarramos a nuestro drama emocional mediante la culpa, la vergüenza o la ira; o recurrimos a un hábito poco sano, quizás abusando de la comida, el alcohol, el ejercicio físico, las drogas o los medicamentos. Así intentamos gestionar el dolor, canalizándolo hacia fuera, lo que a la larga lo perpetúa. El antídoto es *quedarnos a solas* y ser testigos de nuestro dolor, sabiendo muy bien que deriva de la conexión con nuestro ego.

Una vez que los hijos han aprendido a aceptar el dolor como una parte natural e inevitable de la vida, no le tienen tanto miedo, sino que lo reconocen, sin más: «Ahora mismo tengo dolor.» En vez de intelectualizarlo, evaluarlo u oponerle resistencia, lo aceptan. Se lo enseñamos estando a su lado cuando son pequeños. Si necesitan hablar, hablarán, y todo lo que necesitan de nosotros es un gesto de asentimiento o una declaración como «ya entiendo». No hace falta ninguna lógica, ni ánimos ni prisas basadas en la experiencia. Solo habilitar espacio en la casa.

Además, si el dolor se mantiene, lo convertimos en una experiencia práctica de la que quitamos todo el drama. Quizá podríamos hablar de ello refiriéndonos a «una cosa», con colores, diferentes apetitos y estados de ánimo. Por encima de todo, no aspiramos a que nuestros hijos lleguen a ser «felices» pese al dolor, sino más bien a que sean *auténticos*.

PASO A PASO

A no dejarnos llevar por las reacciones impulsivas se empieza siendo consciente de que esto de ser como somos no equivale en absoluto a ser quienes somos realmente, sino que es un producto de la inconsciencia. El proceso de perder esa impulsividad progresa a medida que la conciencia se vuelve más profunda. Puede que no dejemos de gritarle a los niños enseguida, pero lo haremos durante ocho minutos en lugar de diez, porque nos daremos cuenta de lo inconsciente de nuestra conducta y nos contendremos.

A lo mejor todavía nos provoca angustia algo que hace nuestro hijo, pero en vez de generar una agitación mental intensa que se traduce en un día entero de tormenta emocional, somos capaces de calmarnos tras una hora o así, abandonar la reacción impulsiva y desactivar la ansiedad limitándonos a observarla.

Cuando los padres me dicen que les afecta perder el control de sus emociones delante de su hijo, esperan que yo los juzgue o les haga sentirse culpables. Pero en realidad los felicito: «Ahora sabemos cómo es vuestro inconsciente, lo cual es un paso importante.» Es un paso adelante, en efecto, pues la mayoría de las personas de este mundo no tienen ni idea de que sus reacciones son una manifestación de la inconsciencia. Darse cuenta de esto en uno mismo es un gran avance.

Es fundamental aceptar sin tapujos que de vez en cuando vamos a dar rienda suelta a la inconsciencia. Los padres conscientes saben cómo utilizar la aparición de su inconsciencia de una forma que, en última instancia, sea sanadora. Saben cómo reconocer una reacción, bien que después del hecho. No tienen miedo de enfrentarse a su inconsciencia. Viven según este dictado:

«Calculo que me sentiré provocado, enredado, abrumado y, a veces, aplicaré un estilo parental egoico. Sin embargo, utilizaré las lecciones incorporadas en estas ocasiones para evolucionar como persona y ayudar a mis hijos a evolucionar también.»

Como padres, a menudo nos vemos obligados a reaccionar ante los hijos con velocidad supersónica, siguiendo el instinto, con apenas pausas para reflexionar antes de escoger la respuesta. Sin darnos cuenta, hemos seguido una dinámica concreta y en un santiamén nos vemos pillados en una ecuación negativa con los hijos.

En una ocasión trabajé con un padre soltero, Peter, que lo estaba pasando especialmente mal con Andrew, su hijo de quince años. La relación estaba alcanzando un estado de disfunción. Andrew manifestaba los síntomas típicos de un adolescente rebelde y desconectado de su padre, solo tenía ganas de salir con los amigos, chateaba en el ordenador hasta altas horas de la noche, no hacía los deberes, faltaba a clase y fumaba marihuana.

Peter estaba furioso. Cuando Andrew era más pequeño, habían mantenido una relación estrecha, pero en los últimos años sus conversaciones habían acabado siendo discusiones tensas. Llegó un momento en que Andrew le había pedido irse a vivir con sus abuelos, en otro estado, pero Peter no aceptó porque los abuelos eran muy mayores. Día tras otro, padre e hijo chocaban por los quehaceres domésticos o los deberes escolares, que Andrew afirmaba haber hecho ya aunque ni los había tocado.

Una noche particularmente agitada, Peter se sentía tan agotado que amenazó a Andrew con no hablarle más y, a renglón seguido, salió de la casa hecho una furia. Mientras andaba, me llamó: «Estoy desesperado. Este chico se niega en redondo a respetarme. Aquí estoy, dejándolo todo para estar con él y lo único que hace es actuar como un crío repelente y desafiante. No se esfuerza por nada. Estoy harto de cómo me trata. Si no quiere ser mi hijo, pues muy bien. Yo tampoco voy a esforzarme más. Puedo ser igual de indiferente. A partir de hoy, dejaré de ser un padre paciente y afectuoso. Me rindo.»

Incapaz de ver que estaba reaccionando en caliente, Peter cada vez estaba más alterado. Tras acabar nuestra conversación telefónica, entró bruscamente en la habitación de su hijo, desenchufó el ordenador y lo tiró al suelo. Andrew protestó y Peter le dio una bofetada y le dijo que ojalá no hubiera nacido.

Peter estaba pasando por lo que pasan muchísimos padres de adolescentes. Aunque da la impresión de que, en momentos así, esas reacciones de los padres están justificadas, solemos olvidar que la dinámica se había puesto en marcha hacía años. Lo que había comenzado como una lucha de voluntades y una búsqueda del control se había desmadrado hasta convertirse en una relación traumática para ambos.

Metido hasta el fondo en aquella tormenta emocional, en su interpretación de las motivaciones del hijo y en su sensación de falta de poder, Peter dejó que aquello le afectara tanto que perdió el control de sí mismo. Cuando reaccionamos así a partir de la necesidad de poder y control, deberíamos preguntarnos: «¿Qué necesita mi hijo de mí que hasta ahora he sido incapaz de darle?» Este padre llevaba tiempo sin estar atento a lo que su hijo necesitaba realmente de él.

Quizás Andrew le recordase a Peter su propia infancia, y reflejara las deficiencias que había superado solo tras años de duro esfuerzo. Tal vez estaba tan ligado al patrón de ejercer control que no podía soportar que su hijo se desviara en lo más mínimo de las expectativas. A lo mejor estaba tan imbuido de la idea de perfección que le parecía intolerable que Andrew tuviera defectos. También es probable que Peter viera a su hijo como un reflejo del tipo de padre que era él, cuestión sin duda relacionada con el sentimiento de culpa por haberse divorciado de la madre de Andrew años atrás. Con independencia de la motivación subyacente, estaba claro que Peter se estaba tomando el conflicto como algo personal, lo cual había desencadenado una reacción egoica. Andrew, como hacen todos los niños, se dio cuenta de que su padre había perdido contacto con su yo auténtico.

Peter había creado muchas interpretaciones negativas en

torno a la actuación de su hijo, todas ellas de carácter personal. Estas interpretaciones conllevaban valoraciones como «a mi hijo no le importa lo que yo sienta», «mi hijo no me respeta» o «mi hijo es rebelde a propósito», pero ninguna de estas interpretaciones servía para mejorar el estado de ánimo de Peter ni de Andrew. Así solemos reaccionar ante situaciones en las que nos sentimos incómodos.

Cada vez que hacemos interpretaciones personalizadas del comportamiento de otros, nos arriesgamos a sumergirnos en un caldero de emociones revueltas. Si hiciéramos interpretaciones neutras, despersonalizadas, no sufriríamos las consecuencias de las emociones negativas. Las interpretaciones de Peter no indicaban ecuanimidad, no digamos ya curiosidad por la conducta del hijo. Ninguna de ellas sugería algo como «mi hijo sufre y necesita ayuda», «mi hijo está pidiendo ayuda a gritos y ahora mismo no sabe cómo comportarse» o «mi hijo necesita mi paciencia mientras pase por esta difícil fase de confusión de la identidad». En vez de eso, las interpretaciones que hacía Peter de la conducta de Andrew generaban una fuerte resistencia mental a dicha conducta, lo cual lo incapacitaba para responder de manera relajada, aceptando la realidad *tal cual* era. Responder *tal cual* engendra no solo aceptación sino también, de hecho, reverencia hacia el camino exclusivo del individuo.

La interpretación tiene lugar en una décima de segundo, mientras decidimos que algo está en sintonía con nuestros vínculos egoicos o no. Mientras la vida refleje esos vínculos, todo va bien. En el momento en que se atreve a contradecir nuestros profundos supuestos sobre cómo han de ser las cosas, perdemos la ecuanimidad.

Toda disfunción implica que hemos hecho una interpretación sumamente personalizada de los acontecimientos que se producen alrededor. La triste consecuencia es que los hijos acaban teniendo la impresión de ser la causa de nuestro mal humor, lo que se traduce en sentimiento culpable y puede dar origen a una sensación de inutilidad. A partir de ahí, reaccionan contra nosotros. Es clave reconocer que las semillas de esta ecuación residen en la evaluación inicial que hacemos en respuesta a su comportamiento.

Los hijos no *tienen intención* de provocarnos; son quienes son, simplemente. Sentirse provocado es una parte inevitable de cualquier relación, de modo que es inaceptable echar la culpa a nadie, ni a nosotros. No obstante, nos toca examinar nuestras reacciones inconscientes para así poder limitarlas. La explicación de que entremos en un estado de inconsciencia ciega es que tenemos una carga emocional no resuelta, que surge cuando los hijos se comportan como niños.

Recibir estímulos y provocaciones está íntimamente relacionado con los patrones vitales que seguimos y los papeles que representamos. Por ejemplo, quizá nos decimos que merecemos más respeto; interpretar la conducta de los hijos como una falta de respeto suele responder a un sentido prepotente de los derechos: cuando alguien no nos tiene el respeto que creemos que merecemos, se desencadena automáticamente la indignación narcisista: «Habrase visto. ¿Cómo se atreve esta persona a comportarse así conmigo?» Ojalá entendiéramos el poder de las interpretaciones.

Podemos ver hasta qué punto puede distorsionarse nuestra visión de las cosas en el caso de una preciosa joven que estuvo más de quince años distanciada de su familia. Cuando por fin la familia decidió hacer una reunión, la noche anterior la chica había tenido un vívido sueño en el que veía a su familia participando en un duelo, lo que como es lógico la dejó paralizada de miedo. A medida que el duelo avanzaba, ella se fue acercando más. De pronto, se dio cuenta de que no sujetaban espadas ni nada de eso: «¡Ah, no están luchando... sino bailando», pensó. Al despertar del sueño, supo que había recibido un mensaje de la parte de ella que deseaba la reconciliación. En aquel momento reconoció que podía escoger el modo de interpretar su realidad. La reunión familiar resultó ser un momento fundamental de curación que impulsó su viaje espiritual.

El primer error en nuestro camino hacia la activación del ego es realizar una interpretación muy personalizada de los hechos. Con los hijos, la interpretación inmediata cuando no siguen *el plan* es que son ellos quienes están equivocados y que hacen lo que hacen porque pasan de nuestra autoridad. No somos capaces de ver que es nuestra interpretación lo que crea el marco de la disfunción; ni tampoco vemos que el problema real es que nos sentimos de alguna manera amenazados.

Cuando nos vemos metidos en este tipo de torbellino, es porque nos negamos a aceptar la realidad *tal como es*. Le imponemos a la situación presente las vivencias pasadas, lo que nos genera una ansiedad tremenda que le hace el juego a nuestros peores miedos. Entonces, el estado maníaco nos impulsa a juzgar a toda prisa y eso nos transmite la sensación de que al menos estamos *haciendo algo* mientras tomamos decisiones perjudiciales para todos los implicados. Así que somos nosotros los que generamos el torbellino al confundir ser maníaco con ser resuelto.

Volvamos un momento con Peter y Andrew. ¿Y si Peter hubiera sido capaz de afrontar la rebeldía de su hijo con el planteamiento *tal cual*? Si no hubiera juzgado ni interpretado la conducta del hijo y, sobre todo, no se hubiera quedado él fuera de la ecuación, se habría relajado, lo que habría dejado espacio interior para la situación presente y le habría brindado la flexibilidad necesaria para elaborar una respuesta más creativa. Cuando abrimos espacio interior, descubrimos nuevas maneras de estar con los hijos, que es reconfortantemente distinto de enzarzarse una y otra vez en las mismas peleas. La necesidad de hacer algo nos aleja de la capacidad creativa y entonces la vida se define por el enfrentamiento entre padres e hijos: una batalla por la supremacía de los egos.

Solo en la medida en que vivimos en un estado de *ser* somos capaces de plantearnos las circunstancias de la vida con una actitud abierta y entregada. Liberados de evaluaciones opresivas, somos capaces de interaccionar con la situación real de la forma que esta requiere en lugar de partir de proyecciones inconscientes. Cuanto más afinemos esta capacidad de afrontar la vida en un estado neutro, sin calificar como bueno o malo todo lo que nos encontramos, sino aceptando que es como es, *tal cual*, menos necesitaremos interpretar todas las interacciones como si fueran un asunto personal. De este modo, los hijos pueden tener berrinches sin provocarnos y nosotros podemos corregir su conducta sin descargar en ellos el rencor, la culpa, el miedo o la desconfianza residuales.

Cuando a los individuos de nuestra vida les es permitido tener sus propias emociones sin que unos y otros se tropiecen con los respectivos dramas afectivos, empezamos a aceptar todas las emociones que sentimos, sabiendo que son *solo eso* y ya contemplamos la vida con su espectro completo de colores. La experimentamos sin necesidad de reducirla a las restrictivas categorías de bueno y malo o yo en contraposición a tú. La vida es demasiado rica y compleja para encasillar todo lo que ocurre. Las personas son intrínsecamente incuantificables.

LO QUE HACE FALTA PARA DOMINAR LA ANSIEDAD

Como hemos visto, Peter llegó enseguida a una fase de ansiedad y tensión interna. Llevaba en su interior una tensión que su hijo captó sin dificultad, y por eso se preparó también para la batalla.

La ansiedad es nuestra manera de reaccionar ante las evaluaciones mentales. Reconocer el momento en que estamos ansiosos es una de las cosas más importantes que podemos hacer para ayudarnos a conservar las relaciones.

Si experimentamos ansiedad es que se ha activado algo en lo más hondo de nosotros. Si somos conscientes en todo momento, nos hacemos esta pregunta: «¿Por qué me siento activado ahora mismo?» Tras ello, permanecemos en una actitud abierta, procurando no proyectar la ansiedad en los demás. La ansiedad deriva de algo no resuelto en nuestro interior, y seguirá existiendo al margen de si la persona o el suceso activador están presentes. Si las circunstancias causantes no son unas, serán otras.

La ansiedad es una emoción natural de la que no hay escapatoria. En vez de pensar que tenemos que controlarla, se nos pide que la aceptemos como algo natural y que la observemos con tranquilidad. Aceptar la ansiedad, permitiéndole existir sin más, es un ejercicio esencial de este viaje. Si no aprendemos a observarla sin más, puede que acabemos abrumados por nuestro estado interno y reaccionemos a ciegas. Estamos preparados para implicarnos con otros a base de impulsos, quizás inestables, o, a la inversa, caer en la depresión. Sea como fuere, dejamos inevitablemente un rastro de consecuencias innecesarias. Solo gracias a la conciencia lograremos no desprendernos de la ansiedad ni descargarla en otro.

La vida sucede, pura y simplemente. Con independencia de cómo intentemos gestionarla, tiene una fuerza que va más allá de la lógica y la coherencia. Cuando nadamos en el mar, permitimos que el agua nos mueva el cuerpo. No protestamos: «¿Cómo se atreve esta ola a ser tan alta?, debería ser más baja.» Aceptamos que no dominamos el mar. De hecho, lo imprevisible de las olas nos parece emocionante. Entonces, ¿por qué, si se trata de relaciones o sucesos de la vida, somos incapaces de aceptarlos y nada más? La vida no es intrínsecamente buena o mala, solo *es*, como las olas del mar. La única forma de vivir la vida es entrando en ella *tal cual* es. Si somos capaces de congeniar con esta condición de *tal cual*, la ansiedad apenas nos afecta. Nos convertimos en un maremoto cuando reaccionamos.

A Peter la ansiedad lo llevó a enfrentarse a todas horas con su hijo. Los enfrentamientos degeneraron en peleas y, al final, en un episodio de veras lamentable y evitable. Si Peter hubiera abordado a Andrew con un estado de ánimo neutro, fluyendo con la naturaleza *tal cual* de la situación, buscando una conexión auténtica, el chaval habría respondido de manera distinta; de ese modo, el padre habría estado en mejores condiciones para influir un poco en su hijo y hacer que modificara, aunque solo fuera en parte, su conducta negativa; pero, en vez de eso, no le dejó otra opción que reaccionar impulsivamente.

Cuando partimos de nuestras reacciones inconscientes, no

gana nadie. El drama emocional solo origina sufrimiento. Gran parte de nuestro dolor lo creamos nosotros mismos. Si no aprendemos a librarnos de las interpretaciones negativas, iremos pasando de un impulso destructivo a otro.

La buena noticia es que la vida es una compañera maravillosamente servicial en el viaje hacia una manera de ser más consciente. Nos ayuda en todos los niveles y lo único que hemos de hacer nosotros es abrirnos y recibir. Una gran ventaja es que los hijos son muy resilientes. Al iniciar el viaje, podemos tener la seguridad de que crecerán con nosotros, aunque el camino hacia este crecimiento esté lleno de dolor y saberlo nos permite comprometernos con el viaje sin vacilar, sin reservas, confiando en que todas las cosas servirán para el bienestar tanto nuestro como de nuestros hijos.

6

La vida es sabia

Como la forma de educar es un reflejo de quiénes somos, para cambiar el modo de acometer la educación de los hijos tenemos que comprender cómo plasman nuestra visión del mundo las respuestas que les damos a situaciones cotidianas.

Hazte las siguientes preguntas: «¿Cómo reacciono cuando la vida no resulta como yo quiero? ¿Me echo la bronca porque la culpa es mía? ¿Adopto la postura contraria porque creo que me merezco más y no hay derecho a que a mí me pase eso? ¿O me digo que ha sido mala suerte y que la vida es injusta?» La cosmovisión de quien reacciona así se basa en la idea de que la vida acontece *fuera* de las personas y es esa *cosa* inexplicable desencadenada por fuerzas que escapan a nuestro control.

Cuando te consideras afortunado o desafortunado, es porque no estás preparado para pensar que la vida es tu compañera espiritual en el viaje a tu ser auténtico. No obstante, si acudes a tu interior en busca de las lecciones emocionales que la vida te pide que aprendas, todo lo que te pase llega a ser significativo. Con esa perspectiva aplicada a cualquier situación, no hay buena ni mala suerte, ya que todas las situaciones de la vida contribuyen a la finalidad de la evolución espiritual. Cuando entiendes eso, ya no opones más resistencia a las cosas que te parecen no deseables mientras ansías las agradables; al experimentarlo todo como un profesor potencial, de la vida lo aceptas todo. Dejas de tener ese comportamiento dual que te lleva a o estar en guerra con la vida cuando te presenta un reto o enamorarte de ella si te trata bien. En realidad, entiendes que la luz y la oscuridad son oportunidades para convertirte en un ser humano más consciente.

LA PROPIA VIDA NOS ENSEÑA

Que consideremos la vida básicamente buena o que pasemos el tiempo esperando que suceda algo malo porque la vida quiere hacernos daño, depende de cómo nos educaron. En todo caso, no se le enseña a casi nadie que la vida es básicamente sabia.

Entender que la vida es una profesora sabia, dispuesta a mostrarnos nuestro ser superior, cambia radicalmente el modo de vivir y de educar. Lo enfocamos todo con la actitud de que las circunstancias que están aquí para ayudarnos proceden de nuestro ser superior. Consideramos que la vida es fiable, que va a acompañarnos a profundizar más en nosotros mismos. También sabemos que es intrínsecamente buena, un espejo de nuestro estado interno de bondad. Este planteamiento reconoce que en esencia estamos interconectados con todo lo que nos pasa en la vida, de modo que somos cocreadores de la realidad en la que vivimos. La vida nos pasa *a* nosotros, pasa *con* nosotros.

La conducta de los hijos no se produce en el vacío, sino que es una respuesta a nuestra energía. Esto quiere decir que contamos con muchas oportunidades de influir en cómo acaban siendo los hijos. Aunque enseguida les enseñamos a imponer evaluaciones negativas a la realidad, pocas veces les enseñamos a experimentar la realidad tal como es. De hecho, los niños aprenden a relacionarse con sus experiencias partiendo de cómo nos relacionamos *nosotros* con las nuestras. Si nos ven reaccionando constantemente ante la realidad, manifestando preocupación de forma habitual, aprenden a encarnar esta mentalidad impulsiva y ansiosa. Nos ven juzgar y etiquetar cada experiencia, y con arreglo a eso categorizan su propio mundo.

En cambio, si nos observan fluir con la realidad sin tensión ni actividad mental intensa, aprenden a responder a su propia vida de la misma manera. Al modelar una actitud de confianza y enfocar la vida con gracia y soltura basándonos en dicha confianza, les enseñamos a extraer sabiduría de todas sus circunstancias en vez de calificar unos aspectos de la vida como buenos y otros como malos.

La vida hay que *experimentarla*, no se trata de luchar contra ella, rehuirla o tomarla sin ganas. Aunque acaso deseemos efectuar cambios en el futuro, ser conscientes es estar *con* una experiencia a medida que se despliega, no pensar en cómo nos gustaría cambiarla. Tomar las riendas de la vida para modificar la calidad de nuestras experiencias futuras viene *después* de una experiencia.

Si aceptamos la propia vida como una guía sabia, nos atrevemos a encomendarnos a ella del todo, sin evaluaciones, juicios ni análisis. Al dejar atrás toda sensación de que la vida supone para nosotros una especie de amenaza, nos comprometemos con su flujo. Cuando nos permitimos *sentir* realmente cada experiencia cuando se produce y en vez de ligarnos a ella la pasamos al flujo del momento siguiente, liberamos energía psíquica que de otro modo se desperdiciaría en resistencia y reactividad. A continuación, disponemos de esa energía para comprometernos en las relaciones, sobre todo con los hijos. Cuando los hijos también aprenden a vivir sus experiencias sin necesidad de hacer nada, están entrando, poco a poco, en la vida *tal cual es.* Ven el placer en las experiencias más simples y cosechan las recompensas de estar plenamente presentes en el momento.

Para que mi hija aprenda a identificar sus experiencias tal cual son en vez de pasarlas por alto, soy sincera con ella y le digo lo que pienso y lo que siento sobre las situaciones que se me presentan. Si estoy furiosa, digo «ahora mismo estoy furiosa». El caso es que en un momento así estoy de mal humor, y *tengo derecho* a estar de mal humor, pero no a descargarlo en los demás. Por tanto, *reconozco* mi mal humor, pero no *reacciono* ante la situación, no lucho contra ella ni hago un drama de lo que siento. Lo que hago es aceptar todo lo que siento y en el proceso reparo en que cambio espontáneamente y acepto la situación por completo.

Del mismo modo, si estoy en un atasco de tráfico, me digo «ahora mismo estoy en un atasco». Me abstengo de calificar las experiencias como buenas o malas, me niego a trasladar desbarajustes y líos que haya acumulado en la vida a estas experiencias presentes, menos todavía mis figuraciones de cómo debería ser el futuro. La cuestión está en no intentar someter la realidad a nuestros deseos.

A medida que se intensifica el sentido de lo que somos, nuestro ser interior resulta lo bastante grande como para incorporar todo lo que la vida nos ofrece.

¿ES POSIBLE *CONFIAR* EN LA VIDA?

Al confiar en que los mensajeros de la vida acuden a nosotros a revelarnos secretos sobre quiénes somos realmente, aceptamos a los hijos por los mensajes que *ellos* tienen para nosotros. No los juzgamos, culpamos ni rechazamos para alumbrarnos la conciencia, sino que aprendemos de ellos con humildad y gratitud.

En el paquete en que los hijos llegan a nuestra vida, está también la misión de enseñarnos a liberar el ego y aceptar el auténtico yo. Pienso en Elizabeth y Matthew, que tienen dos hijos, y en que el paquete que acompañaba a cada uno de los hijos, que se le reveló a Elizabeth como un sabio regalo de la vida. Fue capaz de comprender que aceptar a sus hijos tal como eran era para ella una utilísima lección.

David, hijo mayor de Elizabeth y Matthew, es una estrella del baloncesto, estudiante sobresaliente, generoso y compasivo por naturaleza, y, sobre todo, un chaval muy sensato. Con Deacon, el pequeño, las cosas son algo distintas. No tan brillante en los estudios ni tan aficionado a los deportes, Deacon es más bien descuidado, distraído, olvidadizo e indolente. Como enfoca las cosas de una forma poco tradicional, se niega a aceptar las constricciones de las normas habituales y prefiere establecer las suyas propias. Como le da igual su aspecto, lo que lleva o la impresión que causa, pasa de la competitividad y del éxito en el mundo material, y prefiere dedicarse a cuidar sus mascotas, leer o dar clases a niños desfavorecidos. Aparentemente ajeno a las notas que saca, suele saltarse las clases y afirma querer dedicarse a la agricultura orgánica o a enseñar en un país del Tercer Mundo. Y como es un chico soñador y poco convencional, en toda la extensión de la palabra, a veces se convierte en la peor pesadilla de su padre.

A Matthew le costó muchísimo aceptar a Deacon, pero aún le cuesta más aceptar que sus dos hijos sean tan diferentes. Cuando está con David se siente orgulloso, pero con Deacon experimenta humillación e incluso rencor. Al calificar a sus hijos en función de cómo se siente su ego, es incapaz de descubrir las muchas lecciones que podría extraer y que le servirían para crecer.

Por su lado, Elizabeth lo entiende del todo. Comprende que David le sirve para reforzar su ego y que Deacon lo echa por tierra; por eso me confesó: «Imagínate qué madre tan horrorosamente egoísta sería si solo tuviera a David. Menos mal que tengo a Deacon para recordarme que debo aceptar lo diferente y lo no convencional.»

TU HIJO NO TIENE POR QUÉ GANARSE TU CONFIANZA

Somos pocos los que confiamos en la sabiduría de la vida. La gente tiende a proyectar su falta de confianza en los hijos. En consecuencia, la sociedad cree que la confianza hay que ganársela.

A mi entender, los hijos no solo no tienen por qué ganarse

nuestra confianza sino que deben saber que la tienen incondicionalmente porque los consideramos sin duda dignos de ella. Por su mera presencia, nuestros hijos se han ganado el derecho a que se les considere leales. Pedirles que se ganen nuestra confianza refleja una actitud insegura, sedienta de poder, cargada de ego y miedo.

Para tener confianza implícita en los hijos hace falta que, como padres, veneremos la vida y confiemos en ella. El grado en que los hijos sienten nuestra confianza en ellos refleja la que tenemos en nosotros. Si partimos de la mentalidad de que la vida es sabia y, por tanto, sus manifestaciones son buenas, vemos a los hijos así. Enmarcamos los errores como surgidos de un lugar puro. Si es así, ¿cómo no vamos a confiar en los hijos? Por otro lado, si estamos preocupados y dudamos de nuestra capacidad para transformar los conflictos de la vida en oro espiritual, con independencia de cómo garanticemos el bienestar de los niños, estamos transmitiendo inconscientemente el mensaje contrario.

Como padres, comunicamos confianza o desconfianza de las maneras más sutiles. Las preguntas que formulamos a los hijos, los sermones que les soltamos o los consejos no pedidos que damos transmiten confianza o desconfianza. Por ejemplo, cuando les preguntamos una y otra vez qué tal les va, creyendo que estarán pasándolo mal por algo, sin darnos cuenta estamos comunicando nuestra ansiedad y, por tanto, nuestra desconfianza en la vida. Si no paramos de controlarlos o queremos saberlo todo de su mundo, transmitimos una sensación de incertidumbre, lo que debilita su confianza básica en sí mismos. Cuanto menos y con menos ansia los controlemos, más les transmitiremos el mensaje de que no necesitamos supervisarlos todo el tiempo porque sabemos que son perfectamente capaces de cuidar de sí mismos y que pedirán ayuda cuando haga falta.

Cuando tomamos decisiones por nuestros hijos sin darles la oportunidad de trazar su propio camino, les transmitimos nuestra fuerza y nuestra impotencia, lo que fomenta que desconfíen de sí mismos. Si, en cambio, solicitamos y respetamos sus ideas, aunque no siempre podamos incorporarlas a nuestros planes, les hacemos llegar una profunda reverencia por su capacidad para contribuir a la discusión del momento. Los hijos pueden notar que tenemos un respeto verdadero y genuino por sus opiniones y decisiones. Es vital reconocer que, aunque sean pequeños, tienen una opinión válida que respetamos y tenemos siempre en cuenta. Cuando los hijos ven que su presencia es para nosotros significativa e importante, aprenden a confiar en su voz interior.

Cada vez que animamos a un hijo a decir lo que piensa y esperar que lo escuchen, alimentamos su confianza. Aprenden a confiar en sí mismos cuando les decimos cosas como «admiro cómo estructuras tus pensamientos» o «estoy seguro de que harás lo que tienes que hacer». Si resulta que toman una decisión desatinada, no hay que dejar que eso nos provoque desconfianza en ellos, sino que es mejor hablarles con naturalidad: «Has tomado una decisión y ahora estás aprendiendo de ella.» La falta de confianza no entra en la ecuación.

«Siempre estarás bien, sean cuales sean las circunstancias, porque así eres», le aseguro a mi hija. Ante todo, le traslado confianza en la capacidad de la vida para cuidar de nosotros desde el punto de vista espiritual. Una vez que pensamos en la vida como una incubadora de conciencia, ¿qué motivo hay para no confiar?

Cuando los hijos perciben nuestro respeto hacia su capacidad para hacer de guías, se sienten plenamente capaces. Saber que son merecedores de nuestra confianza significa muchísimo para ellos. Y estarán a la altura de esa confianza de forma natural.

ATRAES MUCHAS DE TUS CIRCUNSTANCIAS

En sí misma, la vida no es buena ni mala sino neutra. No obstante, cada uno de nosotros tiene el poder de elegir la manera de interpretar las experiencias, lo cual afecta enormemente a la naturaleza de esas experiencias.

Hasta que llegamos a ser conscientes, nuestra interpretación de todo lo que nos pasa se basa casi automáticamente en patrones arraigados. Calificamos el mundo con arreglo a cómo *percibimos* lo que está pasando, no porque sea realmente así. Por ejemplo, si sentimos dolor, solemos calificar la realidad como mala. Y al hacerlo, estamos *decidiendo* cómo nos sentimos acerca de nuestro dolor: tristes, enfadados, perdidos o rechazados, las opciones derivan de lo que recibimos siendo niños.

Cuando partes de la idea de que la vida, en el preciso patrón que se despliega delante de ti, contiene lecciones transformadoras, ya no rehúyes las experiencias sino que procuras asimilarlas, notando que, de alguna manera, atraes esas lecciones porque tienes un deseo innato de desarrollarte en el plano espiritual.

Cuando la gente oye que quizás ha aceptado lo que parecía una experiencia negativa en su vida, suele indignarse: «¿Eso significa que yo he provocado tener cáncer o el accidente que sufrió mi hijo? ¿Cómo voy a ser yo responsable de un terremoto o de que vaya mal la economía? Es imposible que yo sea la causa de estos acontecimientos en apariencia aleatorios.» A muchas personas les confunde.

En mi caso, la confusión se aclaró al darme cuenta de que hay dos *clases* de acontecimientos: personales e impersonales. Entre los personales se cuentan el matrimonio, la paternidad, el trabajo, las amistades y cosas así. Mediante el compromiso con otro, es bastante evidente que cocreamos la realidad que experimentamos. Los episodios personales también incluyen aspectos como los hábitos alimentarios, el ejercicio físico, las actitudes o el nivel de motivación. Aunque acaso nos guste vivir con la sensación de que las cosas «suceden» sin más, por el mero hecho de nuestra presencia en la dinámica contribuimos a crear la realidad.

Los sucesos impersonales son algo diferentes y suele dar la impresión de que realmente nos acontecen a nosotros. Se me ocurren aspectos de la vida como la economía, el mal humor del jefe, el ruidoso perro de los vecinos, un accidente de coche en el que no tuvimos la culpa, una inundación o un tornado. Estos acontecimientos suelen parecer aleatorios e imprevisibles, como si pudieran abalanzarse sobre nosotros sin previo aviso y, desde luego, sin nuestra aprobación consciente.

Si negamos la potencial locura de la vida, imaginando que de alguna manera nuestra resistencia impedirá como por arte de magia que nos pasen las cosas, nos encontraremos en un bucle de frustración, si no de desesperación. Con episodios así, la clave es *nuestra respuesta* a estos incidentes aleatorios. Es entonces cuando hemos de tomar una decisión y dar el consentimiento.

Hay veces en que la vida da la impresión de ser insoportablemente endeble y muy imprevisible, generándonos a menudo una sensación de resentimiento, lo cual puede llevarnos a adoptar una actitud de resignación. En todo caso, no es cuestión de resignarse por el hecho de que en la realidad haya un elemento aleatorio. Si asumimos una postura fatalista, partiendo de que no tenemos control alguno sobre la vida, no nos hacemos ningún favor.

La volubilidad de la vida tampoco justifica la paranoia, en virtud de la cual siempre estaríamos preguntándonos cuándo nos golpearán sus extremos. Por el contrario, lo abordamos todo con aceptación plena y una mayor apreciación de cada momento. Aceptar la vida no significa rendirnos, sino aceptar rotundamente su naturaleza *tal como es*. Aceptar la vida *tal cual* requiere ser consciente de todo lo que tenemos delante y luego decidir la forma de responder. Entonces, y solo entonces, experimentamos que la conciencia afecta a las circunstancias en las que nos encontramos.

Vivir la vida siendo conscientes significa ser capaces de bailar en la delgada línea que hay entre la plena propiedad de la salud psicológica y el espacio energético, aun sabiendo siempre que ciertas cosas pueden sacarnos del centro. Es esta constante interacción entre hacernos cargo y ceder lo que define la vida consciente. Somos conscientes de que se producen sucesos traumáticos, pero sabemos que no tienen por qué determinar nuestras reacciones. Todos estamos sometidos al carácter imprevisible y a veces aparentemente cruel de la vida, pero es opción nuestra decidir si vivimos como víctimas.

Todos queremos saber por qué nos pasan las cosas, pues de algún modo imaginamos que si conociéramos la razón nos sentiríamos más seguros. La medicina más amarga que hemos de tomar es que no sabemos el porqué. Podemos dar por supuesto que los acontecimientos se producen debido a la confluencia de viejos karmas; o también cabe atribuirlos a la casualidad. El hecho es que las cosas ocurren, y quizá nunca sepamos el motivo, si es que lo hay.

Aunque tal vez no seamos capaces de decir por qué pasan las cosas, podemos abordar aspectos que son más personales y, en última instancia, más pertinentes. Por ejemplo, acaso nos preguntemos lo siguiente: «¿Cómo puede favorecer mi crecimiento esta circunstancia en la que estoy? ¿A qué estoy resistiéndome? ¿A qué debo renunciar para crecer? ¿Qué finalidad tiene esta turbulencia para mí y para los demás?» Estas preguntas tienen la capacidad de transformar un acontecimiento *malo* en una experiencia que nos haga crecer, con lo cual extraemos oro emocional de lo que parecía tan negativo. La simple formulación de esas preguntas tiene el potencial de hacernos pasar de la culpa a la propiedad y la autoría. Estas preguntas nos habilitan para superar un sentido de la vida que nos ha victimizado.

La elección de la pregunta distingue la víctima del superviviente. La víctima lloriquea: «¿Por qué la vida me crea estas dificultades?» Y el superviviente dice: «¿Cómo puedo utilizar estas dificultades para evolucionar?» Se trata de no permitir que los episodios de la vida definan nuestra identidad: en vez de ello, lo que define nuestro destino es la forma de responder con creatividad o de reaccionar con negatividad.

ERES CAPAZ DE LIBERARTE
DE LA INCONSCIENCIA

Hay una técnica útil para observar los pensamientos y las emociones. Llevar un diario puede ayudarnos a ser conscientes de lo que nos pasa por dentro y de que atribuimos interpretaciones injustificadas a las cosas, pues nos permite acortar la distancia entre nuestro ser interior y nuestros pensamientos.

Para que ese diario sea de veras efectivo, conviene abordar la escritura de manera automática, es decir, no hay que pensar en lo que vamos a poner en el papel sino pasar directamente a registrar lo que se nos venga a la cabeza. Si le dedicamos un rato cada día, escribimos de una manera libre, asociativa. Esta actividad afloja el control del ego sobre nosotros. Cuando vemos los pensamientos plasmados en un papel, somos capaces de separar de ellos nuestra identidad. Nos damos cuenta de que son solo pensamientos; por tanto, ya no tenemos por qué abrumarnos. Mediante la rigurosa práctica de escribir cada día, aprendemos a dejar que los pensamientos, y las emociones que suelen acompañarlos, existan sin más, sin darles más importancia de la debida. Al hacerlo, nos sumergimos en la calma que subyace a todo ello, donde reside nuestro verdadero ser.

También se puede fomentar la conciencia dedicando cada día un rato a estar sentados en silencio y a solas, con los ojos cerrados y atentos a la respiración. Lo único que hace falta es notar la inspiración y la espiración, o bien cuando el aire entra y sale por las ventanas de la nariz, o bien cuando entra y sale del pecho. Respirar dándonos cuenta de que estamos haciéndolo nos permite entrar en el aquí y ahora. Al concentrarnos en la respiración, observamos que los pensamientos y las emociones son fugaces, como la respiración. Aceptamos que son solo emociones y pensamientos. Como los pensamientos y las emociones son efímeros por naturaleza, no tenemos obligación de aferrarnos a ellos, sino que podemos quitárnoslos de encima porque no constituyen nuestra identidad. Esta sencilla práctica de poner un poco de espacio alrededor de los pensamientos y las emociones nos permite experimentarlos con una distancia que nos libera de la tendencia a representarlos. Aceptamos nuestros pensamientos y emociones de una manera no reactiva, sin necesidad de descargarlos en la realidad exterior. De este modo, nos liberamos y liberamos a otros del enredo emocional derivado de estar en las garras de los condicionamientos pasados.

¿Cómo afecta todo eso a los hijos? Imagínate que, como padre, se te ocurre esto: que tu hijo no te escucha o que empiezas a sentir que no te respeta. En vez de interpretar que tu hijo no es respetuoso o que eres un padre que no se hace respetar, es mejor que te sientes con los pensamientos y las emociones. «¿Cómo es que me siento provocado?», te preguntas. Quizá resulta que tienes sensación de impotencia en algún aspecto de tu vida no relacionado con la paternidad y resulta que tu hijo simplemente activa esta sensación. O tal vez es que tu hijo está desencadenando las sensaciones de impotencia e ineptitud que sentiste cuando eras niño. Si llegas a ser consciente de estos sentimientos, no representas lo que estás pensando o sintiendo con tu hijo, sino que respondes desde una postura más centrada. Aunque tengas que corregir a tu hijo, la manera de hacerlo es menos ciega, menos personalizada.

Si aprendes a no saltar al primer impulso, les demuestras a tus hijos que los pensamientos y las emociones no tienen por qué dar lugar a una reacción sino que pueden servir para enseñarte algo sobre ti mismo. Cuando tus hijos descubren el poder de reconciliarse con los sentimientos y los pensamientos, abren su espacio interior para crear una conexión con su verdadero ser.

Partiendo de la observación de nuestros pensamientos y emociones a medida que surgen y desaparecen, pasamos a contemplar el mundo que nos rodea. Esto conlleva aprender a ver que la realidad simplemente *es*, lo cual nos permite responder desde una postura neutra. Al fin y al cabo, la realidad *es* neutra, lo que nos permite interpretarla del modo que queramos.

Cuando te centras en la respiración, te preguntamos qué

pasa con la condición *tal cual* de la realidad que no estás dispuesto a aceptar y ante la que no estás dispuesto a ceder. Cuando comprobamos nuestro termómetro interno antes de actuar, nos capacitamos a nosotros mismos para partir de un lugar consciente. Dejamos que la realidad se despliegue porque ya no sentimos el impulso apremiante de imponerle nuestro yo. En una situación así, somos libres de experimentar sin más.

Si no podemos lidiar con la vida *tal cual* es, somos susceptibles de tener comportamientos que o bien perjudican a los demás, como el control o la cólera, o bien son contraproducentes, como comer demasiado, trabajar demasiado, hacer demasiado ejercicio, beber demasiado, automedicarnos o consumir drogas ilegales, mientras aguardamos a que las cosas lleguen a su forma *debida*.

Si aprendemos a responder a la vida *tal como es*, el más vulgar de los momentos se convierte en una herramienta didáctica para enseñar a los niños a distanciarse de la fuerza de su propio ego obstinado. Por ejemplo, si rompemos un huevo por error, decimos: «Vaya, un huevo roto. No estaba yo al tanto.» Si estamos en un atasco de tráfico, en vez de quejarnos, decimos: «Esto pasa a veces y no podemos controlarlo. Así que juguemos a algo, cantemos una canción o descansemos y ya está.» De esta manera, los hijos aprenden a no sentirse amenazados por los contratiempos de la vida. Descubren que no solo es posible estar en su sitio sin sentirse ansiosos ni emocionalmente reactivos, sino que encima este sitio puede ser muy agradable.

Dicho esto, quiero dejar claro —como señalé antes— que no estoy hablando de enfocar la vida pensando que todo es maravilloso y soy feliz, porque eso no es, en absoluto, lo mismo que ser realista. Estoy hablando de aceptar que una situación *es lo que es*; a continuación descubrimos cómo es mejor utilizar esta situación en beneficio de todos. El hecho es que a veces la vida nos depara situaciones injustas.

Un ejemplo de esto es el día que llevé a mi hija de tres años al médico, a una cita programada para las siete y media de la mañana. Como tuvimos que esperar dos horas y media hasta que el médico nos atendió —mucho rato para una niña de tres años—, me quejé. El médico se deshizo en disculpas y me prometió que no volvería a pasar. Para mi hija fue bueno verme hablar movida por el sentimiento.

Responder con un estado neutro no significa forzosamente que la respuesta sea neutra. Tiene más bien un carácter de aceptar las cosas *tal cual* adaptado a una situación que es como es, sin dejarse contaminar por resistentes condicionamientos surgidos tiempo atrás. Por esta razón, es fácil olvidar el asunto tan pronto hemos resuelto las emociones en el aquí y ahora.

¿Cómo diferenciamos entre el momento apropiado para hablar claro y el que no lo es? La diferencia está en el punto de partida. ¿Venimos de un estado egoico inconsciente, de modo que imponemos los condicionamientos que teníamos a la realidad presente? ¿O estamos elaborando una verdadera respuesta del momento presente que corresponde a la situación que tenemos delante?

Lo que le dije al médico no partía de pasado inconsciente, sino de una situación que traspasaba los límites de las buenas prácticas. Respeté mis límites. Como no estaba activada a ciegas por mi pasado, fui capaz de hablar con suavidad pero también con firmeza. No me sentía atacada ni tenía ganas de hacerle daño a nadie. Tras expresar lo que pensaba, me olvidé del asunto. Cuando experimentamos una tendencia obsesiva a cambiar la mente de otro, o le permitimos que nos provoque un estado de emoción abrumadora, ya no somos conscientes sino que estamos dominados por el ego.

Aprender a distanciarnos de nuestros pensamientos y emociones, y, por consiguiente de las circunstancias externas, puede ser desconcertante. Nos preguntamos: «¿Significa esto que yo no amo a los demás? ¿Ya todo me dará igual? ¿Voy a volverme frío e insensible?» Al principio, vernos desprovistos de drama emocional es perturbador. Llegar a estar cómodos con este nuevo estado de los asuntos internos, acostumbrarnos a vivir una vida sin dramas, nos exige pasar por un período en que la existencia acaso parezca vacía. Ello se debe a que nos sentimos como si estuviéramos perdiendo la sensación de conexión con el mundo real. A su debido tiempo nos damos cuenta de que no estamos perdiendo nada, sino que más bien incrementamos el contacto con el conjunto de la realidad.

Cuando los hijos observan que estamos menos enganchados al drama emocional, siguen el ejemplo. Descubren que los pensamientos y las emociones son emociones y pensamientos sin más.

TODO ESTÁ EN LA INTERPRETACIÓN QUE HAGAMOS

Pondré un ejemplo de lo importante que es la manera de enmarcar nuestra experiencia. Un chico de dieciséis años tiene dificultades relacionadas con el autismo, que van acompañadas de ataques agudos de pánico y paranoia. Los ataques de pánico lo vuelven tan ansioso que le cuesta muchísimo confiar en nadie, lo que lo lleva o bien a comportarse mal, o bien a retraerse. En consecuencia, le resulta muy difícil socializarse con sus compañeros, incluso salir de casa. Sacarlo es una durísima prueba, pues los ataques se producen en cualquier sitio o momento, aunque dejarlo solo en casa tampoco es una buena opción. Si tiene un buen día, puede ser divertido, tranquilo, de trato fácil; por desgracia, estos días no son frecuentes.

Los padres de este adolescente son de lo más entregados que he conocido jamás; han cambiado su vida entera para ocuparse del problema de su hijo. Aunque están a su lado las veinticuatro horas, en los dos años que he trabajado con él no han perdido una sola vez la paciencia ni han mostrado señal alguna de frustración. Le pregunté al padre: «¿Cómo es que es usted tan paciente, afectuoso y generoso? ¿Nunca quiere clamar y gritarle al mundo que esto no es justo?»

Me miró desconcertado y dijo: «¿Qué no es justo? ¿Que mi hijo sea como es? Es mi hijo y lo acepto por completo. Si tiene dificultades, yo debo tener más paciencia. Si tiene miedo, yo debo ser delicado. Si está ansioso, he de consolarle. Le doy lo que necesita de mí porque yo estoy aquí para esto.»

He aquí a un hombre que ha elegido vivir su destino de buen grado. Sin asumir en ningún momento el papel de víctima, ha tomado la decisión no solo de sobrevivir sino de plantarle cara a ese reto. Al haber entendido claramente su responsabilidad y su función, sabe que acercándose así al hijo es capaz de definir su realidad conjunta. Como participante en toda regla, enfoca la vida como una aventura, con independencia de las posibilidades de ganar.

En la aventura de la vida, los ganadores no se centran en por qué la vida se presenta de un modo o de otro, sino en su deseo de crecimiento. Al aceptar la realidad tal como es, se dan cuenta de que la vida es como el mar, con aguas a veces tranquilas y a veces turbulentas, y se moldean a sí mismos para ir con el flujo. Tras evaluar la energía que los rodea, someten su agenda a lo que *debería* parecer la vida y responden a su situación en su forma *tal cual* con flexibilidad emocional y no con rigidez. Al prescindir de la intelectualización, parten de una postura intuitiva, con una sabiduría según la cual uno no puede saber nunca el porqué. En vez de intentar imponer su voluntad a la realidad, aprenden de ella, enfocan todo lo que les pasa como si fueran alumnos, no víctimas. Saben que, a menudo, es cuando la realidad funciona en sentido contrario a nuestros decretos cuando brillan las joyas del coraje y la esperanza. Saben cómo enmarcar sus experiencias en una filosofía que considera el fracaso como el mayor maestro de la vida. Cuando todo se ve como una oportunidad para crecer, el bien y el mal constituyen las dos caras de la moneda de la evolución personal.

Cuando expresamos las experiencias de una manera que nos permite extrapolar de ellas un significado superior, atribuimos a la vida la condición de profesora sabia. Incluso el peor ofrecimiento de la vida se considera un llamamiento a nuestro yo supremo, de tal modo que los momentos más débiles acaban siendo los más transformacionales.

Si para nosotros la vida es como un guía sabio, cada circunstancia estará repleta de oportunidades para enseñar a los hijos a dar, recibir, ser humildes y pacientes, tener coraje y amar. Solo hemos de estar dispuestos a identificar estas oportunidades entre la mugre. Cuando enseñamos a los hijos a descubrir las lecciones emocionales tras cada experiencia, les enseñamos a ser dueños de su vida con entusiasmo. Ya no tienen por qué considerarse víctimas. Ahora son capaces de aferrarse a la posibilidad de adquirir cierto poder.

Cuando afrontamos situaciones o relaciones que no esperamos y quizá ni siquiera deseamos, tenemos la oportunidad de activar nuestra capacidad para crear significado y finalidad. Esto suele requerir un acto de fe en que lo que está pasando nos resulta beneficioso. En cualquier situación, puede haber oportunidades escondidas para hacer descubrimientos nuevos sobre nosotros y nuestro mundo. Hay sin duda oportunidades para llegar a ser más pacientes, humildes o compasivos. Por eso, debemos explorar con los hijos cuestiones como las siguientes:

¿Esta experiencia te ha vuelto más abierto?

¿Qué ha de pasar para que te entregues a esta experiencia?

¿Hay algo a lo que estés oponiendo resistencia o algo de lo que tengas miedo?

¿Qué te llevarás de esta experiencia a la siguiente?

Si los hijos nos ven procesar las experiencias y afrontar la vida como si estuviera llena de significado y de oportunidades para el crecimiento, así es como ellos se plantearán sus propios desafíos. Aprenderán a hacerse amigos de sus experiencias y confiar en que estas los acerquen a la autenticidad.

Al enfocar la crianza de los hijos con una filosofía así, les transmitimos la seguridad de que la vida no es algo que haya que temer o a lo que haya que resistirse, sino que posee una sabiduría infinita en toda clase de formas, dimensiones y colores. Les enseñamos a aceptar situaciones sin reaccionar ante ellas, sin luchar contra ellas. De este modo aprenden a ser cocreadores pacíficos de su vida, a la que considerarán una compañera con la que crecer, no un enemigo al que derrotar.

La vida está aquí para ser nuestra maestra, guía y compañera espiritual. Nosotros estamos aquí para sacar a la luz nuestra inconsciencia e integrarla. A este fin, el pasado reaparece en el presente. Nuestra capacidad para liberarnos de sus sombras determinará lo libre que será nuestro futuro. Cada experiencia aparece ante nosotros para enseñarnos más sobre nosotros mismos. Cuando la realidad no responde a nuestras expectativas, en vez de reaccionar nos decimos: «Entrégate, deja ir, distánciate, examina las expectativas.» Los pensamientos y las emociones son un reflejo del estado interno y requieren observación, no reacción.

Forjamos una conexión con nuestro ser interior a cada momento. Sin temor a quedarnos con nuestra soledad, invocamos la calma interior. Esto nos permite hacer una pausa antes de interpretar algo y reaccionar ante la interpretación. A veces, la realidad nos brinda lecciones de maneras duras y rigurosas, pero las aceptamos con tranquilidad y confianza, sabiendo que estas ocasiones han venido a enseñarnos lo que necesitamos para crecer. En vez de escoger lo que nos gusta o lo que no nos gusta de nuestra realidad, damos las gracias a la realidad en su conjunto por ser una guía sabia, aun con sus aspectos exigentes.

Cuando vemos en los demás lo que podemos ver en nosotros mismos, reparamos en que todos estamos conectados y todos deseamos una conexión mayor. Por tanto, nos mostramos humildes, sabiendo que no somos más ni menos que los otros, y que cuando atendemos a los demás, atendemos a nuestro ser interior. De hecho, la mejor manera de ser generosos con los otros es entrando en nuestro estado interno e integrándolo.

La lección más valiosa que puedes enseñar a tus hijos es que la vida tiene que ver con el despliegue del yo consciente. Cuando les explicas que la clave reside en aceptar las situaciones sabias en que nos pone la vida, les haces un gran regalo. Con esta perspectiva, ellos siempre serán amigos de la vida, sabiendo que intenta prestarles un servicio benéfico, aunque las lecciones parezcan duras. Cuando finalmente ven que pueden transformar cada experiencia en algo que incrementa su autoconocimiento y favorece el crecimiento, aprenden a contemplar la vida como amiga suya, una compañera íntima en su viaje hacia la conciencia de sí mismos.

7

El desafío de toda una vida

La primera infancia y los terribles dos años

En la danza de los padres y los hijos, influimos unos en otros de diversas maneras, moldeándonos mutuamente y grabándose cada uno en la psique del otro. Por eso, cada fase del desarrollo que atraviesan los hijos procura abundante espacio para la evolución, tanto de ellos como de nosotros como padres, y nos ofrece vías hacia una experiencia más consciente de nuestra labor parental.

En las visitas a la consulta del pediatra no se suele hablar sobre la conexión interna entre padres e hijos. Tampoco se centran en la necesidad imperiosa que tenemos como padres de ser conscientes de nuestra inconsciencia y de que esta afecta al desarrollo de los hijos mucho más que lo temprano que aprendan a leer y escribir o la escuela a la que vayan. Menos claro está el hecho de que, igual que hay hitos físicos e intelectuales que queremos poner al alcance de los hijos, el viaje parental también nos plantea, como padres, hitos espirituales que hemos de alcanzar.

La importancia emocional y espiritual de cada fase del desarrollo del hijo suele quedar desdibujada por lo que consideramos preocupaciones «más prácticas», como la nutrición, los patrones de sueño o los problemas conductuales. Por eso, si queremos identificar estos objetivos, hay que entrenarse para observar casa fase del desarrollo de una forma que trascienda lo físico y lo cognitivo y vaya al núcleo del asunto: la relación espiritual entre padres e hijos.

La transición a la paternidad es compleja; requiere que aceptemos una irrevocable pérdida de identidad tal como la hemos conocido hasta el momento. Si queremos crear el espacio interior exigido para ocuparnos de un espíritu nuevo, han de derrumbarse los pilares del estilo viejo. Lo que éramos antes de ser padres ya no existe, ni puede existir, con la misma ferocidad. En cuanto los hijos entran en nuestra vida, su impacto es indeleble, y como respuesta nos vemos obligados a reinventarnos.

Si observamos las diversas etapas del desarrollo de los hijos no solo centrándonos en cómo progresan conforme a una escala o a una comparación con los demás, sino fijándonos también en la oportunidad de crecimiento espiritual y emocional, tanto para ellos *como para* nosotros, comenzamos a recorrer ese camino de compañeros espirituales, en el que encontramos afinidad en lo que cada uno ofrece al otro.

Analizaremos las lecciones espirituales de educar a los hijos en dos partes. En este capítulo examinaremos el período previo a la escuela. En el siguiente, abordaremos los años escolares.

LAS LECCIONES DE LA PRIMERA INFANCIA PARA LOS PADRES

En cuanto llegamos a la puerta de casa con el recién nacido, el estilo de vida cambia por completo. El mero hecho de alimentar a los niños pequeños siguiendo un horario ajeno a nuestros ritmos circadianos es un cambio enorme. Cuando pasamos de ser individuos por nuestra cuenta a título propio a estar al servicio del bebé, nuestros límites se flexibilizan hasta un punto inimaginable. Hacer uso de nuestra capacidad para amar y atender a otro es, además de una verdadera conmoción, algo profundamente conmovedor.

En la fase bebé, la principal agenda espiritual gira alrededor de la *unidad* y la *unión*. Es entonces cuando se forman los lazos más sólidos. El niño y el padre o la madre se infunden vida mutuamente y sincronizan con el otro el cuerpo y la mente. La respiración, los lloros y la mirada del niño se fusionan con la firma biológica y psicológica original de los padres, lo que genera un patrón nuevo. La mentalidad de los padres, que comprende fantasías, miedos, inhibiciones y coraje, queda registrada en el cuerpo del bebé hasta el nivel celular. Se almacena todo y eso enriquece la sangre, vuelve la piel más suave y fortalece los músculos.

La manera en que los padres se ríen a carcajadas o sonríen con titubeos, reciben de buen grado la lluvia en la cara o corren a cobijarse, aceptan sus miedos o se encogen avergonzados, aceptan retos o sucumben a las dudas, se dejan llevar por el pánico o calman el llanto del bebé... todo esto lo nota el niño, que se empapa de todo. Ahí se ponen los ladrillos y la argamasa del sentido de identidad del niño y ahí es donde los padres comienzan a formar su identidad como cuidadores y educadores.

La primera infancia tiene que ver con seguridad psicológica y bienestar físico. El niño aprende las primeras vocales de su lenguaje espiritual e inscribe la primera marca de su firma espiritual. La manera de responder de los padres, o los primeros cuidadores, a las necesidades sobre todo físicas del niño y de crear una sensación de unidad, establece el marco de toda la dinámica posterior padres-hijos. Sin poseer todavía un sentido claro de cuáles son sus límites físicos, el bebé necesita estar cerca del cuerpo de los padres o cuidadores para sentirse seguro y protegido; así aprende a confiar en el mundo exterior y desarrolla el concepto de seguridad.

Mediante la interrelación consistente en dar y recibir, el niño y sus progenitores aprenden a estar en una unión simbiótica, en la que cada parte contribuye al crecimiento de la otra. Aunque parece que la relación discurre sobre todo en una dirección, en la que el padre está al servicio del niño, este, mediante la atención constante, nos permite acceder a nuestras honduras espirituales. Las demandas de cariño de un niño nos impulsan a sumergirnos en nuestro núcleo, donde descubrimos que efectivamente tenemos la capacidad de dar, atender y cuidar con la intensidad requerida. Así pues, el bebé pone de manifiesto nuestra capacidad para ir más allá de los deseos egoístas y estar presentes para otra persona. De esta forma, los niños pequeños son un reflejo de nuestra humanidad más profunda.

En esta fase, es como si nuestro ser estuviera diciéndole al del hijo: «Ya no sé dónde empiezas tú y dónde termino yo. Los días y las noches se mezclan en una bruma de esplendor y fatiga. Soy elástico, goma y plastilina. Cedo a tus deseos sin oponer resistencia, sin límites, transparente como el cristal. Incluso cuando no estás conmigo, yo estoy contigo, imaginándote. En ningún momento existo al margen de ti.»

UN VIAJE DE AUTODESCUBRIMIENTO

Con independencia de las imágenes que tuviéramos sobre cómo sería el viaje parental (todos los padres han imaginado momentos dichosos con el aroma del cuerpo de los bebés, el innegable placer de tenerlos en brazos, la sensación de haber creado un sentido de familia y continuidad), cuando la paternidad se abate sobre nosotros, descubrimos que aquellas fantasías saltan por los aires a todas horas.

Como un bebé necesita a un cuidador las veinticuatro horas del día, los primeros años son tan agotadores como estimulantes, tan corrientes y rutinarios como espectaculares. Entregarnos al bebé tanto como nos demande es una responsabilidad psicológica y emocional tremenda capaz de dejarnos sin energía y hacernos perder el juicio, sobre todo si no contamos con ayuda. Si además trabajamos profesionalmente, podemos acabar exhaustos hasta decir basta y al borde de la crisis psicológica. Cuando descubrimos que nuestro tiempo ya no nos pertenece, llegamos a la profunda reflexión de que ya no podemos decir que nuestra vida sea nuestra. En el asiento del conductor hay otro, cuyas necesidades son más apremiantes.

La relación que tenemos con el bebé solo cabe describirla como una danza sumamente íntima, llena de energía, en la que se unen las almas y se fusionan los destinos. A medida que asimilamos esta idea, pasito a pasito el niño nos hace avanzar directos hacia nuestro centro. Sentimos con una intensidad nueva: amor, culpa, miedo, pena, confusión, inseguridad, agotamiento increíble. Como nunca habíamos tenido que cuidar de otro ser así, nos vemos lanzados a una órbita de entrega incesante, que nos enfrenta al yo superior y al yo inferior. Descubrimos en nosotros partes de las que desconocíamos la existencia: la capacidad de amar, de dar, de servir, y, en la misma medida, el deseo de control, poder, evaluación y perfección.

Como los bebés viven el momento, desprovistos de agenda o deseo de manipular, no podemos aferrarnos a lo que debe pasar si interaccionamos con ellos. Como para un bebé cada instante es radicalmente nuevo, no hay previsibilidad ni agenda. Despierto durante horas una noche y profundamente dormido a la siguiente, con cólicos e irritable ahora y rebosante de placer luego, los primeros seis meses de un bebé nos exigen aceptar un caos y una agitación constantes hasta que se desarrolle una rutina. La primera infancia es realmente un constante *esto es lo que hay*, de manera que pensar ni siquiera en desear lo contrario es una búsqueda imposible y una tremenda pérdida de energía. Por desvalidos que sean, son los bebés quienes tienen pleno control de su horario y sus necesidades. Nosotros estamos solo para servirles.

Pero al servirles a ellos, nos hacemos un servicio también a nosotros. En la atención diaria a nuestro hijo, descubrimos la infinita extensión de nuestro corazón y, de pasada, captamos la ilimitada capacidad de compasión y amor incondicional. Como no estamos acostumbrados a vivir el momento ni a adaptarnos a las necesidades de otro de una forma tan intensa, la invitación a estar presente con el bebé es todo un reto. Adictos como somos a estar siempre centrados en nuestras necesidades, estar pendiente de la criatura puede ser extenuante y abrumador. Las personas que reúnen el coraje suficiente para aceptar el reto descubren que la acción de dar afloja el control del ego, lo que brinda la posibilidad de vivir en la zona de no-yo. Cuando los hijos nos llevan más allá de las limitadas necesidades del ego, acabamos estrechando relaciones con nuestra capacidad de *abnegación*. Y ser capaz de vivir con abnegación es especialmente crucial durante esta fase del desarrollo del niño, porque el reflejo del crío en los ojos de los padres es la única validación de su experiencia interior. Imaginemos que un bebé está alterado, pero la madre, en vez de reflejar preocupación, empieza a reírse o se enfada; el niño experimenta una disonancia grave y acaba desconcertado. Si un padre o una madre establecen lazos de empatía mediante la voz tranquilizadora y un abrazo afectuoso, el niño siente que su emoción está bien y se calma; de esa manera aprende a centrarse.

A causa de las preocupaciones mentales, a veces simplemente somos incapaces de responder al bebé de manera auténtica. Quizás estamos tan absortos en nuestros problemas que no llegamos a estar de veras presentes con el niño. Por ejemplo, si nos entristece algo, quizá no seamos capaces de reflejar alegría. En momentos así, acaso nos sorprendamos haciéndonos preguntas: «¿Cómo voy a calmarme si estoy tan agitado por dentro? ¿Cómo voy a devolverte la sonrisa si en mi interior estoy llorando? ¿Cómo voy a aplacar tus miedos temblando como estoy? ¿Cómo voy a contribuir a que te encuentres a ti mismo si yo ando perdido?» Seguro que de vez en cuando se abaten sobre nosotros momentos así. Criar un niño suele exigirnos que dejemos momentáneamente a un lado el punzante dolor de cabeza, el corazón herido o el espíritu dañado, y nos centremos en sus necesidades. En momentos así, nos quitamos el dolor *asumiéndolo*. Dejamos sin más que el dolor sea lo que es y permanecemos *con él* de la mejor manera posible.

Educar de forma consciente no equivale a hacerlo bien en

todo momento, sino a evolucionar juntos. Los hijos son de lo más indulgentes y si nos quedamos cortos tampoco sufren una herida irreparable. Por el contrario, aprenden a aceptar sus propias limitaciones al ver que aceptamos las nuestras.

Cuando atendemos a los hijos de una forma razonablemente coherente, respetuosa de su dignidad como amigos y compañeros espirituales, accedemos a un estado de humildad y gratitud. Devolvemos porque hemos recibido mucho. De este modo creamos un círculo de afinidad duradera y regeneración espiritual.

UNA OPORTUNIDAD PARA RECUPERAR TU RITMO

Cuando hay un bebé, necesitamos estar a su lado por si tiene hambre o sed, llora, hay que cambiarlo, tiene ganas de jugar o quiere dormir. Puede ser bastante exigente, sobre todo para aquellos de nosotros que hemos llevado una vida y unas relaciones tradicionales, centradas en la verbalización, la intelectualización y la actuación. La primera infancia no tiene nada que ver con esto.

Como los niños pequeños no funcionan en el ámbito de lo verbal o lo intelectual, sino que llevan una existencia casi onírica, suspendidos entre el sueño y la vigilia, ni aquí ni allí, somos incapaces de comunicarnos con ellos con los medios tradicionales, con lo que nuestro cometido es aún más exigente. Para responder a este desafío es preciso dejar de lado todos los sistemas previos de conocimiento y relación, y entrar en la pura energía del bebé.

Un niño pequeño nos expone a un ritmo de vida que nos resulta ajeno. La necesidad de experimentar unidad con el bebé nos exige contemplar esta fase temprana como un período en que reducimos la marcha. Hemos de calmarnos y mantenernos firmes mientras cuidamos del bebé, lo acunamos para que se duerma o le cambiamos el enésimo pañal.

Como período no productivo, esa etapa del desarrollo de nuestro hijo nos pide que olvidemos de dónde venimos y adónde vamos y que comprendamos que *este momento, aquí y ahora mismo, es el único momento importante*. Un bebé invita: «Estoy aquí. Ven aquí conmigo.»

Para atender plenamente las necesidades de los niños de pecho, hay que restar prioridad a las otras demandas. Solo mediante la entrega total a la situación nueva podemos abarcar la belleza de esa fase de la vida. Quienes respondan favorablemente descubrirán que no hay nada, ni las aficiones, ni los amigos, ni el estilo de vida, ni la carrera profesional, que tenga más trascendencia.

Debido a los diminutos avances y al lento ritmo del niño, nos vemos ante el reto de modificar la velocidad, la intensidad y la dirección del conjunto de nuestra manera de vivir. Enseguida nos damos cuenta de que, en la vida de un bebé, el éxito se mide de una manera totalmente distinta. Sonreír, agitar una pierna o sostener un sonajero son grandes cosas, acontecimientos importantes.

Para algunos padres, reconfigurar su sentido de grande y saborear lo pequeño y corriente puede ser un verdadero salto. No obstante, al desenganchar el ego de lo extraordinario, lo maravilloso, lo espectacular y lo llamativo, los niños nos ofrecen las lecciones espirituales más necesarias. Gracias a su capacidad para arrastrarnos a un estado atento de receptividad, centrado en pequeños eructos, suspiros, cuerpos suaves y poco resistentes, uñas en miniatura y miradas boquiabiertas, aprendemos a disfrutar de la desbordante fascinación del simple momento.

La primera infancia es la fase del desarrollo de los niños que te ofrecen las mejores oportunidades para asimilar el poder del ser a cada momento. Sin parangón en su capacidad de llevar a los padres impulsados por el ego a un estado más profundo del alma, aunque solo sean unos instantes cada vez, la aparente vacuidad de estar sin más con tu bebé está llena de plenitud espiritual. *Es la oportunidad para cambiar tu vibración espiritual.*

Gracias a su capacidad para implicarse en su mundo de estas maneras tan sencillas aunque despiertas, los bebés nos empujan a entrar en un estado de presencia comprometida. Nos piden que arrullemos con ellos, que hagamos muecas a imitación de las suyas, que los abracemos sin otra razón que su deseo de estar cerca. Si entendiesen nuestro lenguaje, quizá les diríamos esto: «Tú me pides que te mire con toda mi atención, que deje a un lado el cansancio, las preocupaciones, los problemas, y que esté aquí del todo, en cuerpo, mente y alma. Jamás pensé que esto sería tan tremendamente difícil.»

Si no asumes las lecciones espirituales del primer año de la vida de tu hijo, pierdes la ocasión de acceder a nuevas partes de ti mismo. Si te aferras a tus métodos de siempre, comprometes en esta empresa solo una parte de ti. Para ser realmente capaz de tener acceso a las joyas de esta etapa profundamente espiritual del desarrollo de tu hijo, has de inspirar hondo y zambullirte en el mar. El grado de transformación interna que experimentes será directamente proporcional a la profundidad a la que te sumerjas.

En cuanto seas capaz de entrar en el espacio sagrado de la primera infancia con una reverencia a su significación espiritual, recogerás los frutos. Crecerás tú también, no solo tu hijo. Al estar expuesto a una manera de ser diferente, mediante la cual puedes conectar tanto con el bebé como contigo mismo, sacarás a la luz tus profundas conexiones con la vida entera. Estarás expuesto a lo que significa *realmente* vivir el presente, sin cargas del pasado ni limitaciones del futuro.

LA PRIMERA INFANCIA
(ENTRE UNO Y DOS AÑOS Y MEDIO):
UN PLANETA CON VIDA PROPIA

En la emergente danza de individualidad y unidad, de separación y unión, lo primero que aprenden los hijos es a disfrutar simplemente de estar en el abrazo seguro del amparo de sus padres. A medida que se acercan a los dos años, cada vez exploran más su individualidad y su separación. Después, ya en la escuela, aprenden poco a poco a conjugar de forma equilibrada el hecho de formar parte del conjunto y el de ser un individuo.

Cuando aparece el deseo del niño de expresar su singularidad, se anuncian tiempos duros para los padres. Los niños de dos años pueden ser exasperantes, agotarnos la paciencia. Les decimos que vengan aquí y van allí. Les decimos que suban y prefieren bajar. Les decimos que no y gritan o lloriquean hasta que se nos ocurren imágenes aberrantes de lo que les haríamos si no nos pasara nada. Imprevisibles e impetuosos, manipuladores y empeñados en llamar la atención, pueden ser taciturnos, hoscos, pesados, desafiantes, bulliciosos y tempestuosos. Dedicamos horas a llevarlos a actividades, organizamos ratos divertidos con amigos, preparamos su fiesta de cumpleaños, y aun así son ingratos y explotadores. De codicia voraz, nos quieren cuando quieren algo y al rato es como si no existiéramos.

La primera etapa de la niñez es un planeta con vida propia. Nada nos prepara para la arremetida de su ira o la adorable confusión de su incipiente independencia. Las reacciones parecen surgir de la nada, y luego o bien desaparecen igual de rápido, o bien persisten un rato largo, durante la comida, la hora de jugar o la cena. El niño totalmente angelical ahora puede convertirse luego en un demente. El pequeño de carácter dulce puede llegar a ser, en un santiamén, un monstruo terrorífico.

El niño de dos años no solo es inestable desde el punto de vista emocional, sino también a menudo inconsolable hasta la desesperación. Aunque sus miedos son ante todo imaginados, los perciben como muy reales. Un niño pequeño tiene la extraordinaria capacidad de recordar lo que quiere e insistir en ello hasta que sus exigencias son satisfechas. Sin embargo, tiene también la asombrosa capacidad de no reparar en las cosas que no le interesan. En la vida de un niño de esta edad, prácticamente todo es exagerado, tanto la frustración como el entusiasmo. La niñez temprana es una fase caótica, en el sentido tanto emocional como físico; desordenada, no definida, alborotada, siempre cambiante e imprevisible, aquí no hay respuestas prolijas y claras. No existe una escoba lo bastante grande para barrer el polvo, la mugre y la basura de un niño de dos años.

Aunque este período suele ser durísimo tanto para los padres como para el niño, es también una experiencia realmente magnífica. Es la fase en que empieza a florecer en el pequeño la conciencia de sí mismo, a medida que investiga sobre su creatividad, curiosidad e independencia. Los niños de esta edad son espectaculares, invencibles en sus fantasías, de potencial ilimitado. Quieren volar alto en el cielo, navegar por los siete mares, explorar el mundo y quedarse despiertos hasta el amanecer.

Cuando un niño comienza a verse como un ser independiente, con deseos propios, estamos ante un momento revelador para él y para los padres. La capacidad de un niño pequeño para apartarse de tu abrazo seguro se basa mucho en tu capacidad para liberarlo de la sujeción. El modo en que negocies el delicado baile entre *soltar* y *seguir presente* determina la facilidad con que tu hijo sabrá definirse como conectado a ti a la vez que separado de ti.

Cuando se libera el vínculo simbiótico inicial y se crea espacio para que los padres y el niño se entremezclen como individuos, empieza a crecer la identidad única del pequeño. Al florecer esta identidad, es probable que te sorprendas pensando: «Tu temperamento está emergiendo. Eso me altera, me pone nervioso y me deja atónito. Eres realmente una persona. Están desvaneciéndose todas aquellas fantasías de que eras *mi* creación.»

Como la primera infancia, esta fase del desarrollo brinda a los padres una oportunidad para el desarrollo espiritual. El primer mandato de esta etapa es identificar en quién está convirtiéndose el pequeño, en contraposición a quién crees *tú* que debería llegar a ser. A tal fin, es crucial conectarse de verdad con el temperamento único de este individuo.

La infancia temprana es, en efecto, una etapa peliaguda. Viene a ser la primera vez que un niño es capaz de ejercer autoridad sobre su mundo. En su búsqueda de sí mismo, el niño choca con muchos obstáculos exteriores. No obstante, lo más grave serán los impedimentos que se encuentre en forma de expectativas poco realistas.

En su viaje a la independencia, lo poco que un niño de alrededor de dos años puede hacer por sí mismo suele resultar negado por nuestras imposiciones. Rara vez le permitimos asumir la dirección de su evolución. En vez de ello, o bien lo empujamos sin parar o lo frenamos. Cuando rondamos, pinchamos y engatusamos para obtener los resultados que a nuestro juicio importan (que los pequeños besen a personas a las que ellos quizá no quieren besar, que se comporten como marionetas para que el mundo vea lo finos que son los padres, o que sean responsables cuando acaso no estén preparados para ello), los privamos de su espontaneidad.

Figúrate que eres un niño de unos dos años en el complejo mundo de hoy. Todo va muy deprisa y presenta múltiples capas. Es fácil olvidar que la niñez temprana tiene que ver sobre todo con espacios abiertos y cajas vacías, con la imaginación desatada y el juego sin restricciones. En tu prisa porque el crío ande, hable y deje de usar pañales, te pierdes el placer de vivir el momento.

La primera etapa de la niñez no ofrece lugares seguros en los que suspirar y descansar, pues los niños pasan de pesados y quejosos a descarados y rebeldes. Al atraernos constantemente a su mundo de necesidades, y dejarnos luego a un lado en cuanto se han quedado satisfechos, nos enseñan a no quedarnos enganchados a ninguna serie fija de ideales y expectativas.

Como el sello distintivo de esa etapa primera está en continua evolución, uno de los principales desafíos espirituales para los padres con niños de esta edad es vivir en lo desconocido, el estado de puro descubrimiento. Solo podemos hacer esto si nos sentimos cómodos con un pie en *lo que era* y otro en *lo que todavía está evolucionando*. Si somos juiciosos, aprendemos a vivir en lo desconocido, pues la vida con un niño pequeño es una constante invitación a lo espontáneo, lo no imaginado, lo indefinido.

Al responder a las situaciones de manera ingeniosa en cada

momento, los niños nos animan a aceptar con valentía mundos nuevos, retándonos a no tener miedo y a crear para nosotros mismos una identidad más auténtica. Mientras observamos la insaciable curiosidad del niño por la vida, nos acordamos de que nosotros también podemos implicarnos en el momento entregándonos a tope, viviendo presas del asombro y la emoción.

LA SIEMBRA DE LAS SEMILLAS
DE LA CONTENCIÓN

Igual que debemos permitir al niño pequeño ejercer su derecho a la aventura sin límites, también hemos de procurarle información sobre sus límites. En esa primera etapa (hasta que empiezan a hablar, más o menos) no hay lógica ni razón. Todo pasa en un nivel instintivo, es decir, los impulsos suelen descontrolarse. Imponer una cierta guía en toda esta descarga energética es todo un desafío, pero es esta la etapa en la que conviene sembrar las primeras semillas reales de la contención.

En esta fase, los pensamientos que tenemos sobre el desarrollo del hijo vienen a ser algo así: «Estás poniéndome continuamente a prueba para averiguar hasta dónde puedes empujar antes de que yo ceda, lo fuerte que puedes gritar antes de que te haga parar, lo consentido que puedes mostrarte antes de que te haga callar. Estás explorando los límites de tu mundo. A veces no sé si hacerte saber que tú llevas límites incorporados. Advierto tu deseo de ser un superhéroe y tu plena confianza en que lo eres. Quiero dejar que tu imaginación se desborde. No obstante, también debo pararte y decirte que, con independencia de lo que creas, no puedes tirarte por la ventana y volar.»

Como primera incursión en el ámbito de los límites, la contención y la negociación, la primera etapa de la niñez puede ser una batalla de voluntades al igual que la adolescencia. ¿Cuál es la mejor manera de imponer limitaciones a la curiosidad del niño cuando una situación se vuelve peligrosa? ¿Dónde ponemos la raya? ¿Cuánto es demasiado? ¿Y demasiado poco?

Los padres enseguida comprenden que las necesidades de un niño que ronda los dos años son muy distintas de las de un bebé. Cuando los padres pronuncian el primer no y el niño lo asimila, se introduce la idea de conducta aceptable e inaceptable. Si ese no se transmite como es debido y se aplica con coherencia, se crea el marco para toda la dinámica conductual posterior entre los padres y el hijo.

A diferencia de lo que pasaba en la primera etapa, a continuación nuestro papel como padres ya no consiste solo en alimentar y estar, sino también en ser firmes, constantes y, si la ocasión lo exige, los *malos*. Si no sembramos las semillas de la contención en estas fases, nos costará mucho más cuando el niño tenga doce años.

La contención, tema que abordaremos a fondo en un capítulo posterior, requiere crear el músculo de la conciencia. En última instancia, la disciplina tiene que ver con la creación de conciencia a cada momento; como se halla en el área de mayor actividad del cerebro, es posible contener al niño con una actitud espiritualmente regenerativa, ejerciendo la autoridad de forma consciente, comprometida, educadora.

Por ejemplo, si el crío tiene una rabieta, podemos alejarnos (en el supuesto de que estemos en un sitio lo bastante seguro para ello) o quedarnos, muy cerca y tranquilos, como testigos de lo que pasa. El camino más beneficioso, en una situación determinada, depende de cómo imaginemos que el niño aceptará nuestras acciones, lo cual dependerá de su nivel de desarrollo y su personalidad individual. Cualquiera de las dos rutas ofrece la posibilidad de avisar al pequeño de que tiene límites. Una conciencia aguda nos guiará respecto al mejor enfoque que podemos adoptar.

¿Qué entiendo por *contención*? Cuando un niño de esa edad muerde algo que no debe o tiene un berrinche, hay que hacer que se centre en ello y decirle: «No, esto no está bien.» Quizás acabemos diciendo «no» sin parar, pero no creamos ni por un instante que se trata de un ejercicio inútil. Aunque es importante ser delicado, al poner límites hemos de mostrarnos firmes y constantes. Teniendo presente que el niño todavía existe en un estado un tanto onírico, no queremos sacarlo de ahí bruscamente, aunque sí necesitamos empezar a crear el contenedor en el que vivirá.

Es fundamental comprender que un niño de unos dos años solo da patadas y mordiscos porque no sabe cómo decir «estoy enfadado contigo». Aunque chilla y se agita como si lleváramos meses sin darle de comer, en realidad está diciendo esto: «Ayúdame, estoy fatal.»

Si las muestras de emoción te asustan e inquietan, serás incapaz de ayudar a tu hijo a enfrentarse a su mundo interior; lo cual significa que debes enseñar al niño a lidiar con las emociones que surgen en su cuerpo cuando se le niega algo que quiere. Menos mal que ahora su vocabulario aumenta de manera exponencial. Mediante el puente del lenguaje, combinando el juego de roles y la narración de historias, puedes llevar al niño al mundo de la imaginación y ayudarle a entender su mundo. De este modo, aprende que es capaz de sobrevivir a emociones insoportables y regresar a una calma centrada.

Aunque los niños pequeños quieren creer que son capaces de subir montañas y llegar a la Luna, la verdad es que al mismo tiempo se sienten impotentes ante la enormidad de la vida. Para aliviar esta sensación, la primera etapa de la infancia ha de ser una época en la que también se establezcan rutinas y se fijen límites más claros. A medida que avance el calendario, los niños aprenderán a andar, a hablar, a comer solos, a no llevar pañales y a dormir en su cama. A su debido tiempo, cuando vayan a preescolar, se irán separando más de sus padres.

Tras disfrutar de la unidad con nosotros durante el primer año, más o menos, de vida y explorar su individualidad en la primera infancia, ahora los pequeños están listos para emprender el viaje en el que aprenderán a estar tanto separados como conectados con el mundo que los rodea. Y así es como inician la época escolar, que a los padres nos brindará nuevas oportunidades para desarrollarnos espiritualmente junto a ellos.

8

Del centro del escenario a un papel secundario

*Una oportunidad para el crecimiento espiritual
de los padres durante los años escolares*

En los primeros años de la escuela, nuestros hijos asimilan
todos los días gran cantidad de información, lo cual puede ser
abrumador; al mismo tiempo, otras cosas que conocen pueden
ser liberadoras.

A esa edad, los niños pasan por fases de retroceso durante
las cuales se aferran a los padres, así como por fases en las que
los rechazan, pues solo quieren estar con sus compañeros. Son
tan pesados y quejicas como autónomos y libres de convencio-
nalismos. Son rebeldes y desafiantes a la vez que angelicales y
obedientes. Aún sumamente temperamentales y caprichosos,
en ciertos aspectos pueden manifestar una gran madurez.

Cuando mi hija entró en esa fase, me sorprendí cavilando:
«De pronto ha descubierto amigos. Yo no soy tan importante,
y por esto me siento a la vez aliviada y nostálgica. Ahora sabremos hasta qué punto es sólida la conexión entre nosotras.»

En esa época de socialización, los hijos aprenden a llevarse
bien con sus amigos sin ayuda, a obedecer las normas de la escuela, a seguir un plan de estudios y a regular sus emociones.
Los pequeños acaban sabiendo quiénes son con respecto a sus
amigos y profesores a medida que confían en que esas y otras
personas ajenas a la casa reflejarán su sentido de identidad.

Se trata de un período de experimentación, pero también de una época en que surgen miedos, en la que hay tanta confusión como entusiasmo. Ansiosos de un sentido del bien y del mal, los niños aún tienen más sed de conexión. Esta etapa puede resultarnos fastidiosa porque nos encontramos atados a la escuela, los amigos y los maestros de nuestros hijos, elementos de su vida que, quizá, no sean los que más nos apetezca frecuentar. No obstante, si estamos atentos, es también un período en el que moldeamos la conducta de los niños con cierta profundidad, ya que alentamos las virtudes que deseamos que exhiban: generosidad, compasión, empatía, concienciación y atención.

Si eres un progenitor sensato, asumirás que te toca el papel secundario de ofrecer una perspectiva fundada de quién es tu hijo, pues se trata de los años en que empiezan a experimentar con los papeles adultos que representarán más adelante. A medida que te implicas con ellos en el drama de la vida, es esencial que moldees su personalidad pensando en alcanzar la integridad. Después no podrás echarles la culpa por lo que no les has enseñado ahora. Cuando les procuras el apoyo que necesitan, adquieren cierto sentido de su individualidad, su competencia y su valía, así como de sus limitaciones.

Como en esa fase del desarrollo los niños extienden las alas por primera vez, has de estar especialmente seguro de que no se las cortas movido por tus propias necesidades e inclinaciones. Sí, puedes influir en la dirección de su vuelo, incluso en la velocidad, pero no es menos cierto que ya están preparados para volar.

PRIMER CICLO DE SECUNDARIA:
EL DESAFÍO DE ESTAR AL LADO DE LOS HIJOS

El final de la primaria y el principio de la secundaria suponen una transición formidable, a menudo dolorosa y desgarradora. Vemos el dolor y la confusión de los hijos, su energía y su euforia. Aunque intentamos protegerlos de lo que se les viene encima, ellos avanzan con descaro, quieren probarlo todo.

Durante esos años intermedios, el sentido de quiénes son experimenta para ellos un vuelco espectacular. Su identidad fluctúa, lo que nos provoca una inquietud equivalente. Vemos que su desarrollo da de repente un giro, cuando se pelean con las incertidumbres de su cuerpo en maduración y su intelecto en ciernes. Su cuerpo es ajeno a horarios psicológicos, por lo que no están preparados mentalmente para la madurez física. Con una continua marejada de hormonas e inseguridades, se sienten insustanciales. Si antes el mundo era a todas luces blanco y negro, ahora no saben con qué colores pintar su vida.

Tus hijos te pertenecen ahora menos que nunca. Están creciendo y necesitan el espacio, lo cual requiere que dejes de dominar y te concentres en comprender. Ya no puedes ser el adulto todopoderoso; ahora has de ser un compañero omnipresente. Tus hijos necesitan que estés aquí cuando lloren pero no sepan explicar por qué están llorando. Necesitan que respetes su privacidad incluso cuando se aferren a ti. Necesitan que los aceptes cuando te rechacen y se rechacen a sí mismos, y que los entiendas incluso si lo que hacen no tiene sentido. Necesitan que nades con ellos en las traicioneras aguas de sus caóticas emociones, aunque no paren de quitarse el chaleco salvavidas. Necesitan que mantengas la calma cuando te lleven al borde de la cordura, que estés callado y escuches incluso cuando te supliquen que des tu opinión, y que estés ahí, a su lado, sin tener en cuenta tus ideas o interpretaciones. Necesitan que les perdones por sus distracciones y olvidos, y que entiendas que es hormonal. Necesitan que tengas con ellos manga ancha y les permitas desafiarte un poco, que te des cuenta de que eso forma parte de un desarrollo sano. Necesitan que ya no los consideres críos y que les digas: «Estáis preparados para andar por vuestra cuenta, por miedo que os dé.»

Es en este momento de su vida cuando los niños están expuestos a la fuerza del grupo así como a enamoramientos románticos, en un ambiente que les exigirá soportar el dolor de la traición, el rechazo o el desconsuelo. Cada amistad dejará una huella en su personalidad mientras se transforman en quienes creen que necesitan ser para encajar con el resto. Tu tarea es estar con ellos y ser el contenedor de su angustia, transmitirles esperanza sin infravalorar nunca lo que están experimentando. Tus hijos te necesitan ahí, con una presencia incondicional, mientras remontan una ola de emoción tras otra. Es fundamental que no intentes *arreglar* su vida, que comprendas simplemente el caos de esos años. Así aprenden a gestionar sus emociones y a crear sus propias estrategias para afrontar la vida. Es como si les dijeras: «Aunque te sientas a la deriva, abandonado por tu cuerpo, yo estaré contigo y reflejaré tu esencia.»

Si acabas atrapado en las vertiginosas emociones de tus hijos, abrumado por la ansiedad sobre lo que están pasando, no serás capaz de ayudarlos a afrontar las dificultades de esta fase. Ellos requieren de ti que te mantengas firme aunque te sientas frustrado e impaciente porque su sentido de identidad cambia continuamente, aun sabiendo que es así como ha de ser. Por triviales que te parezcan estas cosas, tienen que ver con su aspecto, cuántos amigos o enemigos tienen, si los profesores los elogian, lo listos que son o no, si los han invitado a una fiesta de cumpleaños o si en el colegio alguien los mira y les hace más caso que otros compañeros. Si les dices que no se preocupen de esas cuestiones superficiales, se distanciarán. También creerán que los superficiales son ellos. En otras palabras, tu obligación espiritual es reflejarles la normalidad de su estado y admirar su magnífico coraje.

Otro aspecto fundamental de las costumbres sociales en esa época es el de hacerse fan de algo hasta el extremo. Movidos por su deseo de formar parte de un grupo, los jóvenes son capaces de vender su alma. Tantas ganas tienen de sentirse aceptados que renuncian a su propia verdad y empiezan a adoptar los valores de otros. Cuando los vemos transformarse en miembros de la *banda guay*, tratando desesperadamente de ser uno de los chicos famosos de la escuela, deberemos permanecer silenciosamente en las sombras mientras se visten, escuchan música y adoptan una actitud ajena a su auténtico yo.

Puede que los hijos acudan a nosotros pidiéndonos los últimos artilugios y modas. Dirán que todos sus amigos «tienen esas cosas» y que sin ellas serán unos marginados. Movidos por nuestro deseo de que encajen en su mundo, quizá seamos víctimas de sus incesantes demandas, con lo cual transmitiremos que factores externos como lo que se tiene o la opinión de otros sobre quién es importante o no tienen una gran importancia para mantener el sentido de identidad de la persona. No obstante, si somos capaces de resistirnos a los impulsos de los hijos y les enseñamos a basarse en su sentido interno de valía, no en las adquisiciones o en la posición en un grupo social, aprenderán a no seguir a la multitud a ciegas.

EL INSTITUTO: LA NECESIDAD DE ACEPTACIÓN

A medida que los hijos maduran a lo largo de la secundaria, vamos viendo los efectos de su educación. Cuando nos cae encima todo lo que no habíamos siquiera imaginado, experimentamos humillación, actitud defensiva, sentimiento de culpa y atropello. ¡Estamos a merced de este hijo por quien tanto nos hemos sacrificado! ¿Es de extrañar que muchos de nosotros acudamos a un profesional para que lo medique o le haga seguir una terapia?

Durante la etapa media y tardía de la adolescencia, nos vemos obligados a conciliar las expectativas que teníamos cuando eran pequeños con la necesidad de afrontar ahora los problemas que, a nuestro entender, solo padecían otras personas, como que tengan algún problema de conducta o que haya que sacarlos del baño borrachos y en plena vomitera. De hecho, al margen de cuál fuera la relación con ellos antes de esta etapa, da la impresión de no guardar relación alguna con el comportamiento a menudo extraño de ahora. No obstante, se corresponde a la perfección con lo que está desplegándose. Cuando los padres se preguntan quién es ese ser adolescente que antes era su hijo pequeño, les respondo que es la misma persona, que no se ha transformado de la noche a la mañana.

En este período, los hijos se sueltan como nunca, con más personalidad, más genio, más autoafirmación. Sin embargo, un adolescente difícil no brota de un día para otro; las semillas se han sembrado desde el principio. En esta etapa, nuestros hijos son capaces de tener en cuenta sus necesidades no satisfechas. Por desgracia, si les ha faltado un cuidado parental auténtico, muy probablemente en esta fase lo buscarán de maneras poco recomendables.

Si has sido demasiado estricto con los chavales, los años adolescentes son una época en que se liberan. Si, por el contrario, cuando eran pequeños fuiste demasiado permisivo y no aprendieron a contenerse, ahora se negarán a establecer conexión contigo.

Voy a tranquilizarte partiendo de mi experiencia con padres y adolescentes: aún no es demasiado tarde para la curación. Eso sí, costará más porque los chicos recelan. En tales circunstancias, se les pide a los padres que aguanten el dolor que les provoca su adolescente, bien entendido que esto refleja su incapacidad, a lo largo de los años, de conectar con el hijo viéndolo como una persona tan real como ellos. El padre o la madre han de estar dispuestos a admitirlo: «No he estado ahí contigo, así que, por favor, explícame qué he de hacer para reparar la relación.»

Por otro lado, esta es la fase en la que también recoges los frutos de la inversión en tus hijos. Si has sido capaz de atender a sus verdaderas necesidades y de nutrir su esencia, te llenará de alegría su capacidad para hacer lo mismo. Nada me gustaría más que como resultado de este libro haya muchos padres que sean capaces de hablar así de la llegada de sus hijos a la adolescencia: «Ahora creces más alto, más vital, más espléndido de lo que yo fui capaz. Profundamente conectado con tu esencia, eres poderoso. Lo que has llegado a ser me sobrecoge.»

Son años en los que debes tener confianza. ¡Ah, una verdadera prueba, en efecto! Tus hijos adolescentes atravesarán una vorágine de emociones. Mientras siguen desarrollándose a un ritmo inquietante, están sorteando un mundo semiadulto, aceptan empleos, emprenden por su cuenta viajes a tierras extrañas o entran en la universidad. La vorágine también comprende enamorarse, separarse, ser rechazado o probar toda clase de límites físicos y psicológicos. *Necesitan tu aceptación más que nunca.*

POR QUÉ ES IMPORTANTE RESISTIRSE A LA TENTACIÓN DE CONTROLAR

Aunque, en el instituto, la conducta de un adolescente a veces quizá nos induzca a incrementar el control, es el momento de quedarnos al margen. Ahora es la oportunidad para que los hijos pongan de manifiesto todo lo que les hemos enseñado, todos los valores y el sentido moral que les hemos inculcado. Necesitan agitar las alas y volar, al menos dar la vuelta a la manzana. Tenemos que abrazarlos, pero sin apretar. Tienen que saber que siempre pueden volver a casa, pero lo más importante es que puedan volar libremente.

Sé que cuando mi hija llegue a la adolescencia deberé resistirme a la intervención de mi ego. Ya me estoy oyendo: «Todavía tengo muchas opiniones que dar, muchas percepciones que transmitir. Sin embargo, reconozco que la época de mis grandes discursos ha terminado. Ha llegado el momento de que escribas los tuyos.»

Los cursos optativos de los hijos en la escuela, los amigos que hacen o las aficiones que tienen ya no nos incumben tanto a nosotros como a ellos. Tenemos miedo de que tomen malas decisiones y se junten con gente poco conveniente, desde luego. Esto siempre es un riesgo, pero hay poco que los padres puedan hacer a esas alturas. Si los adolescentes van mal en la escuela o muestran desinterés, es que intentan decirnos que algo pasa, por lo que solo nos queda una manera de responder: *aceptarlos*. Podemos realizar acciones adecuadas, como procurarles ayuda si hace falta, pero lo más importante es darles el respaldo emocional que necesitan.

Si tu chaval está tomando decisiones equivocadas con respecto a las relaciones u otras actividades, a esas alturas del partido, la estrategia ha de ser la de la aceptación. Si reaccionas a base de imponer tu control o con dogmatismo, lo alejarás más. Cuanto menos rígido seas con él, mayor será la probabilidad de que conserve la relación contigo. Si tu actitud es autoritaria y posesiva, lo lanzará disparado a conductas negativas.

Los padres lo preguntan claramente: «¿Eso significa que tenemos que dejarles tomar drogas o que abandonen los estudios sin más?» Les explico que ya ha quedado atrás la época en que pedían permiso. Los adolescentes hacen lo que quieren, lo cual está directamente relacionado con el modo en que han sido educados. En ese momento, hay que dejar de imaginar que podemos controlarles la vida. La única manera de acceder a ellos es reconstruyendo la conexión perdida.

Durante estos años, la lección espiritual clave para los padres es que debemos reorientar la relación con nuestros hijos adolescentes para que sea de verdadera complicidad y empatía. La clave es la *confianza*, repito. Por nuestra parte, no es una época de sentir miedo y ansiedad sino de convencernos de que podemos apoyarnos en los hijos y disfrutar de ellos como hasta entonces no habíamos podido. Por fin podemos liberarnos de los viejos roles. La clave es estar dispuestos a crear una relación nueva, una relación en la que podamos ser socios.

Si no respetas su necesidad de espacio y privacidad, tus hijos adolescentes te rechazarán. Si te haces pesado, harán oídos sordos a tu sabiduría. Si lo único que perciben es cautela y falta de confianza, dejarán de acudir a ti con sus problemas. Por tanto, para ellos es imprescindible saber que no albergas deseo alguno de imponerles tus planes. Solo acudirán a ti si notan tu fe incondicional en su capacidad para manejar su vida.

Si hay una edad en que el problema de la seguridad es primordial, es la adolescencia, ya que los jóvenes corren muchos riesgos a ser empujados por la presión del grupo y también a causa de cierta tendencia inmadura de autodestrucción. Aun así, no podemos intervenir e intentar controlar la vida de los adolescentes. Si lo hacemos, ellos, ingeniosos como son, encontrarán la forma de engañarnos y hacer lo que quieran (y luego nosotros, seguramente, nos sentiremos impotentes y furiosos). Cuanto más nos entrometamos, menos confiarán en nosotros. Durante este período de su vida, nuestra disciplina espiritual ha de ser confiar en ellos.

Por paradójico que parezca, al reconocer los límites de nuestra influencia en la vida de los hijos, seguimos siendo muy influyentes. Si transmitimos aceptación total e incondicional en nuestra presencia y nuestras conversaciones cotidianas con ellos, se animarán a acudir a nosotros cuando lo necesiten. Aceptar y respaldar lo que son aumenta la probabilidad de mantenerlos seguros y capaces.

9

La insensatez de la paternidad

Aun reconociendo los aspectos maravillosos del viaje que supone tener hijos, el enfoque consciente de su crianza también abarca la locura de ese viaje, con plena conciencia del nivel de compromiso psicológico, emocional y espiritual que requiere educar a un hijo, así como de las posibilidades de que esto altere para siempre la conciencia que los padres tienen de sí mismos.

Como el parental es un viaje de extremos, puede sacar de nosotros lo mejor y lo peor. Por eso, nos corresponde a nosotros hacer frente a la dificultad que puede suponer este hecho para muchos padres, en especial para la madre. Aun aceptando que no todos los padres afrontan desafíos de la misma gravedad, resulta que *todos* experimentan una profunda transformación emocional y psicológica.

Como ya hemos empezado a ver en los dos últimos capítulos, nadie nos explica realmente cómo será el trascendental acontecimiento de ser padre. Nadie nos explica que el amor entre padres e hijos encierra la posibilidad de desgarrarnos el corazón y dejarnos a merced del destino de los hijos. Nadie nos explica que, si vamos a ser padres conscientes, dejará de existir la vida tal como la conocemos y el individuo que creemos ser se esfumará ante nuestros ojos. Nadie nos dice que deberemos soportar la muerte de nuestro viejo yo y que no tendremos pistas acerca de cómo desarrollar un nuevo sentido de identidad.

Criar a los hijos es uno de los empeños más difíciles a los que se enfrenta una persona en la vida. Pregúntale a la madre de un niño que se niegue a dormirse a las tres de la madrugada mientras está dándole el pecho a otro; por no hablar del esposo que espera que esté atractiva y guapa en todo momento. Pregúntale a cualquier padre que ha de hacer los deberes con un hijo distraído intentando todo el rato que se concentre en la tarea porque tiene que ir a recoger a otro al entrenamiento de fútbol antes de abordar el trabajo que se ha llevado a casa.

Quizá la paternidad nos lleva a cuestionarnos a nosotros mismos más que ningún otro papel de los que desempeñamos en la vida. Ponemos en duda nuestra competencia, nuestra valía e incluso nuestra cordura cuando nos preguntamos, por ejemplo: «Vamos a ver, ¿por qué pensé que quería tener hijos, si lo único que quiero es que se vayan a dormir y me dejen tranquilo?»

Dicho esto, si eres capaz de reconocer el potencial espiritual del viaje de ser padres, estarás preparado para sumergirte en sus profundidades sin oponer resistencia ni quedarte atascado, abrumado y confuso, peleándote con toda su complejidad. Por esa razón, en vez de sentirte culpable por los sentimientos que surgen mientras te desplazas por el camino de criar a un hijo, se te pide que *aceptes* las locuras de la paternidad *sacando provecho* del modo en que tener un hijo te abre; o, más bien, te rompe, hace añicos tu antigua identidad y la sustituye por una expansión de ti mismo.

EL PAPEL PARTICULAR DE LA MADRE

Durante los años de crianza de los hijos, tanto el padre como la madre experimentan una transformación de su identidad. No obstante, para las mujeres el viaje parental tiene una importancia especialmente emocional y espiritual, pues alojamos en el cuerpo a ese ser mientras crece durante nueve meses.

Gracias a esos meses de gestación, el vínculo madre-hijo tiene una intensidad excepcional, lo que da origen a una compleja relación que es muy simbiótica y profundamente personal. Esta es una de las razones por las que las madres suelen involucrarse con los hijos como no siempre lo hacen los padres.

Estirando no solo la piel sino también la psique, mientras participamos en la aparición de un espíritu nuevo, durante esos nueve meses somos testigos de que nuestra identidad empieza a cambiar a medida que lidiamos con ese milagroso suceso que está produciéndose en nuestro interior. La identidad se pone en entredicho cuando vemos que nuestra vida ya no nos pertenece, sino que ha sido entregada en matrimonio al hijo. Percibimos que a nuestro corazón le invade una actitud protectora tan estimulante como desconocida.

Sabemos que no somos la misma mujer que antes del parto, pero tampoco hemos articulado quiénes somos después. Por consiguiente, al transmitir a los hijos el entusiasmo y el fervor que solo las mujeres poseemos, nos perdemos en el papel de madres. En esta entrega, nuestro sentido del yo se desvanece y nos vemos a nosotras mismas cada vez más alejadas de quienes intrínsecamente somos. Nos vemos en tierra de nadie, ni aquí ni allá.

Cierto, nos sentimos dispuestas a todo como madres. Los niños crecen, el esposo asciende en el escalafón de la empresa, pero somos nosotras quienes, en muchos casos, hemos interrumpido la vida y nos encontramos sin apoyo, es más, sin un objetivo personal. A medida que pasan los años, tal vez deseemos sentirnos seguras en una identidad aparte de los hijos, pero tendemos a no reconocer la vía para alcanzarla. Una parte de nosotras quiere con urgencia recuperar lo que éramos, mientras que otra se da cuenta de que lo que éramos ha muerto. Aunque aterradora, esta pérdida de identidad puede llegar a ser regeneradora.

A lo largo de la crianza de los hijos, muchas de nosotras acabamos casi irreconocibles cuando nos miramos al espejo. En las arrugas alrededor de los ojos vemos el episodio en que el niño nos cerró la puerta en las narices porque no quisimos comprarle un videojuego, la ocasión en que se cayó y se rompió una pierna o el día en que lo perdimos en la feria. Si miramos con más atención, en esas arrugas también vemos la alegría y la emoción que supone ser la mamá de alguien.

Quizá pensemos que no podemos controlarnos cuando refunfuñamos sobre los hijos mientras fregamos los platos, nos quejamos de ellos a nuestra propia madre, le echamos la culpa de su ineptitud al cónyuge o lamentamos la mala suerte de que nos haya tocado a nosotros, de entre todos los padres del mundo, un niño tan *difícil*. Solo otro padre o madre sabe lo que significa realmente *poner los ojos en blanco*, ese gesto que haces al mismo tiempo que dices «quién iba a saber que los niños daban tanto trabajo», «menos mal que la casa estará vacía un rato» o «¡tengo unas horas para mí!».

Para muchas madres —así como para los padres que sufren las consecuencias de la educación de un hijo—, la labor parental puede llegar a ser agotadora desde el punto de vista emocional, psicológico, económico y físico, aunque pocas de nosotras explicamos con sinceridad lo exigente, duro y emocionalmente fastidioso que nos resulta. Estamos tan entregadas a la tarea de ser buenas madres que nos da vergüenza compartir los sentimientos con los familiares y amigos. Por miedo a ser juzgadas, solemos ocultar hasta qué punto las exigencias de los hijos nos dejan hechas polvo, destrozadas o exhaustas. En consecuencia, casi todas transitamos por el camino de la maternidad sintiéndonos solas, creyendo que somos monstruos por desear de vez en cuando ser las que éramos antes de ser madres. No obstante, si nos desprendemos del manto de perfección, descubriremos que somos como otras madres y nos daremos cuenta de que no somos en absoluto raras por tener esos sentimientos, solo mujeres normales.

Nadie entiende la mezcla de dedicación y angustia que experimenta un padre o una madre a menos que haya pasado por ello. Unas veces lánguidos de amor insaciable, otras demacrados por una fatiga inextinguible, hay momentos en que estamos tan comprometidos con los hijos que nos olvidamos incluso de nuestra existencia, y otros en que fantaseamos con huir, dejarlos con la ropa sucia entre montones de deberes escolares y una habitación desordenada. Como es lógico, en cuanto empezamos a soñar con estar tumbados en una playa tomando margaritas, nos sentimos avergonzados. Los hijos le preocupan a una madre, o a un padre que asuma un rol similar, casi todo el tiempo que están juntos. O los atendemos o los entretenemos o nos preocupamos por ellos. No es de extrañar que la relación con el cónyuge experimente un cambio drástico. Nuestro cuerpo se convierte en territorio desconocido, nuestro equilibrio emocional se parece al de un loco cuando vamos faltos de sueño, estamos irascibles, tenemos dificultades económicas y, de vez en cuando, nos convertimos en tiranos.

Llega inevitablemente el día en que caemos en la cuenta: «¡Cielos, soy como mi madre!» O bien, traducido: «Me he convertido en una obsesa del control.» Aquellas ocasiones en que tu madre gritaba «¿por qué no haces lo que te digo?» adquieren sentido de pronto. También es fácil identificarse con cualquier padre o madre que haya perdido los estribos que va en un avión con un hijo que berrea sin parar. Antes de ser padres, irradiábamos una seguridad que venía a decir: «Si tuviera un hijo, nunca se portaría así.» Ahora sentimos compasión por aquel que ya no sabe qué hacer y tenemos ganas de coger al niño y encerrarlo en el baño.

Nos guste o no, todos estamos predestinados a sufrir provocaciones de los hijos, es así, y en algún momento vamos a perder los estribos. Levantaremos la voz, incluso chillaremos. Les diremos cosas que jamás habríamos imaginado. Si el hijo nos enciende, es importante aceptar que es normal. Cuando estoy así, me propongo admitir los aspectos que tengo amenazando en la sombra y lo que me enseña mi hija sobre mí misma. De una forma u otra, deberemos afrontar el «progenitor en la sombra», con su incontenible deseo de controlar.

Cuando ya hemos observado que a veces reaccionamos mal, perder la calma una y otra vez de la manera más infantil es humillante. No nos sienta bien gritarles a los niños. Cuando estamos a punto de perder los estribos así, sería de esperar que nuestros padres nos permitieran dejarlos en su casa, a ser posible hasta el año que viene.

La realidad es que por mucho que necesites estar presente cuando tus hijos manifiestan emociones, no es menos cierto que necesitas estar también presente contigo mismo, permitirte digerir los que estás sintiendo. Solo así evitarás proyectar tus sentimientos en los críos.

En situaciones en las que sientes que te vienes abajo, es tentador volver a la forma jerárquica tradicional de la crianza: padres-frente-a-hijos, pero ten en cuenta que si tomas ese camino, seguramente pagarás un elevado precio en los años adolescentes y después. Llegar a ser consciente del modo de educar puede ser doloroso al principio, pero a largo plazo es, con mucho, la opción preferible.

EDUCAR A UN HIJO ES UNA INVITACIÓN A SOMETERSE A UN RITMO DISTINTO

A algunos les cuesta aprender a someterse a la vida con niños. Por su naturaleza, los niños ponen a prueba nuestra paciencia; es lo que cabe esperar. Cuando llegan a la adolescencia, siguen haciéndolo, bien que de distinta manera. Ya no es cuestión de esperar a que se terminen los cereales o se aten los cordones de los zapatos, sino de tener conversaciones monosilábicas y, para tener acceso a ellos, ponerse en la fila detrás de sus amigos.

El desarrollo de la paciencia es algo más que una respuesta necesaria a los hijos: es una oportunidad para entregarse al momento presente. Cuando los hijos requieren nuestra paciencia, se nos pide que dejemos la agenda a un lado, tomemos aire y prescindamos de las exigencias del ego para poder valorar el momento más plenamente. Por eso, el desarrollo de la paciencia es un ejercicio espiritual, con los niños al mando retándonos a vivir a un ritmo más lento y más consciente.

Dicho esto, también reconozco que a veces no hay tiempo material para tener paciencia. Simplemente *hemos de* ir de un sitio a otro sin tardanza. No obstante, sería una pena que fuera la manera habitual de funcionar. Con su tempo más lento, los niños nos regalan una joya valiosísima, pues su ritmo natural está más cerca del ritmo del alma que el de la mayoría de los adultos. Por este motivo, conviene recordar que no hay otro lugar donde estar que aquel en el que estemos en cada momento. En vez de apresurarnos, debemos estar con el alma del niño. Si nos sentimos ansiosos y no estamos realmente presentes, el mejor favor que podemos hacernos a nosotros y hacerles a los hijos es pasar a una fase de quietud y tranquilidad hasta recuperar la serenidad.

Si los hijos no siguen el plan preestablecido, haremos bien en recordar que no está escrito que deban seguirlo, pues no están aquí para esto. En momentos así, quizá sea mejor pensar en la posibilidad de cambiar de planes en vez de exigirles que acaten nuestros deseos.

Si un niño se pone de veras difícil y tú estás a punto de perder la paciencia, es fundamental escuchar la voz interior que te susurra: «No lo utilices como receptáculo de tus frustraciones.» Si el niño te exaspera, mejor que entables una conversación contigo mismo y te preguntes cosas como: «¿Por qué me enciendo ahora mismo? ¿Por qué soy tan desgraciado con mi hijo? ¿Qué está sacando a la luz mi hijo de *mi* forma de ser interna?» Lo más inteligente quizá sería respirar hondo y abandonar la habitación. Eso te brinda la oportunidad de reorganizarte mientras te recuerdas que en ese momento no es tu hijo quien necesita ayuda sino tú.

Si a veces pierdes la paciencia y proyectas la frustración en tus hijos mediante palabras fuertes o apretando la mandíbula, coge aire y perdónate. Luego echa el aire y vuelve a empezar. Si resulta que pierdes la paciencia a menudo, hay que analizar la situación. No hay motivo alguno para perder la paciencia continuamente a menos que estés demasiado agobiado, en cuyo caso toca evaluar las circunstancias y, si es posible, restablecer el equilibrio. En esta coyuntura, quizá debas darle prioridad a reestructurar tu vida.

Como ponerle fin al paso cíclico del dolor de una generación a otra es muy importante para el estilo parental consciente, en el próximo capítulo ahondaremos en el tema.

10

Ejercer de padres como seres completos, no a partir de las heridas

Cuando los padres están tan absortos en su dolor que no son capaces de responder a las necesidades de sus hijos como es debido, estos crecen sintiéndose no solo vacíos sino hechos añicos porque no es que su yo esencial existiera y se ha perdido; no, lo que ocurre es que no ha llegado a desarrollarse jamás. Por consiguiente, revuelven la Tierra buscando un reflejo de su verdadero ser, cualquier cosa que albergue la promesa de completarlos.

Como es tan rematadamente difícil crear un espejo interior de nuestro ser verdadero una vez que la relación parental ha fracasado en su empeño de proporcionarlo, es probable que nos sintamos no solo perdidos sino también muy deprimidos. Esta depresión tiende a manifestarse como retraimiento sombrío o mediante alguna adicción. Como sea lo que sea lo que nos tomemos alivia temporalmente el dolor del corazón, quizá pensemos que nos procura el reflejo perdido; y puede que nos dé la impresión de que recibimos ese visto bueno que tanto echábamos en falta desde hacía tiempo.

Me acuerdo de Samantha, mujer de cincuenta y tantos años, brillante; tiene un doctorado y trabaja de enfermera en un hospital municipal. Como su sueño de ser madre estaba ligado a encontrar un marido y eso no salió bien, su esperanza de vivir la maternidad se vio frustrada. Procedente de una familia desestructurada, Samantha nunca supo qué significaba tener unos padres estables y presentes. No llegó a conocer al padre y de su madre, una médica muy atareada, casi nunca obtuvo atención alguna. Esto significa que Samantha se pasó la infancia cuidando de sí misma. Se sentía culpable siquiera por sugerirle a la madre que asistiera a su primera obra de teatro o a la graduación del instituto y tardó mucho tiempo en comprender que en realidad le importaba bien poco a su progenitora, más interesada en salvar el mundo. El resultado fue que a Samantha la vida le parecía poco digna de confianza, con lo que acabó creyendo que la mejor forma de sobrevivir era reprimiendo sus necesidades.

La madre de Samantha volvió a casarse, y lo hizo con un hombre maltratador. A Samantha le resultaba inconcebible que una mujer fuerte y competente se dejara humillar de aquella manera. En cuanto acabó la secundaria, Samantha se escapó y anduvo con un grupo sexualmente promiscuo, que tomaba drogas y vivía prácticamente en la calle.

Al cabo de seis años, a los veinticuatro, Samantha tocó fondo: sufría palpitaciones causadas por el consumo de drogas y acabó en el hospital. En la sala de urgencias se le encendió la bombilla al darse cuenta de que estaba paralizándose emocionalmente, como su madre. Encontró un empleo y se matriculó en una escuela. Gracias a su inteligencia innata, fue a la universidad, hizo un máster y se sacó un doctorado. A los cuarenta años ya no consumía drogas y había alcanzado la estabilidad económica.

Sin embargo, aunque parecía que Samantha tenía una buena vida, ella sufría. En el trabajo, atendía a personas todo el día, función en la que se sentía cómoda pues las relaciones sentimentales le resultaban asfixiantes. Incapaz de confiar en ningún hombre e inclinada a sentirse traicionada a la menor oportunidad, su relación más larga había durado solo cinco meses, es decir, había estado la mayor parte del tiempo muy sola. Mientras se sentía caer en la depresión, se lamentaba: «No tengo ilusión por nada. Aunque he huido todo lo que he podido de las circunstancias de mi niñez, todavía me duele como a los cinco años. Por dentro sigo siendo aquella niña pequeña. ¿Alguna vez desaparecerá este dolor?».

Lo triste es que, con independencia de lo mucho que cambie el mundo exterior, el dolor de la infancia perdura en nuestro corazón, como le pasó a Samantha, hasta que curamos el paisaje interno. Al margen de que poseamos riquezas o títulos universitarios, o que el cónyuge nos adore, nada compensa el anhelo de un niño que no busca nada más que la aceptación incondicional de sus padres.

Casi todos somos adultos que cuando niños no fuimos «satisfechos» como los individuos que éramos. Por ejemplo, si crecimos con padres desconectados de su autenticidad, cuando mirábamos al padre o la madre a la cara esperando ver nuestra esencia reflejada, lo único que recibíamos era o bien una mirada perpleja, o bien un desplante impulsivo que no tenía nada que ver con nosotros. Como en los ojos de nuestros cuidadores no veíamos un reflejo de nuestro yo auténtico, aprendimos a sentirnos menos de lo que realmente somos.

Los padres que educan partiendo de su psique herida, con sus pensamientos atormentados y sus emociones turbulentas, marcan a los hijos para siempre de diversas maneras. Es útil analizar algunos de los efectos más comunes de este estilo parental.

SI CRECISTE PENSANDO QUE NO ERAS LO BASTANTE BUENO

Jonathan, ahora con cuarenta y tantos años, no tuvo la aprobación que necesitaba cuando era pequeño. El resultado es que, pese a ser listo y expresarse muy bien, los trabajos no le duran más de un año. Ha estado en cargos dentro de empresas y ha tenido negocios; incluso se ha dedicado a la enseñanza infantil, pero nada le resulta satisfactorio. En todas las situaciones laborales, se las ingenia para encontrar un enemigo que se pone en su contra, lo que precipita su marcha. Ahora se halla en un callejón sin salida, pues nadie se atreve a contratar a un hombre cuyo historial revela tanta inestabilidad. Lleno de pena, Jonathan bebe demasiado, fuma sin parar, discute con su mujer y trata mal a sus hijos. «Va a hacerse daño, lo sé —me dijo su esposa por teléfono—. No solo no confía en nadie, sino que además está distanciándose de mí y de los niños. Actúa como si el mundo le hubiera cerrado las puertas en las narices.»

Si Jonathan mirase en su interior, descubriría que es *él* quien deja fuera las oportunidades y a las personas, y todo porque desde que tiene memoria se ha sentido de más en el mundo. Si para Samantha el mundo era poco fiable, Jonathan considera que la vida es cruel e injusta. Y lo siente así porque ni por un momento ha dejado de examinar sus expectativas, basadas en un sombrío temor a la traición. Convencido de que lo traicionarán, se prepara una y otra vez para ello. Parte de un concepto desmesurado de sus derechos y eso lo lleva a imponerles criterios inalcanzables a las personas de su vida. Como esos criterios no se pueden satisfacer nunca, rechaza las oportunidades que se presentan. De este modo, el ciclo de decepciones se va repitiendo. Su planteamiento vital deriva del vacío que siente en su interior. Como se siente desolado por dentro, solo puede concentrarse en lo que obtiene o no obtiene, no en lo que es capaz de *dar*.

Si crecemos percibiendo que no somos lo bastante buenos, desplazamos esa sensación de insuficiencia al mundo que nos rodea. Y lo hacemos creando un personaje prepotente, como hizo Jonathan, en un esfuerzo por compensar la ineptitud que creemos que tenemos. Como consecuencia de la prepotencia proyectamos la idea de que tratamos a los demás como inferiores, actuamos con un sentido autoritario del derecho o nos damos un aire de superioridad, cuando la verdad es que tenemos muy poca autoestima.

Jonathan lleva esta energía a su papel parental: presiona a sus hijos para que saquen buenas notas, les insta a que realicen las actividades que para él valen la pena y evalúa su rendimiento. Como solo está cómodo en el papel de padre poderoso, sus hijos le tienen miedo. Esa es la causa de que su hijo mayor se haya distanciado de él. Joshua, que no está nunca en casa, hace campana y quiere dejar de estudiar. Abandonarse a sí mismo es más fácil que vivir con el constante temor a decepcionar al padre.

Hay personas que destilan ese aire que equivale a gritar: «¡Más vale que la vida satisfaga mis necesidades!» Movidas por ese ímpetu, procuran extraer placer de la vida en la medida exacta que consideran pertinente. Quien así siente, no le da importancia a nada que no satisfaga sus expectativas y aunque se le ofrezca algo valioso, no lo aprecia. No solo se resistirá a vivir la vida *tal cual es* sino también a los hijos *tal como son*. Esa resistencia no conduce a ninguna parte, desde luego, pues la vida sigue siendo fiel a su naturaleza esencial, fluye a su manera. Si somos juiciosos, reconocemos eso y empezamos a fluir también en esa dirección en vez de resistirnos.

La falta de autoestima oculta tras una fachada de prepotencia resulta, a veces, de que nuestros padres no nos aceptaron del todo, de modo que nos hemos quedado ávidos de más. En otros casos, quizá derive de haber sido demasiado mimados y elogiados. O tal vez entonces nos sentíamos como si fuéramos la marioneta de nuestros padres, destinados a satisfacer las necesidades de su ego en vez de las nuestras.

Natasha es un ejemplo de persona que va irradiando su deseo de sentir autoestima. Acostumbrada a vivir en una hermosa casa en un barrio elegante, durante años estuvo orgullosa de la ropa que llevaba, las joyas que poseía, los amigos que tenía o los coches que conducía. De pronto, su marido se quedó sin trabajo. En menos de un año, tuvieron que mudarse a casa de sus suegros, situación que Natasha consideraba indigna de ella. Acabó deshecha, tan deprimida que era incapaz de estar con sus hijos. Le parecía que lo que había sucedido era horrible y proyectó esa inseguridad en su marido, al que menospreciaba por no ser capaz de conservar el trabajo.

Hay que reconocer que lo que estaba pasando Natasha era

duro, pero ni mucho menos tan catastrófico como lo presentaba ella. Aunque la nueva situación no era igual a la que había vivido siempre, todavía disfrutaba de una vida decente, segura y estable. No se daba cuenta porque estaba enganchada al ego.

Tan convencida estaba de lo fatal que iban las cosas, que creó una corte de seguidores leales. Su esposo acabó deprimido, los niños comenzaron a sacar malas notas en la escuela. Además, la salud empezó a resentirse. En realidad, la situación empeoraba por momentos, pues el marido dejó de buscar trabajo y tuvieron que sacar al niño de la escuela porque lo suspendía todo. La familia entera había terminado engullida por el sufrimiento de Natasha.

Me decía: «¿Cómo se supone que debo reaccionar ante tanta pena?» «¿Tengo que pegar saltos? ¿Organizar una fiesta? ¿Decirle al mundo que me encanta y quiero más?» En las garras de un miedo implacable, preocupada por no saber cuándo volverían a comer, no veía que era ella la que estaba creando el desastre que tanto la aterraba. No se le pasaba por la imaginación que podía haber otra forma de responder a la situación.

Los padres de Natasha le habían transmitido una gran ansiedad en torno al dinero. El padre había trabajado toda la vida para ahorrar, mientras la madre había estado siempre preocupada por si no tenía suficiente. Aunque la familia no era ni mucho menos pobre, ella heredó el mensaje de que uno vale según lo que tiene. Sus padres no fueron nunca capaces de llevar una vida auténtica por la importancia que le daban a la cuenta corriente. Tacaños a tope, se privaban de todo y su omnipresente ansiedad ante el futuro los empujaba a rechazar los pródigos ofrecimientos de la vida. En esa actitud como padres están las raíces del apego de Natasha al lujo y de su tremendo miedo a lo normal y corriente.

En cuanto fue capaz de comprender que esa actitud formaba parte del legado de sus padres, Natasha decidió aceptar su realidad tal como era. Partiendo de la aceptación, elaboró una verdadera respuesta emocional. Al darse cuenta de que al rechazar a su marido reflejaba su propio terror interno, volvió con él. Y juntos fundaron una organización sin ánimo de lucro para ayudar a mujeres solteras a levantar cabeza. Aunque jamás alcanzaron el estatus económico del que habían gozado antes, su vida estuvo colmada de las satisfacciones ligadas a provocar cambios positivos perceptibles en las vidas de los otros.

SI APRENDISTE A COMPLACER A LOS DEMÁS PARA CONSEGUIR SU APROBACIÓN

Los niños cuyos padres eludieron su auténtica naturaleza y camuflaron sus verdaderos sentimientos aprenden a emular esta manera falsa de vivir. Los críos, al ver que cambiamos para lograr la aprobación de los demás, se convierten en personas complacientes que satisfacen las necesidades de los otros para que los acepten.

Si los hijos ven que colocamos las necesidades de los demás por delante de las nuestras, advierten que valoramos a los otros más que a nosotros mismos. Como les interesan las relaciones con los demás, les adjudican a esas relaciones el sentido de identidad. Sin embargo, por debajo de esa actitud auténtica de servicio late el resentimiento, pues nadie puede mantener una entrega tal si primero no se ha entregado a sí mismo.

Si complacemos a los demás para conseguir su aprobación, quizá también empecemos a complacer a los hijos. Al buscar su aprobación, satisfacemos sus necesidades de forma desmesurada en vez de enseñarles a cuidar de sí mismos. Al ser demasiado indulgentes con ellos, les mandamos el mensaje de que si se aprovechan de nosotros no pasa nada. Como partimos de valorarnos poco, les permitimos imaginar que son el centro de nuestro mundo, lo cual es una manera obsesiva, y emocionalmente poco saludable, de intentar aliviar nuestras propias carencias. Es, asimismo, una receta para criar narcisistas que crean que el mundo gira a su alrededor.

Si no somos capaces de crear límites razonables para nosotros, los hijos se acostumbrarán a no respetar los límites de los demás. Al ver que no reclamamos la propiedad de nuestro espacio y nuestras necesidades, acabarán creyendo que sus necesidades y su espacio son más importantes que los de los demás. Como les damos continuamente sin decir «no» cuando es preciso, no aprenden la importancia de aceptar que la vida a veces nos dice no. Por consiguiente, desarrollan un concepto prepotente de sí mismos.

Anita era la más pequeña de dos hermanas. Su padre, Stanley, murió cuando ella tenía siete años. La hermana mayor padecía limitaciones mentales y físicas graves, por lo que estaba confinada en una silla de ruedas. La madre de las niñas, Louise, siempre consumida por la discapacidad de la hija mayor, le dedicaba toda su atención. Ante tal situación, Anita entendió enseguida cuál era su papel en la vida: la segundona. Nada de lo que hiciera distraía a la madre de cuidar a la hermana enferma; ella se sentía como un monstruo codicioso de atención.

Como la madre solo reparaba en ella en la medida en que podía atender a la hermana y ayudar a sobrellevar la abrumadora carga de criar a una niña enferma, Anita se adaptó bien al papel y se convirtió en una consumada cuidadora. Como consecuencia de ello, la madre se apoyaba cada vez más en ella al tiempo que la empujaba a ser todo lo que la hermana mayor no sería jamás. Cumpliendo todas las expectativas de su madre, Anita llegó a ser una prestigiosa pediatra y se hizo cargo de la familia desde el punto de vista tanto económico como emocional.

Tras casarse tarde y dar a luz tres hijos, en su nueva familia Anita siguió haciendo lo que mejor hacía, dárselo todo a sus hijos, que llegaron a ser personas dotadas y competentes. En su afán por no provocarles lo que ella había soportado de niña, capitulaba ante todas sus demandas, con lo que ellos la utilizaban igual que a ella la había utilizado su madre. El esposo de Anita, Steven, no era menos exigente en sus expectativas. Mezquino, celoso y posesivo, le chupaba toda la vitalidad. Así, Anita se pasó la vida adulta yendo y viniendo entre la madre, la hermana, los hijos y el marido, lo que al parecer hizo sin esfuerzo hasta el día en que le diagnosticaron cáncer de mama.

Ya sin ánimos, Anita se vino abajo y se deprimió. Se rindió en el momento en que tenía que ser más fuerte. La mujer que había dado a los demás la vida entera no tenía la capacidad de darse a sí misma cuando más falta hacía. Tan poco creía que valía que no podía ayudarse a sí misma. Para levantar el ánimo, Anita recurrió a su madre. Pero como a esta la situación le provocaba tanta ansiedad, en vez de ser compasiva y afectuosa con la hija, se enfurecía con ella. De repente la menospreciaba y se negaba a aceptar que necesitara algo. Los hijos de Anita, incapaces de afrontar el empeoramiento de su madre, iban también de mal en peor. El esposo, no habituado a ser el sostén emocional, empezó a no estar mucho en la casa, que describía como «demasiado enferma».

Así pues, Anita se vio desamparada igual que le había pasado en la infancia. Solo tras unos meses de terapia se dio cuenta de que estaba abandonándose porque tiempo atrás la habían abandonado sus padres. Ahora comprendía que había elegido un marido que era igual que su madre: narcisista y negligente. Ahora veía que, al entregarse continuamente a sus hijos, había fomentado en ellos cierta incapacidad de enfrentarse emocionalmente a las dificultades de la vida. En su deseo de evitar que sufrieran las mismas cosas experimentadas por ella en la infancia, los había consentido demasiado, con lo que no solo carecían de empatía sino que además eran insensibles. Tan resuelta había estado a no exigirles las responsabilidades con las que había tenido que cargar ella en su juventud, que sin querer les había enseñado indiferencia hacia las obligaciones.

Como Anita, muchos procuramos moldearnos para conseguir la aprobación de otro. En nuestro afán por obtener aceptación y aprobación, nos transformamos en alguien que no somos. Al ser criados por padres incapaces de dejarnos disfrutar de nuestro yo natural, aprendimos que para que nos aplaudieran debíamos modificar nuestros deseos y crear un personaje, un falso yo al que los padres pudieran dar su aprobación. Confeccionado para contentarlos a ellos más que a nosotros, este personaje enmascaraba nuestra verdadera forma de ser.

Si te educan unos padres que, a causa de su propia formación inconsciente, te hacen sentir vergüenza por expresar quien eres, te sientes culpable por querer ser el individuo único que eres. Si los padres nos hacen sentir culpables cada vez que nos desviamos del camino marcado, aprendemos a no confiar en las respuestas instintivas a la vida; en vez de eso tenemos sentimientos encontrados. La culpa es un sentimiento turbio que coagula nuestra verdadera voz dejándonos con un regusto de ineptitud e inseguridad. Los niños que crecen con esa marca no confían en su sabiduría intrínseca. Por consiguiente, o bien viven asfixiados siempre por la culpa impuesta, o bien procuran desplazar sus sentimientos juzgando o haciendo sentirse culpables a quienes los rodean.

Con esta huella emocional, nuestra tendencia refleja es contemplar el mundo con arreglo a estas orientaciones:

Soy malo por manifestar quién soy.

No me debo a mí mismo la emoción de la felicidad porque, si soy feliz, abandonaré a los infelices.

No soy digno de libertad emocional.

Soy la causa de la pena de mis padres.

Soy malo por haber provocado malestar a mis padres.

Los niños criados con una impronta así llegan a ser padres incapaces de encontrar su vocación en la vida debido a un sentimiento de culpa en virtud del cual, si hicieran lo que realmente quieren hacer, de algún modo decepcionarían a los demás. Los padres con este sello distintivo son incapaces de conceder a sus hijos la libertad de vivir su vida. Como estos padres no creen en su propia capacidad, también suele costarles mucho imponer disciplina a sus hijos o dotarlos del sentido de contención. Los niños con padres así suelen ser malcriados, amén de agresivos en su exploración de los límites.

Hemos visto que, para conseguir atención, los niños heridos por el egocentrismo de sus padres adoptan un personaje. Incapaces de reconocer quiénes son y cuáles son sus verdaderas necesidades al estar al servicio del ego de sus padres, no hacen uso de su auténtica voz y solo se expresan de manera indirecta, empleando artimañas para satisfacer sus requerimientos. Al considerarse víctimas, trasladan la responsabilidad de sus sentimientos a los otros, pues echarle la culpa a alguien también les permite eximirse de toda responsabilidad y adoptar la típica postura «pobre de mí».

Cuando esos niños llegan a ser padres, no pueden dejar que sus hijos sean ellos mismos hasta el punto de considerarse sus víctimas si los niños se atreven a ser auténticos. Otras veces adoptan el papel de mártir, con lo que los hijos se sienten culpables por el mero hecho de intentar ser ellos mismos.

Voy a hablar ahora de Martha, que, con siete hermanos, aprendió muy pronto que la atención de los padres estaba muy dispersa. Al sentirse tratada injustamente, imaginó que, si quería más atención de sus padres, debía ser especial de alguna manera. En consecuencia, a veces intentaba desempeñar el papel de diva: se ponía dramática para parecer más llamativa que sus hermanos, incluso más brillante. En otras ocasiones adoptaba el papel del hipocondríaca y se quejaba de afecciones y dolores. Pero por mucho que lo intentase, la dolorosa realidad era que la atención que los padres podían prestar a cada uno de sus ocho hijos era limitada.

Sintiéndose siempre agraviada de un modo u otro, Martha acabó siendo una persona resentida. Se casó con un hombre más interesado en el dinero que en ella y se encontró criando un hijo ella sola porque el marido, encima, era un mujeriego. Sin otro receptáculo para sus emociones, su hijo Nate se convirtió en el centro del universo. Pensando que sería quien la haría sentirse todo lo especial que siempre había deseado ser, lo preparó para que fuera el hombre con quien ella habría querido casarse.

Los amigos de Nate envidiaban las atenciones con que la madre lo colmaba, sin darse cuenta de que el chico se sentía todo menos afortunado porque vivía bajo una enorme presión. Como se esperaba de él que fuera el hombre que la madre no había encontrado ni en el marido ni en el padre, se sentía culpable cada vez que pensaba en liberarse de las garras de la madre y reivindicar su propia vida.

Martha se puso en plan mártir. Cuando Nate discrepaba de ella, le recordaba todo lo que había hecho por él, cuánto se había sacrificado, que le había dedicado la vida, todo ello acompañado de lágrimas y súplicas de compasión. Incluso el padre había llegado a echarle la culpa, bien que de forma más sutil, por haberle quitado la esposa.

Sintiéndose vigilado por su madre, como si fuera responsabilidad suya hacerla feliz como no habían hecho los padres ni el esposo, Nate se sentía atrapado. Aunque quería estudiar en el extranjero, acabó viviendo a menos de dos manzanas de la casa de su niñez y solo salía con las chicas que pensaba que a su madre le parecerían bien, pues tenía la sensación de que marcharse equivaldría a matarla. Como creía ser su única salvación, era víctima del victimismo de ella, mártir de su martirio.

Finalmente se enamoró de una chica, que resultó tan controladora como su madre y capaz de generar en él un sentimiento de culpa tremendo, exactamente igual que Martha. Que la madre y la esposa empezaran a competir por su atención solo era cuestión de tiempo. Cuando, a su vez, fue padre, su madre se sintió aún más amenazada e intentó manipular sin parar la mente de su hijo recurriendo a sus métodos infantiles de llamar la atención, como la actitud hipocondríaca. Al reclamar la atención del hijo de todas las formas imaginables, el egocentrismo de Martha y la incapacidad de Nate de separarse de ella de una manera sana a la larga abrieron una grieta en el matrimonio.

Muchas mujeres se hacen mayores asumiendo ese papel de mártir. Inconscientemente, acabamos creyendo que debemos cuidar de los demás, y hacemos de ello la justificación de nuestra vida. Si al final nos sentimos insatisfechas, exageramos la insatisfacción en beneficio propio, por lo que nos apropiamos del objeto de nuestra atención. Como reconocer el estado emocional y asumir que somos responsables de que sea ese nos asustaría, nos expresamos por medios indirectos, como reivindicar que cuidamos a otra persona, al tiempo que lo utilizamos para ayudarnos a sentirnos necesitadas y, por tanto, valoradas. En otras palabras, nuestro espíritu de servicio está motivado por un deseo de llenar el propio vacío.

A la vista del daño que muchos padres les han causado, involuntariamente, a sus hijos, propongo que nos bajemos del pedestal desde el que repartimos aprobaciones diciéndonos cada día esto: «Pido ser liberado de la idea de que tengo algún poder o jurisdicción sobre el espíritu de mi hijo. Libero a mi hijo de la necesidad de obtener mi aprobación, así como del miedo de mi desaprobación. Consentiré lo que toque de buen grado cuando mi hijo se haya ganado ese derecho. Pido la sabiduría de valorar el brillo en lo corriente. Pido la capacidad para no fundamentar el ser de mi hijo en las notas escolares ni en los hitos alcanzados. Pido la gracia de sentarme cada día con mi hijo y deleitarme en su presencia, sin más. Pido un recordatorio de mi propia normalidad y de la capacidad de complacerme en su belleza. No estoy aquí para juzgar ni aprobar el estado natural de mi hijo. No estoy aquí para determinar el rumbo que debe tomar su vida. Estoy aquí como compañero espiritual suyo. El espíritu de mi hijo es infinitamente sabio y se manifestará como cabe suponer. El espíritu de mi hijo reflejará la manera en que se me invita a mí a responder a mi propia esencia.»

LA MALA CONDUCTA ES UNA BÚSQUEDA DE LA BONDAD INTRÍNSECA

Tony, gran amigo mío, es un hombre introspectivo, creativo y de mucho mundo; también un alma atormentada. Gemelo, a los diez años lo enviaron a vivir a otra ciudad con sus abuelos. Así lo recuerda: «Me mandaron allí sin más. Un día iba a la escuela, y al día siguiente mi madre estaba haciéndome la maleta. Dijo que yo ejercía un efecto negativo en mi hermano. Como yo era más fuerte, él estaba desarrollando un complejo.»

La madre le aseguró que estaría fuera solo unos pocos meses, mientras su hermano gemelo volvía a encontrarse a sí mismo. Le dijo: «Tú eres el fuerte; siempre lo has sido. Te irá todo bien.» Los pocos meses se convirtieron en un año y medio. Tony recuerda: «Veía a mis padres una vez al mes y siempre me decían que mi hermano estaba saliendo del cascarón y que le iba mejor estando solo. Y se iban hasta la siguiente visita. Aunque dijeran que yo era fuerte y me iría bien, nunca fue así. ¿Por qué había tenido que irme yo? A partir de entonces decidí que nunca más sería esa persona fuerte y cabal que se suponía que era.»

Tony empezó a portarse mal, a darse el gusto de comportarse como un gamberro para atraer la atención, imaginando que así lograría que sus padres se fijaran en él igual que en su hermano. Pero lo que pasó es que se enfadaron e intentaron controlarlo con amenazas de que nunca volvería a casa. Luego él se lamentaba: «Fui a peor. Empecé a beber y a drogarme, y dejé la escuela. Pese a todo, ellos seguían protegiendo a mi hermano, jamás acudieron a mi rescate. Así que de ser el chico cabal pasé a ser el chico malo, etiqueta que llevo todavía. Aún hoy, si les explico que no empecé a ser rebelde porque lo llevara en la sangre sino porque era la única manera de que me hicieran caso, se ríen de mí. Me dicen que me mandaron fuera porque siempre fui el malo. Quizá tengan razón y yo era un chico malo desde el principio.»

El papel de rebelde puede derivar de distintas dinámicas familiares, en cuyo origen está el problema de la aceptación. En los casos más típicos, los padres son demasiado rígidos, sobreprotectores o autoritarios. El niño siente aplastada su expresión auténtica y que las expectativas de los padres lo abruman. Gran parte de las malas conductas corresponden a peticiones a gritos de ayuda. El mensaje que manda el niño es que quiere tener sus necesidades satisfechas de una manera normal y para ello recurre a comportamientos extremos. Otra respuesta posible es que el chaval ceda a las exigencias de los padres, en cuyo caso quizá llegue a ser «una figura» o «el chaval complaciente».

Como la mala conducta desencadena todos nuestros miedos como padres, reprendemos a los hijos, hacemos que se sientan culpables e, incluso, los rehuimos con la esperanza de que así se reformarán; pero eso no pasa casi nunca. En vez de ello, perpetuamos su conducta hasta que escapa a nuestro control. Cuando los niños reciben una atención negativa por un comportamiento negativo, llegan a la conclusión de que si se comportan lo bastante mal, al final sus padres les harán caso.

Ciertos niños rechazados por su familia acumulan todos los defectos familiares. Los terapeutas se refieren a ellos como el «paciente identificado de la familia». Cuando los padres no reconocen su propia sombra, inevitablemente la proyectan en alguno de sus hijos, que se convierte en el recipiente de todas las emociones familiares frustradas y no expresadas. De vez en cuando, la proyección abarca a más de un hijo. Son críos que crecen con un acusado sentimiento de culpa y la sensación de que son intrínsecamente malos. Y al llegar a ser padres, proyectan sus sentimientos de maldad hacia sus propios hijos o hacia el cónyuge, asignándoles el papel de malvados que ellos tenían. Si son muy sensibles a su propia rebeldía, quizás estén siempre atentos a señales de rebeldía en sus hijos, con lo que se vuelven o bien demasiado permisivos, o bien controladores al máximo. Estos padres no comprenden que ambos planteamientos desembocan en la creación de un rebelde.

TU QUEBRANTO NO REFLEJA TU VERDADERO SER

Al margen de la forma que tomen, ni tu dolor ni tu desmoronamiento reflejan lo que eres de verdad. Nada de eso afecta a tu ser esencial. Por eso lo que te haya sucedido no tiene por qué definirte.

A pesar de todo el dolor de la vida, tu verdadero ser, con su alegría intrínsecamente afectuosa, no desaparece nunca aunque no se desarrolle y, en consecuencia, acabe tapado y no lo veamos. Para desvelar tu ser esencial e integrar los aspectos no integrados de tu psique, ¿qué mejor sitio que la relación padres-hijos? De ese modo, no solo tus hijos salen beneficiados sino que a ti también te va bien.

Pocos hemos tenido la suerte de ser criados por padres que estuvieran en contacto con su alegría interior. Los niños afortunados que sí la han tenido crecen con una claridad de espíritu y una confianza intuitiva en que la vida es buena y sabia. Saben que no debemos temer la vida sino aceptarla. Son críos que ven a sus padres establecer, dentro de sí mismos, una conexión que trasciende lo físico; de esa manera aprenden a establecer su propia y exclusiva conexión con la fuente.

11

Un hogar basado en *ser*

Como adultos, estamos inmersos en una constante activi-dad. Mucha gente tiene todos los momentos del día llenos con tareas. Los cimientos de la autoestima se basan en la cantidad de cosas que hacemos, cuánto ganamos, el buen aspecto que te-nemos y lo bien conectados socialmente que estamos.

Nuestros hijos no funcionan con arreglo a ese estado fre-nético hasta que les enseñamos a hacerlo. Por eso, educar de manera consciente es obrar conforme a una constitución dis-tinta de la dictada por la sociedad. El éxito de un niño se mide con otros criterios. En vez de agobiarlos a base de actividades y presionarlos para que prosperen en un mundo concebido por los adultos, se les permite vivir el momento y celebrar la natu-raleza orgánica de su existencia. Según este enfoque, se consi-dera que las calificaciones escolares y las magnitudes externas de logro son solo una faceta minúscula de un cuadro de ciertas dimensiones.

Alentar el simple disfrute de la vida nos exige no sobrecar-gar el programa de los niños. Es preferible que esos años estén llenos de juegos y de ratos despreocupados. Si los niños se ven inmersos en una actividad constante de la mañana a la noche antes incluso de cumplir los cinco años, ¿cómo van a conectar jamás consigo mismos?

La verdad es que muchos de los frenéticos horarios de los

niños actuales tienen más que ver con la incapacidad de los padres para quedarse quietos que con la necesidad de los hijos de hacer tantas cosas. Nos han criado para vivir en un estado de *actividad* continua, de hacer cosas sin parar; no solo tareas físicas, como trabajar, hacer ejercicio o recados, sino también de la incesante labor mental de calificación, clasificación, evaluación o teorización. La mente moderna está tan ocupada que hemos pedido la capacidad para abordar a una persona o una situación con energía *neutra*. En lugar de ello, cuando nos enfrentamos a otro, sea una persona o un suceso, enseguida imponemos nuestras ideas preconcebidas de lo que es correcto y lo que es incorrecto, lo que está bien y lo que está mal.

Fijémonos en el padre que responde a aspectos incómodos de su vida con ansiedad, frustración, cólera o insultos. Sentémonos a su lado y observemos cómo evalúa y califica sus experiencias. Es incapaz de advertir con calma el hecho de que está en un atasco y es mejor relajarse, incapaz de verse en una situación difícil y percibir sin más esa dificultad. Un padre así deja a sus hijos un legado en virtud del cual todas las experiencias de la vida deben ser juzgadas y etiquetadas, sobre todo las *malas*. Si somos capaces de afrontar la realidad de los hijos desde un estado de *ser*, ellos aprenden que la vida no se puede experimentar *tal cual es*.

Todas esas *actividades*, ese hacer, son un intento de mitigar nuestra sensación de ser incompletos, como se puede observar en el ejemplo de la madre que renuncia a su vida para estar con los niños solo para llevar a cabo una actividad incesante «por el bien de sus hijos». De entrada, quizá parezca ser una madre entregada, que lleva a los hijos a clases de ballet y partidos de béisbol, y cocina y limpia para ellos sin cesar. No obstante, como su sentido del yo se basa en lo que hace por los hijos, su entrega está condicionada. Como su caótico horario está impulsado por esa necesidad suya de aliviar la angustia, es *incapaz* de estar presente en las necesidades de los niños, en vez de lo cual los utiliza indirectamente para hacer realidad sus fantasías frustradas. No puede soportar que los críos no accedan a sus deseos, lo que origina una dinámica aún más viciada de manipulación de los niños para conseguir que sean *buenos*.

Vi todo esto en una madre y sus dos hijos. Diseñadora de moda que había dejado la profesión para ser madre a tiempo completo, el centro de atención de aquella mujer eran los hijos, hasta el punto de que su día entero giraba a su alrededor. Entusiastas a más no poder e implicados a tope, los niños estaban apuntados a actividades todas las tardes, por lo cual ella iba continuamente con el coche de un lado a otro a llevarlos y recogerlos. Para la madre era de suma importancia que los niños destacasen en los estudios y las actividades. Como su hija era una nadadora destacada y su hijo un pianista sobresaliente, no podía estar más orgullosa de ellos y vivía pendiente de sus momentos de triunfo. Era la primera en llegar a todos los certámenes y competiciones, y eran esas las ocasiones en que se sentía valiosa, como madre y como ser humano.

Un día, la tutora escolar llamó a la madre para decirle que su hija le había confiado que era bulímica. Tras venirse abajo y declarar que tenía mucho miedo de que se enterase su madre, la pequeña no paraba de repetir «no se lo digan a mi madre, por favor; me odiará, se sentirá muy decepcionada». Tenía solo ocho años cuando cayó en la bulimia a causa de la presión por parecer más delgada en el traje de baño.

Ese fue el desencadenante de que la madre pegara un frenazo en la vida de todos. Era la primera vez que reflexionaba sobre los efectos que las interminables actividades estaban teniendo en el bienestar emocional de los hijos. Hasta aquel momento, había dado por supuesto que hacía por ellos todo lo que podía. Jamás imaginó que aquella presión pudiera tener un efecto adverso. ¿Cómo iba a saberlo? Cuando era niña, no había realizado muchas actividades ni recibido demasiada atención de sus padres, que viajaban mucho y la dejaban con la niñera. Al hacer cosas que su propia madre no hizo jamás por ella, esta mujer creía ser una madre abnegada. Paradójicamente, el deseo de que sus hijos tuvieran la infancia que no había tenido ella provocó que estos se sintieran tan solos y desatendidos como ella misma en su niñez. La diferencia estaba en que, en el caso de sus hijos, estos habían ocultado sus sentimientos bajo un incesante trajín porque creían que debían seguir actuando por el bien de su madre.

La lección de esta historia es que si enseñamos a los hijos a basar su sentido de identidad en la actividad, en hacer cosas, serán desdichados cada vez que la vida les falle de algún modo.

LA ANSIEDAD ES UNA FORMA DE *ACTIVIDAD*

Una de las formas más habituales de *actividad* que utilizamos para tapar nuestra incapacidad es la ansiedad.

Cuando los padres reaccionan ante las circunstancias con dudas, vacilaciones, pesimismo o desconfianza, incapaces de sosegarse en su realidad presente, buscando con inquietud respuestas a cómo será su futuro, los niños adoptan la misma actitud en la vida, siguiendo las mismas pautas. Como estos padres no interpretan las dificultades de la vida como una invitación a conectar con su resiliencia sino que desarrollan una actitud «pobre de mí», los niños generan la misma respuesta emocional a sus propias dificultades. Heredar la impronta de la ansiedad crea sensación de victimismo y el deseo de desempeñar el papel de mártir.

Asimismo, si los padres interaccionan con el momento presente de tal modo que se centran en lo que falta, la lente con que los hijos miren el mundo será la carencia. El resultado de sentir ese vacío es que, al mirar el mundo que nos rodea, nos fijamos más en lo conocido, es decir, en todas las cosas que, a nuestro juicio, faltan. Estamos tan poco acostumbrados a funcionar a partir de un sentido de la abundancia que no reconocemos la copiosidad en el universo.

En algunos de nosotros, la ansiedad alimenta cierta necesidad de ser perfectos, lo cual origina una tendencia obsesiva a *repararnos*, actitud impulsada por un deseo de conseguir la aprobación de todos. En otros, la ansiedad fomenta justo lo contrario del deseo de aprobación, lo cual se traduce en un espíritu rebelde. Aún creemos que debemos ser perfectos, aún tenemos ansia por repararnos, aún esperamos aprobación, pero todo eso queda eclipsado por la conducta real.

Más que nada, la ansiedad tiende a aflorar como necesidad de controlar. Cuando nos vemos incapaces de estar con nosotros mismos tal como somos, renunciamos a toda afinidad con la propia autenticidad. En lugar de buscar la autenticidad, o bien intentamos alcanzar la sensación de tener el control de nosotros mismos cediendo a la voluntad de otro, o bien intentamos sentir que tenemos el control mediante el dominio sobre otro, en especial nuestros hijos. Intentando reducir la ansiedad, nos vemos impulsados a ordenar las circunstancias de nuestra vida, dictar el resultado de las situaciones y organizar a las personas con las que vivimos.

Preocuparnos nos procura la tranquilizadora sensación de que estamos haciendo algo, creyendo erróneamente que de algún modo tenemos cierto control sobre las cosas. Al realizar actividades mentales, tenemos la impresión de estar pasando a la acción. No obstante, como las preocupaciones se centran en el futuro, en cosas todavía no desarrolladas, nos impiden iniciar acciones positivas en el presente. A decir verdad, las preocupaciones disimulan el miedo a estar presentes en nuestro *presente*.

Paradójicamente, cuando nos atrapa la ansiedad, en realidad tenemos miedo de *hacernos cargo* de la situación de una forma que podría cambiar las cosas para mejor. De hecho, si analizamos la ansiedad con atención, resulta ser un estado *pasivo*: un distractor que nos permite llenarnos la cabeza de pensamientos dispares que parecen ser respuestas activas a la situación, pero que en realidad son ineficaces. Aunque pretendemos tener el control mediante la postura adoptada sobre una cuestión, con los pensamientos o intentando imponer nuestra voluntad a los demás, casi nunca pasamos a la acción para cambiar las cosas.

La ansiedad generada por la idea de ceder ante nuestra realidad se manifiesta de diversas maneras. Vale la pena explorar algunas. Por ejemplo, cada vez que la vida no resulta como queremos, experimentamos una sensación general de que estamos por encima de la vida, lo cual significa que las cosas solo pueden irles mal a los demás, no a individuos *especiales* como nosotros. Nos decimos: «Esto no debería pasarme a mí. Esto no puede pasarle a esta familia. No me puedo creer que, habiendo tanta gente, tenga que ser yo quien pase por esto. Necesito más de la vida. Con esto no contaba. No es por esto por lo que me he esforzado tanto.»

Cuando las cosas no salen como habíamos previsto, a otros nos invade una sensación generalizada de victimización, de martirio incluso. Nos consideramos desdichados: «Siempre me pasa a mí. Al final siempre pierdo. No gano nunca.» Quizás incluso llegamos a creer que todo el mundo quiere fastidiarnos. Si vamos un paso más allá, acaso empecemos a pensar que el mundo es no solo injusto, sino también inseguro. Nuestro diálogo interno discurre más o menos así: «Cada uno se preocupa solo de sí mismo. Todo es muy competitivo. Detesto vivir en un mundo donde todo gira alrededor del dinero, no del amor. La gente es mezquina, cruel, vengativa. No puedes confiar en nadie porque el ser humano no es de fiar. El mundo es un lugar espantoso.»

Algunos nos echamos la culpa de nuestra desgracia, lo que solo agrava el sufrimiento. Nos decimos: «Todo es culpa mía. Atraigo a mi vida cosas malas. Me merezco esta suerte.» O bien transmitimos hacia fuera nuestra sensación de estar siendo tratados injustamente, diciéndonos: «En realidad, no me han querido nunca. Tenían que haberme prestado más atención. Ojalá se hubieran preocupado más. Me hicieron culpable de ese fallo. ¿Por qué no escuchan más?»

Con una mentalidad así, los desafíos de la vida se afrontan constriñendo los sentimientos en vez de presentar actitud abierta. A partir de ahí, la ansiedad resultante alimenta un sentido de desesperación y desconsuelo, lo que a su vez desemboca en fracaso; eso mengua la motivación, lo que luego desciende vertiginosamente en espiral hasta convertirse en más ansiedad y la parálisis que la acompaña. Partiendo del miedo de comprometernos con la vida, creamos un obstáculo tras otro. Enfrentados a una situación difícil, vemos solo problemas, no soluciones.

Muchas personas crean una y otra vez situaciones en las que se sabotean a sí mismas para alimentar la mentalidad del no puedo. Por ejemplo, empezamos a preparar los exámenes tarde. Si nos va mal porque no afrontamos las cosas a tiempo, convertimos esa costumbre en la creencia de que somos incapaces. O iniciamos proyectos pero no los acabamos porque no solo sucumbimos a las distracciones sino que también nos colocamos obstáculos en el camino, lo que refuerza nuestra idea de incompetencia. Aunque en un momento pongamos en marcha algún cambio positivo en la vida, lo vivimos como una incoherencia porque no nos resulta familiar, lo cual genera tanta ansiedad que lo abandonamos y regresamos al estado pasivo. Como creemos que hemos de saber el resultado de una situación antes de meternos en ella, nos embarcamos en una empresa solo si estamos seguros de cómo acabará. Sin certezas, nos sentimos demasiado vulnerables, demasiado expuestos.

Si te criaste con padres cuya reacción primaria ante la vida era la ansiedad, eso mismo es lo que transmitirás a tus hijos a menos que te observes con atención y deshagas el patrón de forma consciente. Tus hijos llegarán a considerar que la vida es de por sí amenazadora. De ti aprenderán a temer, precisamente, el regalo que puede capacitarlos para afrontar con éxito los peligros de la existencia, lo cual es su verdad inherente basada en el conocimiento interior. Al dudar, se creerán la falacia de que si no se preocupan por algo o no encuentran en su vida algo que les desagrade, de un modo u otro tendrán mala suerte.

Un ciclo de esta clase, transmitido de generación en generación, solo se interrumpe cuando descubrimos que *preocuparse es una máscara del miedo a estar presente*. Si estamos presentes, ayudamos a los hijos a desarrollar su confianza en la vida en tanto que consustancialmente sabia.

A muchas personas nos aterra sentarnos tranquilos y experimentar de veras nuestra soledad. Permanecer cara a cara con la sensación de estar solos nos da miedo; por eso llenamos los días de proyectos y artilugios, y por eso buscamos infinitas maneras de introducirnos en la vida de los hijos.

El origen de este miedo es el miedo a la muerte, naturalmente. Se trata de una realidad que no estamos preparados para aceptar, razón por la cual vivimos la vida fingiendo que la muerte pasará de largo. Mientras no lleguemos a un acuerdo con la mortalidad, abarrotaremos la vida de ruido y situaciones dramáticas, porque eso aumenta la sensación de estar vivos. Controlamos a los hijos, nos peleamos con el cónyuge y en nuestro lugar de trabajo creamos situaciones desagradables por el mismo motivo. Mediante esta palpitante actividad nos aseguramos de estar vivos. Sin ella, nos aterrorizaría no solo no *tener* nada, sino también *no ser* nada. Lo que más miedo nos da es el vacío.

Ese miedo se complica si pensamos que la vida y la muerte son dos extremos de un espectro lineal. Una perspectiva así genera ansiedad, además de la sensación de que debemos pasar por la vida a toda prisa cueste lo que cueste. No obstante, si adoptamos la perspectiva de que la vida y la muerte son solo puntos de un continuo, podemos permitir que nuestro apego obsesivo a esa identidad, esa vida o ese papel quede englobado en la idea de que la vida sigue. Como consecuencia de ello, nos agarramos el estado egoico con menos fuerza y nos permitimos echar un vistazo a nuestro verdadero ser.

Por mucho que no queramos ver la realidad de la muerte, todos sabemos que la vida es poco consistente, muy frágil. Vivimos con esa idea pese a los intentos de negarla. Aunque afrontar de verdad lo que esto significa es angustioso, ¿no sería mejor ser sinceros con nosotros mismos? Aceptar la naturaleza endeble, momento a momento, de la existencia a la larga nos da poder. En vez de rechazarlo creando un drama emocional, haremos bien en reconciliarnos con la condición *tal cual* de la vida.

El miedo a la muerte nos mantiene ligados al ego, de modo que la percepción de nosotros mismo es el de una unidad aislada. En cambio, una vez que aceptamos el carácter efímero de la vida, descubrimos su conectividad total y sus maravillas cotidianas. Es ahí donde el viaje parental se anima: al apreciar cada momento de la existencia de los niños, disfrutamos de todas las experiencias, en especial las que parecen normales y corrientes. Dejamos de desperdiciar tiempo y energía en empeños que al final no reportan alegría alguna. Dejamos de malbaratar la existencia en cosas materiales impersonales, comprendiendo que lo importante es la conexión con nosotros mismos y las relaciones en nuestra vida.

No es fácil aceptar que, en última instancia, solo nosotros podemos decir si este viaje vital es nuestro. Si reivindicamos realmente nuestra singularidad, tememos sentirnos aislados y solos. Ello se debe a que, en la medida en que somos unos desconocidos para nosotros mismos, nos consideramos mal preparados para nutrir el propio yo. No nos damos apenas cuenta de que solo recorriendo nuestro camino exclusivo podremos experimentar tanto realización personal como unión con todos los demás seres.

Los hijos pueden conducirnos a la autenticidad porque saben por instinto cómo *ser*. Saben intuitivamente cómo vivir en su cuerpo y responder a su espíritu. Son plenamente conscientes de la necesidad de afrontar la realidad tal como se presenta, y son asimismo capaces de responder de una manera que a los adultos suele sernos ajena. Por eso es de los hijos de quienes podemos aprender realmente a *vivir*.

En esencia, tenemos miedo de entregarnos a la vida *tal cual es*, miedo que nos mantiene en modo reacción. Sin embargo, es imprescindible entregarnos al espíritu de los hijos si queremos educarlos poniendo atención a su verdadero ser. Eso lo hacemos sumergiéndonos en nuestras reacciones, intelectualizándolas e incluso reconociendo y tratando a los hijos tal como son, de *ser* a *ser*.

VIVIR A BASE DE ALGO MÁS QUE ACTIVIDAD

La gran enfermedad de la sociedad moderna es la grave incapacidad de sus miembros para estar consigo mismos. Nos sentimos ansiosos y perplejos, y nos falta tranquilidad. ¿Por qué? Porque estamos desconectados de nuestra esencia. Si estuviéramos conectados con el ser interior, no nos destruiríamos unos a otros, ni arrasaríamos el planeta, en nuestro obsesivo afán de poder. Si simplemente somos, renunciamos a la necesidad de controlar, que sustituimos por un sentido de unión y capacitación personal. Al prestar atención al ser interior, mostramos automáticamente reverencia y compasión por todos los seres, en especial los que menos poder tienen.

En cuanto comprendemos que la respuesta a la ansiedad de los hijos no se halla en el mundo exterior sino en su paisaje interior, en vez de animarlos a buscar gratificaciones externas para calmar la ansiedad, les enseñamos a usar la imaginación. Si somos padres conscientes, tenemos paciencia y, por tanto, no tenemos prisa por imponerles todos los conocimientos y actividades. Reconocemos que la niñez no es el momento en que madura el fruto, sino aquel en que se planta la semilla. También entendemos que corresponde a los hijos, guiados por su sabiduría innata y su sentido del destino, decidir qué semillas quieren. En otras palabras, un padre o una madre conscientes confían sin reservas en que la intuición del niño lo guiará bien. Vivir de forma consciente equivale a centrarse no en el resultado sino en el proceso, no en la perfección de la actividad sino en el coraje de aprender de los errores. Es ser consciente de que el presente es el único momento importante. Es confiar en que la vida es un profesor sabio, responsable y constante.

Vivir en un estado de *ser* te exige conectarte con tu pulso interior. Si actúas con una actitud tranquila, centrada, toda actividad que surja es solo una manifestación de tu finalidad más profunda. Con esta actitud, ya no te propones una actividad tras otra, sino que inviertes la energía en ser consciente de tu sosiego interior. Este sosiego interior se manifiesta en forma de *presencia*, y la presencia es la característica esencial del espíritu atento, receptivo y flexible de los padres conscientes.

Si los padres no aprenden a vivir siendo en vez de haciendo, a escuchar la voz interior en vez de actuar impulsados por factores externos, el viaje padres-hijos será alimentado por la ansiedad y las situaciones dramáticas. Cuando pasamos del hacer egoico al ser auténtico, nuestra cosmovisión cambia. Ya no volvemos a sorprendernos centrados en la necesidad sino en el servicio; ya no sentimos carencia interna, sino que experimentamos abundancia; en lugar de estar atrapados en el pasado, vivimos el presente.

Para ser padres conscientes ese cambio es imprescindible; ahora bien, no resulta fácil. Nos dedicamos a hacer, a la actividad, porque es más fácil decir que sí a los aspectos de la vida relacionados con el desempeño de los hijos en la sociedad que a su ser auténtico. Sin embargo, si cambiamos el planteamiento y pasamos a deleitarnos solo con ser, de modo que toda la actividad fluya desde este estado infantil, aceptamos espontáneamente a los hijos por cualidades que, aunque acaso sean menos cuantificables, son infinitamente más esenciales; cualidades como la autenticidad, el asombro, la alegría, la paz, el coraje o la confianza.

Cuando valoramos a fondo lo que acabarán siendo los hijos en la vida, les transmitimos el concepto de que el tiempo es oro, en vez de enseñarles que, cuando se experimenta en el presente, el tiempo es infinito. Los padres que viven en un estado de *ser* les enseñan a los hijos a vivir al servicio de su finalidad interior, que nace de su espíritu, no del dinero ni de la imagen. Para cenar, los niños están igual de contentos con una pieza de fruta que con un festín. Sus ojos no buscan cosas a las que ligarse, sino cosas de las que desprenderse. En vez de imponerle a la vida su voluntad, fluyen con la corriente: la existencia es una compañera en la que el mundo exterior enriquece la vida interior, y viceversa.

Nuestros hijos no estarán siempre con nosotros, ya que pronto vivirán su propia vida. Durante estos pocos años que los tenemos cerca es cuando podemos ayudarlos a que abran los ojos a su plenitud interior, pues dentro de esa copa interna se sumergirán cuando estén solos en la universidad y bajo presión, en una relación y luchando por compenetrarse con la pareja, o en una crisis económica e inquietos. Prepararlos para esto requiere alimentar su espíritu a diario.

A veces esperamos a salir a cenar o a ir de vacaciones para conectar con los demás, pero cuando mejor florece la conectividad emocional es en los momentos más corrientes: en la ducha, sentados a la mesa, esperando el autobús, conduciendo el coche, haciendo cola. Si no entendemos las posibilidades que nos ofrece cada instante del día para conectar con otros, nos perderemos innumerables y maravillosas oportunidades para interaccionar con los hijos.

Cuando los hijos te hablan, resulta útil, siempre que sea posible, interrumpir lo que estés haciendo y prestarles toda la atención mirándoles a los ojos. Por la mañana, es importante saludarlos y estar con ellos al menos unos minutos antes de que las prisas del día marquen el ritmo. En pleno ajetreo para salir de casa, puedes hacerles cantar, gastar bromas o jugar con ellos a ser el primero en estar listo.

A lo largo del día, también puedes establecer contacto de muchas maneras. Por ejemplo, cuando te cruces con ellos en el pasillo puedes acariciarlos levemente o apretarles la mano. En momentos al azar, acércate y diles que los quieres con locura. Cuando los recibas a la vuelta de la escuela, hazlo con total aceptación, sin críticas, e invítalos a contar sus historias. Cuando guardes cola en una tienda o un semáforo, entra en contacto con ellos haciéndoles cosquillas si son muy pequeños o hablándoles de cómo te ha ido el día y preguntándoles qué tal el suyo sin son más mayores. Además, mientras estén fuera durante la jornada, puedes escribirles un mensaje o dejarles una nota para decirles que pensabas en ellos y los echabas de menos.

Es fundamental disfrutar del humor de los niños y asegurarte de reírte con ellos al menos una vez al día. También cabe dejarles que te enseñen todos los días algo sobre ti o sobre ellos. De noche, a la hora de acostarse, trata ese rato como algo sagrado y permíteles remolonear o relajarse en tus brazos si así lo desean. De esta manera, el momento de irse a la cama se convierte en un ritual deseado.

Como somos individuos únicos, cada uno manifiesta su conexión con los hijos de forma distinta. La clave es estar sintonizado con los ritmos propios de los niños. Si fluimos con su manera de ser natural, vemos que somos capaces de estar más presentes, abiertos e implicados.

Si observas a un niño pequeño, sobre todo si es bebé o está en la niñez temprana, descubrirás el secreto de vivir una vida consciente. Los niños habitan el presente de modo natural. Aunque se dice que los bebés o los niños pequeños apenas tienen conciencia, son ellos quienes mejor encarnan los elementos de la vida consciente. ¿Cómo? Mediante su capacidad para responder a la vida en su forma *tal cual*, sin el estorbo de las tres egoicos como el miedo, la culpa, el apego o la necesidad de controlar. Cuando los criamos de manera inconsciente, los sacamos de su hábitat natural y hacemos que sientan la presión del futuro. Al quitarles la presencia de golpe y meterles lo otro en la cabeza, les obligamos a intercambiar la espontaneidad por la previsibilidad del hábito.

Los niños muy pequeños son especialmente capaces de reinventarse a cada momento. Espontáneos de por sí, no tienen miedo de enfocar la vida de una manera fluida, lo que los predispone para el cambio. Ven una flor y se paran a contemplarla, o advierten una nube y son capaces de dejar lo que estén haciendo para admirar su forma. Como la imaginación no tiene límites, arraigada como está en un exuberante paisaje interior, pueden pasarse horas jugando en la arena, sin chismes ni máquinas que los entretengan. Siempre conscientes en su cuerpo, aceptan sus necesidades sin vergüenza, así que cuando tienen hambre, comen, y cuando tienen sueño, duermen.

Responder a nuestro presente como si fuera el único momento importante puede dar miedo, pues en vez de interpretar una situación con arreglo a nuestro pasado se nos pide que observemos la novedad de cada circunstancia como lo hace el niño. Contamos con algunos métodos bastante ingeniosos para disimular que estamos obsesionados con el pasado y nos rompemos la cabeza con el futuro. El arrepentimiento, los remordimientos, el sentimiento de culpa y la nostalgia suenan muy profundos, pero son solo preocupaciones por el ayer. Asimismo, la inquietud, las fantasías de lo que será o la planificación y organización excesivas acaso suenen a que solo queremos que las cosas salgan bien, pero en realidad son formas de preocupación por el mañana.

Si el pasado o el futuro nos ciegan, perdemos oportunidades que son evidentes para el ojo de la sabiduría pero invisibles para la mente abarrotada y demasiado analítica. Antes de darnos cuenta, perdemos la conexión con el yo auténtico y, por tanto, entre unos y otros. Desarrollamos el yo auténtico solo si somos conscientes del momento presente. Educar a un niño para que sea consciente requiere que los padres se pongan a vivir en el huso horario del presente. Con independencia de lo caótico o insoportablemente doloroso que pueda ser dicho momento presente, queremos evitarlo a causa de la *evaluación* que hacemos de él, pero no por el momento en sí.

Al margen de lo que haya pasado o pueda pasar, al menos en este momento puedes mirar a tus hijos de manera distinta. Aquí, en este instante, puedes habitar una conciencia modificada. Aunque solo lo hagas algunas veces al día, estos ratos tienen el poder de afectar al destino de tus hijos. El hecho de ser consciente no es un fenómeno del tipo todo o nada, por lo que cada instante en el que eres consciente tiene un gran poder. Cada momento en que conectas con los hijos es uno más que los que teníais ayer.

12

La maravilla de lo corriente

Todos queremos que los hijos sean especiales porque así nos sentimos especiales *nosotros*. Pero, ¿a qué precio para ellos?

Algunos estamos tan ansiosos por criar a un Einstein, un Michael Phelps o una Julia Roberts, que empujamos a los niños a destacar como sea en alguna actividad. Queremos que sean no solo buenos en algo, sino *fabulosos*. Todos conocemos el sentimiento de orgullo que nos invade cuando anunciamos al mundo que nuestro hijo es un estudiante de sobresalientes, un campeón de natación, un actor valorado o un tenista notable o que ha sacado una nota de corte en la selectividad en la carrera que quiera. Sobre todo cuando son pequeños, los hijos están sintonizados con esto y se esfuerzan por saciar la sed de nuestro ego.

Una explicación de las ganas que tenemos de que los hijos tengan éxito es que tendemos a buscar que se nos valore a través de ellos. Los comparamos con sus compañeros. ¿Les va mejor o peor que a los hijos de nuestros amigos? ¿Leen mejor o peor, escriben mejor o peor, son mejores o peores en el campo de deportes o en la pista? Estamos impacientes por maximizar el potencial de los hijos.

Aunque nuestros hijos nacen sin ninguna de esas preocupaciones materiales, se enteran muy pronto de que forman parte de un mundo competitivo dividido nítidamente entre actores y no actores. Aprenden que se les evalúa mediante criterios ajenos a ellos: calificaciones, comentarios de los profesores, el modo de ser vistos por sus compañeros. Por desgracia, también aprenden que a todo se le ponen etiquetas: TDAH [trastorno por déficit de atención con hiperactividad], TGD [trastornos generales del desarrollo], dificultades de aprendizaje, trastorno bipolar, etc.; en el otro extremo del espectro, superdotado o inteligente. Saben que su conducta se examina continuamente y si no satisfacen los criterios que se supone que hay que cumplir son objeto de humillación.

Cuando enseñamos a los hijos que el éxito en la vida depende del rendimiento, la infancia se orienta hacia el futuro en vez de vivirla en sí misma. Los niños aprenden que, en el mundo de los adultos, ser quienes son, *tal como son*, no basta. No es de extrañar que la niñez sea limitante, de modo que incluso un niño de ocho años puede ser considerado bipolar mientras que los de catorce sufren trastornos alimentarios, intentan suicidarse o son padres precoces.

Veo ansiedad a mi alrededor. Casi todo el mundo corre hacia el futuro. Hay poca presencia, poco tiempo para saborear lo extraordinario en lo ordinario.

DELÉITATE CON LA NORMALIDAD DE TU HIJO

Un padre o una madre a quien se le haya negado vivir su niñez con normalidad será incapaz de tolerar la normalidad de su hijo. El niño crecerá bajo la presión de ser siempre extraordinario, de salirse de lo normal, y el precio de eso es la autenticidad. En lugar de meterles toda esta presión, ¿podemos disfrutar de su normalidad? ¿Somos capaces de encontrar algo especial en su estado normal y ordinario?

Los padres me dicen: «Nosotros queremos que los niños tengan lo mejor de todo. ¿Qué tiene eso de malo? ¿Por qué no vamos a matricularlos en ballet, tenis y natación?» No estoy recomendando que los padres limiten el deseo de sus hijos de explorar. Alentar la exploración es una forma de honrar el ser de un niño. Estoy subrayando la importancia de ayudar a los críos a entender que su *sentido de validez* no se basa en el logro.

Aunque es lógico desear que los hijos destaquen, esto no debe impedir que nos deleitemos en su normalidad. Si les negamos la normalidad a los hijos, les enseñamos a sentirse embelesados solo por las exageraciones de la vida. Acaban creyendo que solo hay que tener en cuenta y aplaudir lo magnífico y lo fabuloso, por lo que buscan constantemente lo más grande y lo mejor.

En cambio, si los niños aprenden a valorar lo corriente, aprenden a vivir la *vida en sí misma*. Evalúan su cuerpo, su mente, el placer de compartir una sonrisa o el privilegio de relacionarse con otros. Todo comienza con lo que, como padres, les enseñamos a apreciar.

Propongo que realces, para tus hijos, los siguientes momentos normales y corrientes:

El contacto con la piel al cogernos de las manos.
La tranquilidad de las mañanas al despertar.
El chorro caliente del agua en la ducha.
El olor a limpio al doblar la ropa.
La unión de la familia al sentarnos a comer.
La luz del sol cuando empieza a iluminar.
El silencio de la luna cuando apagamos la luz para ir a dormir.
La manera que tiene el niño de coger el lápiz al escribir.
La emoción de empezar un libro nuevo.
El sabor de nuestros platos favoritos.
Lo maravilloso de todos los elementos de la naturaleza.
El entusiasmo por quedarse un amigo a pasar la noche.
La emoción del primer helado del verano.
El crujir de las hojas caídas en otoño.
El crudo frío de invierno.
El olor de la masa horneándose al pasar frente a la pizzería.

Los secretos no desvelados en las paredes de una biblioteca.

La alegría de encontrar una moneda perdida.

Cuando los niños aprenden a venerar estos momentos, se acabó la locura por más, más grande y más llamativo. Se convierten en adultos capaces de centrar la atención en *lo que está delante* en contraposición a *lo que no está*. Entonces, libres de tus expectativas, disfrutan de su normalidad y se plantean expectativas que surgen de su propio centro.

LA FALACIA DE LA SOBREPRODUCCIÓN DE VIDA

Cuando no tenemos bien fijados los cimientos en nuestra esencia, solemos compensarlo creando una vida externa en la que casi todo se convierte en un asunto importante. Al no valorar lo que somos por dentro, sentimos la necesidad de exagerar, de esforzarnos al máximo y de analizar en exceso.

Por ejemplo, nuestro hijo tiene piojos, y actuamos como si se hubiera producido un terremoto. Se hace una contusión y corremos a darle medicamentos, a menudo en exceso. Saca un suficiente y llamamos al tutor. Otro chico le pega y estamos dispuestos a llevar a su familia a juicio. Nos dice una mentira y nos ponemos hechos un basilisco. Si se aburre, le compramos más chismes cuya capacidad lúdica será tan escasa como la de los que ya tiene. Cumple trece años y le organizamos una fiesta más propia de una boda.

Al creer que más es mejor, mayor y más brillante, y que caro es sinónimo de más valor, en la sociedad moderna mucha gente ha perdido la capacidad de responder a la vida sin convertirla en un gran despliegue de medios. Por consiguiente, los hijos crecen creyendo que hay que vivir la vida deprisa y frenéticamente. En su existencia cotidiana, el drama gana a la sencillez, la emoción derrota a la quietud. Crecen adictos a una vida de altibajos, incapaces de basarse en lo corriente y con pocas perspectivas de extraer alegría de lo trivial.

Los niños aprenden quiénes son y lo que realmente les gusta si se les permite *estar consigo mismos*. ¿Cómo van a reconocer su auténtica voz entre el barullo de todo ese hacer cosas si los inundamos de actividades y los sometemos a una clase tras otra?

Un día, mi hija de cuatro años estaba agitada. Nerviosa y difícil de contentar, no paraba de decir que se aburría y que no tenía nada que hacer. Mi primer instinto fue rescatarla y, de paso, ¡rescatarme a mí misma! ¿No se supone que los *buenos* padres programan el tiempo de sus hijos? Mientras contemplaba la posibilidad de encender la televisión, llevar a cabo con ella algún proyecto o llevarla al parque, lo vi claro: «¿Cómo va a aprender a resolver el aburrimiento si siempre la rescato?»

Cuando gestionan sus emociones sin ayuda externa, los hijos desarrollan cierta solidez emocional. Así que le dije: «Estar aburrido está bien. Aburrirse no tiene nada de malo. Sigue así.» Me miró no solo con gran decepción, sino como si yo estuviera chiflada. Al salir de mi habitación, masculló algo para sus adentros y luego siguió rezongando un buen rato hasta que la perdí de vista. Al cabo de unos minutos, advertí que sus quejas iban apagándose. Fui a su cuarto y la sorprendí canturreando satisfecha con sus muñecas.

Imaginativos por naturaleza, los niños son capaces de responder al *tal cual* con cuerpo, alma y espíritu. Nuestros hijos solo necesitan una habitación vacía, su imaginación y un cómplice dispuesto. No precisan artilugios caros ni un cuarto lleno de juguetes, solo la creatividad nacida de su centro tranquilo. En cuanto establecen contacto con ese centro, aprenden a ser felices con cualquier cosa que tengan, ya que comprenden que la satisfacción no viene de fuera sino de lo que hay dentro.

Si observamos a un niño pequeño, nos maravillaremos de su capacidad para sacar algo de la nada, como convertir una habitación vacía en una carpa para sus fantasías o el momento más corriente en el más mágico. Espero con mi hija en la parada del autobús y en un santiamén ya está jugando a tiendas, vendiendo mercancías a sus clientes imaginarios. Yo estoy inquieta y echando chispas, impaciente porque no llega el autobús, incapaz de imaginar otra realidad aparte de mi ansiedad. Voy con mi hija a comprar verduras, con prisa, impaciente por salir cuanto antes. En cambio, a ella le encanta tocarlas una a una. «Este tomate es redondo como mis mejillas —grita—, y esta berenjena tiene forma de lágrima.» La miro atónita. ¿Cómo es que ella solo ve potencial y yo solo veo fatiga y líos?

En esta fase, los niños son verdaderos pioneros, escultores, cantantes, actores, dramaturgos, peluqueros, diseñadores de moda o pilotos de carreras. Son ceramistas, cocineros, jardineros, pintores y científicos. En su interior viven mundos enteros. ¿Qué le pasa a este potencial creativo en cuanto llegan a la escuela secundaria? ¿Dónde se pierde este estallido de magia cinética, sin límites? ¿En qué medida somos responsables de esta pérdida?

De innumerables maneras sutiles y no tan sutiles, arruinamos la capacidad de los niños de pensar en lo imposible, con lo que los obligamos a vivir en casillas que nos resultan cómodas a nosotros. Nos decimos que esto es por su propio bien, pero en realidad es para aliviar nuestra ansiedad. A un ritmo constante, erosionamos su sentido mágico de la vida en aras de la *realidad*. He aquí algunas cosas que les decimos:

«No puedes ser piloto de coches; es demasiado peligroso.»
«Primero aprende a estarte quieto, luego hablaremos de ser científico.»
«No tienes oído musical, ¿cómo vas a ser cantante?»
«El oficio de actor es para soñadores.»
«En nuestra familia no hay jardineros.»
«Eres demasiado bajita para ser modelo.»
«Creo que deberías ser maestra.»
«Creo que serías un médico magnífico.»

Si los niños tienen confianza, solo ven abundancia, oportunidad, expansión y aventura, albergan una fe inmensa en la bondad del universo. Es nuestra obligación espiritual ayudarlos a fomentar y alimentar su capacidad innata para engancharse a la vida. Es demasiado pronto para que les pinchemos la burbuja. Dejémosles bailar y no nos preocupemos tanto por el resultado final. Permitámosles moverse sin preocuparse de si el producto final es bueno o malo. Animémosles a que vayan a la escuela sin estar ansiosos por las calificaciones, bien entendido que cuando insistimos demasiado en las notas o en su desempeño en determinada afición, ellos empiezan a perder interés en el aprendizaje y se centran solo en la perfección del resultado. Dejemos que hagan volar su imaginación y abstengámonos de decirles que no tienen habilidades prácticas para tal o cual cosa.

Dicho esto, conozco bien el creciente número de pruebas de que, en el útero, un niño está sometido a profundas influencias, lo cual puede afectar a su comportamiento, su temperamento y su capacidad para aceptar la vida plenamente. Asimismo, no para todas las mujeres es el embarazo un acontecimiento grato, factor que acaso tenga un efecto importante en el niño en desarrollo. Cualquier baño químico generado por la madre embarazada se vierte al instante en el torrente sanguíneo del bebé, incluyendo las negativas hormonas del estrés; por eso es importantísimo educar de manera consciente lo antes posible en la vida del niño. Sea como fuere, cualquier paso hacia el estilo parental consciente, con independencia del momento del proceso de desarrollo de un niño en que se dé, es mejor que ninguno.

Hay que aprovechar todas las oportunidades para alentar a los niños a escuchar su voz interior, amar el proceso de aprendizaje, disfrutar del dominio de una destreza, deleitarse en los riesgos y reírse de sí mismos cuando fallen. Es así como les enseñaremos a expresar su verdadero potencial creativo. Es más, *¡ellos nos enseñarán a dar rienda suelta al nuestro!*

RENUNCIAR A LA URGENCIA DE HACER

La incapacidad de valorar la espaciosidad del tiempo libre *se aprende*. Mientras les enseñamos a estar ocupados todo el tiempo, los hijos asimilan la inquietud por ósmosis. Luego se convierten en adultos incapaces de estar a gusto con su propio cuerpo, que siempre tienen que estar en una discoteca, con amigos o trabajando.

Para ser capaces de fluir de un estado a otro, los niños no necesitan chismes ni otras formas de distracción. En cuanto cese nuestra intromisión, pasarán de un estado de ser a otro con suma facilidad. De hecho, si llenamos su vida con infinidad de actividades o chucherías artificiales, les robamos la imaginación y por tanto la capacidad para obtener su propio placer.

Si vaciamos la vida de trastos, ruido y distracciones y en nuestro calendario damos prioridad a la creación de espacio, allanamos el camino para las experiencias vitales. Por ejemplo, contemplamos una hermosa puesta de sol que casi nos quita el aliento. Incapaces de apartar los ojos del cambiante arcoíris de colores, nos quedamos sin palabras. Estamos tan presentes en la experiencia que renunciamos a toda urgencia de hacer, y la sustituimos por el sobrecogimiento y la conciencia trascendente de nuestra conexión con toda la realidad.

En un momento así, no cabe la aversión, la hostilidad ni la actitud crítica, que absorbemos en la serenidad de la inmensa extensión que tenemos delante. Totalmente dentro del cuerpo, si bien en un estado de conciencia acentuado, estamos disfrutando del anticipo de lo que significa acceder de verdad a nuestras experiencias.

VUELTA A LO ESENCIAL

Una de las cosas más fáciles de hacer para ayudar a que los hijos vuelvan a su fluidez innata es reducir el tiempo que pasan viendo la televisión u otras formas de atención a una pantalla.

No estoy diciendo que la televisión o los ordenadores sean malos, pero sí pongo en entredicho el papel que desempeñan en la vida cotidiana. Hay un abismo entre permitir que los niños disfruten de los dibujos animados, espectáculos o juegos (sobre todo el fin de semana) como entretenimiento, y recurrir a todo eso para no ser nosotros mismos. Si se utiliza una pantalla como alivio de la inquietud o del aburrimiento, los niños acaban dependiendo de ayudas externas para aplacar la ansiedad.

La televisión y los ordenadores suelen servir no solo como tiritas cuando los niños están aburridos o alterados, sino también como sustitutos de las relaciones. Utilizados así, les quitan a las criaturas la oportunidad de aprender a convivir con sus emociones y a orientarse entre sus sentimientos. Mientras están envueltos en el ruido del programa o juego, tienen las emociones embotadas. La televisión o el ordenador enseguida se convierten en una obsesión, y quieren tenerlos delante en todo momento, ya que, en su aturdimiento, la presencia de una pantalla los reconforta.

Otro paso que podemos dar es intercambiar *compras* por *experiencias*. En vez de comprar un aparato, llevamos a los niños al zoo. No les compramos un videojuego, sino que salimos con ellos de excursión en bicicleta. En lugar de comprarles un coche chulo al cumplir los dieciocho, los mandamos a un viaje al Tercer Mundo, donde para tener un coche deberán ganarse ellos el dinero.

Antes de nada, los hijos necesitan que les demos atención, no dinero. El regalo de nuestra atención es mucho más valioso que nada que el dinero pueda comprar. Si desde temprana edad se enseña a los niños a valorar nuestra relación con ellos por encima de las cosas que les compramos, creamos el marco para la confianza en su ser interior más que en aspectos exteriores. Un ser humano siempre escogerá relaciones antes que chismes u otras posesiones, siempre y cuando no hayamos corrompido su instinto natural.

Los fines de semana, mi hija tiene permiso para ver una hora de televisión o estar una hora ante el ordenador. Un domingo, como mi esposo y yo estábamos en casa, decidimos jugar todos a un juego de mesa. A medida que avanzaba la partida, caí en la cuenta de que iba a tardar más de lo previsto, es decir, que llegaría el momento de acostarse y mi hija no habría podido disfrutar de su hora con el ordenador. «Como te prometí una hora de ordenador, mejor que dejemos la partida», sugerí. Pensé que se iría corriendo, entusiasmada con la perspectiva de estar a solas con sus juegos.

«No quiero jugar con el ordenador. Prefiero terminar esta partida con vosotros», respondió, lo que me sorprendió y me dio una lección de humildad: somos nosotros quienes les robamos a los niños su deseo natural de estar a nuestro lado; después lamentamos que en la adolescencia nos rehúyan.

En vez de correr a comprarles el último videojuego, ordenador o ropa, sobre todo si no han cumplido doce años, los ayudaremos más si los animamos a llevar una vida sencilla. Si ven que nos aturullamos, que prometemos comprarles cierto juguete cuando se quejan de que no lo tienen, acaban creyendo que estas cosas no son realmente importantes. Sin embargo, si no advierten en nosotros ninguna reacción, aprenden a valorar lo que ya tienen.

Si no nos dejamos llevar por el pánico a la más mínima, ayudamos a los niños a desarrollar su resiliencia. Se pondrán enfermos, sufrirán magulladuras, se pelearán en la escuela, llegarán a casa con un suficiente (¡ojalá no sea un suspenso!) y en general enredarán. Comerán demasiadas golosinas, se olvidarán de cepillarse los dientes, se pondrán la camiseta al revés, perderán el móvil, romperán el mando de la tele o infringirán nuestras normas. Esto es propio de la niñez. Si respondemos exageradamente a las insensateces de los niños, ellos aprenden a tener reacciones desmesuradas como las nuestras; y una de esas reacciones en la adolescencia puede ser el suicidio.

Muchos padres les transmiten a sus hijos un estrés enorme; sin embargo, otros intentan salvarlos de él. La realidad es que los niños necesitan estrés para crecer. Aprender a soportar el dolor de verlos lidiar con el estrés, permitirles acomodarse en el malestar de su imperfección, dejarlos tranquilos cuando tengan que decidir entre dos opciones deseables o indeseables por igual... todo esto es esencial para el desarrollo de un niño.

Durante los momentos de estrés y tensión, es fácil que la capacidad de pensar de forma no convencional disminuya y se debilite. Por eso es crucial que les enseñes a tus hijos a implicarse en la vida partiendo de un sentido auténtico de vocación profunda, en contraposición a la satisfacción de un deseo egoico. En cuanto tengan en su interior el poder de transformar las dificultades, nunca más se encontrarán sin sustento, pues sabrán que la fuente de todo está en su interior. Sacarán rubíes de los escombros porque ven que es así como tú vives tu vida.

Cuando fomentas la creatividad de tus hijos cotidianamente, de la misma manera que les proporcionas la nutrición adecuada, les enseñas una de las lecciones más valiosas: a basarse en su fuero interno para resolver los problemas de la vida. Ellos tienen una capacidad consustancial para pensar de forma no convencional; solo nuestra ansiedad hace que duden de su voz interior.

Una vida que refleja quién es tu hijo

Para expresar su ser único, la vida de un niño necesita reflejar quién es. Su habitación debe evidenciarlo; el armario ha de ser personal, lo mismo que el peinado. A veces no entendemos que, al enseñarles a seguir el camino marcado antes que marcar su propio camino, limitamos su visión. Por esta razón, haremos bien en pedirles su opinión sobre decisiones relativas a todas esas áreas de su vida. De este modo, *ellos* eligen cómo se manifiesta su mundo interior.

Los padres suelen alegar que los niños tomarían decisiones poco sensatas. Que quede claro: no estoy defendiendo que los hijos deban decidir en qué ciudad vivirán o a qué escuela asistirán, aunque sin duda podrían dar su opinión sobre esas cuestiones. Es importante no fingir que son miniadultos, capaces de actuar de forma razonable y juiciosa. Como padres, es responsabilidad nuestra mantener la perspectiva adecuada de cada cosa. De ahí que debamos presentarles a los hijos opciones que *sean adecuadas* a su edad y que estén en consonancia con su capacidad para discernir con tino. Por ejemplo, les daremos voz si se trata de determinar la ropa que llevarán en general, a menos, claro está, que quieran andar por ahí en bikini en pleno invierno. También escucharemos su opinión acerca de las actividades en que participan, incluyendo cosas como el restaurante a que vamos a ir a comer. Y les concederemos asimismo libertad para discrepar de nosotros si tienen un punto de vista diferente. De esta manera, aprenderán a tomar la vida como un proceso creativo que cambia constantemente.

Sería maravilloso que un padre transmitiese a su hijo algo así: «Eres una persona creativa. Libera tu imaginación. Llévame a sitios de tu imaginación que yo pueda visitar y en los que pueda deleitarme. Imagina todo lo que quieres y exprésate sin miedo. ¿Cómo, si no, vas a conocer tus límites? Tienes la capacidad de dejar tu huella única en el universo. Al mismo tiempo, da la sensación de que eres a la vez muchos seres en un ser individual, así que no te cases demasiado pronto con un solo modo de expresarte. Lo único que debes ser es *tú*, y puedes evidenciar quién eres de cualquier forma que elijas mientras te desarrollas. No te preocupes demasiado por la lógica de un proyecto; si crees en él, adelante. La vida no tiene que ver con el dinero que ganes, sino con hacer las cosas por el puro placer de hacerlas.»

Quizá la mejor manera de favorecer el bienestar de tus hijos sea mostrando una alegría que surja de tu propio ser. Si te ven vivir mediante el puro ser, satisfecho de existir tal como eres sin necesidad de estar siempre listo para producir algo, localizan esa capacidad dentro de sí mismos. Comprenden que en última instancia son responsables de su estado interno y aprenden a acceder a su propia alegría, que viaja con ellos con independencia de las circunstancias.

Tus hijos progresan hacia la conciencia cuando se dan cuenta de que la fuente de la satisfacción es estar simplemente consigo mismos y contigo, conectados en un nivel profundo: ser humano con ser humano, sin interferencias de distracciones exteriores. Si dominan el arte de vivir así sin más, crecen valorando todo lo que la vida les ofrece. Si valoran la vida por *lo que ya es*, no por lo que imaginan que debería ser, lo corriente en sí mismos, en los demás y en la propia vida adquiere un esplendor propio.

13

Archiva las grandes expectativas

«¿Qué quieres que sea tu hija de mayor?», me dicen a menudo. Esta pregunta siempre me desconcierta, pues no tengo ni idea de qué debería ser mi hija. Yo contesto: «Ya *es*. Solo quiero que conozca todo lo que es mientras fluye desde su quietud interior. En cuanto conozca eso, el mundo será suyo.»

Los niños acuden a nosotros llenos de lo que *son*, no de lo que *no son*. Cuando vemos nuestra realidad como todo lo que *no es*, les enseñamos a actuar partiendo de la carencia. Cuando vemos a los hijos como todo lo que aún han de ser, casi sin reconocer lo que ya son, les estamos diciendo que son incompletos. Si los hijos ven en nosotros una mirada de decepción, se siembran en ellos semillas de ansiedad, desconfianza en sí mismos, dudas y falta de autenticidad. Entonces empiezan a creer que deberían ser más guapos, competentes, listos o capaces. De esta manera, los despojamos de su entusiasmo por expresarse tal como *ya* son.

La otra noche al acostar a mi hija, le dije: «Estoy muy orgullosa de ti.» Y como me preguntó que por qué, respondí: «Porque te atreves a ser tú misma.»

Cuando felicitas a tus hijos por su capacidad para ser fieles a sí mismos, los animas a tener confianza. Los estimulas para que sigan sus percepciones y tengan fe en que, si tropiezan, alguien los sujetará. Les explicas que no tienen por qué crear una red protectora porque ya la llevan dentro de sí. Les enseñas a experimentar la vida en pro de la *experiencia*, ni más ni menos. Es así como se educa a niños con coraje y resiliencia.

En otras palabras, tu obligación como padre o madre es reflejar la totalidad intrínseca de los hijos, a partir de lo cual ellos manifestarán en qué están convirtiéndose. Al reflejar su totalidad, los ayudas a comprender que quienes son aquí y ahora es *ya* su máximo logro.

RESPETA A LA PERSONA QUE ES TU HIJO

Como padres, nos resulta fácil echar sobre un hijo expectativas ajenas a *quién es él*. Como dichas expectativas emanan de nuestros propios condicionamientos, a menudo ni siquiera sabemos que las albergamos. En cualquier caso, esas posibilidades y demandas no respetan *lo que es*.

Si supiéramos cómo respetar la vida y los sentimientos tal como son, automáticamente respetaríamos los de los hijos, que necesitan una oportunidad tras otra para deslumbrar con su forma natural de ser. En cambio, tendemos a presionarlos tanto que se sienten incapaces de estar a la altura de las expectativas; de este modo, más que brindarles oportunidades para que brillen, los preparamos para el fracaso.

Si estamos preocupados por el *éxito*, el estado de nuestra economía y nuestros logros, les transmitimos a los niños ese planteamiento vital marcado por el estrés y la ansiedad. Les exigimos como si fueran prolongaciones de nuestro ego desesperado diciéndoles al mismo tiempo que es «por su propio bien», para que tengan un futuro mejor.

Cada vez somos más los que matriculamos a los hijos en cursos de enriquecimiento académico antes de alcanzar la edad escolar, con la esperanza de darles un empujón para que más adelante tengan cierta ventaja. Como sabemos lo importantes que son las redes sociales, también comenzamos a controlar con quienes se relacionan; y es frecuente que caigamos en la trampa de orientar sus actividades extraescolares no conforme a sus intereses sino a la impresión que causarán esas actividades en su currículum académico.

Al no haber aprendido a estar en calma consigo mismos y a valorar su *ser* intrínseco, los niños cuyos padres han puesto en ellos grandes expectativas buscan desesperados dónde está su valía. Hablamos de los padres que guardan en el cajón solicitudes para centros educativos de prestigio antes de que sus hijos hayan cumplido siete años, con lo que los empujan en una dirección predeterminada sin tener en cuenta si ese es realmente su destino.

Cuando las actividades orientadas a entrar en una escuela de alto nivel es el principal objetivo del día para los niños, estos no pueden permitirse el lujo de que se desarrolle su esencia. Tambaleándose por dentro, determinan su valía con arreglo al patrón de los logros. Si no han alcanzando uno tras otro, seguramente pondrán en tela de juicio su valía, su talento y su meta en la vida.

Sobre todo en los primeros años, los niños necesitan espacio para hurgar en sus inclinaciones naturales y ejercitar la expresión de lo que encuentren ahí. Nuestro cometido consiste en responder con alegría, transmitiendo mediante la mirada y la sonrisa que cuando más los adoramos es cuando están en el acto de *ser*.

Cada vez que sientes la necesidad de que tus hijos destaquen sobrecargándolos de actividades, podrías preguntarte si tu motivación es de verdad posibilitar que lleguen a ser quienes son o si tienes la necesidad de deleitarte en su gloria. ¿Te hace sentirte incompetente que tu hijo no rinda a la perfección? Si es así, disimular ese sentimiento pareciendo un padre o una madre entregado no servirá para abordar debidamente la sensación de carencia. Como consecuencia, los niños crecen calibrando su valía en función de barómetros como las notas escolares, el aspecto externo, el grupo de compañeros, las posesiones, la carrera, la riqueza o el cónyuge.

CÓMO PONERLE EL LISTÓN A TU HIJO

Tal vez creamos que uno de nuestros deberes como padres es marcarles objetivos a los hijos. Así puede que creemos un mapa de visión y recortemos imágenes de cómo queremos que sean sus años de universidad y de actividad profesional cuando tienen nueve años. Creemos que es responsabilidad nuestra contemplar grandes expectativas para ellos, pues así es como aprenderán a generar en sí mismos expectativas elevadas. Intentamos convencernos de que si nos incrustamos en ellos donde tienen el potencial, desarrollarán la motivación necesaria.

Si pese a toda la *ayuda* que les hemos proporcionado los hijos se tambalean, nos preguntamos por qué. En este momento, en vez de mirarnos adentro para encontrar la causa, por lo general los empujamos aún más, creyendo que fallan porque no les proponemos desafíos suficientes. Los matriculamos en clases extraescolares, contratamos profesores particulares y los mandamos a terapia.

Si les ponemos el listón demasiado alto y demasiado pronto, debilitamos su potencial. El niño que crece haciendo suya nuestra visión de él como abogado, médico o científico desarrolla un concepto de ineptitud desmesurada. Si el listón está demasiado alto, se sentirá forzosamente empequeñecido.

Los padres protestan: «Entonces, ¿no podemos esperar grandes cosas de nuestros hijos? ¿No tenemos que animarlos a intentar ser aceptados en una universidad de élite?»

¿Y si tus hijos no logran ser aceptados en una de estas codiciadas escuelas que has escogido para ellos? ¿Van a creer que ir a una pública significa estar en un nivel inferior? ¿Y si tu hijo quiere tomarse un año libre para incorporarse a una ONG y viajar por el mundo, estudiar diseño de moda, hacerse monje o aprender a criar animales viviendo en una granja?

Precisamente porque no creemos que nadie sea de nuestra propiedad, un hijo es quien más poder tiene para activar nuestro ego. Por ejemplo, estoy sentada en la pista de patinaje sobre hielo y veo a una preciosa patinadora de siete años. Entonces reparo en su madre, en el borde de su asiento, siguiendo todos los movimientos de la niña y pienso: «Vaya, ¿por qué no puedo ser yo como esa madre y estar aquí con mi hija día sí día también?» De pronto caigo en la cuenta de que nunca seré como ella. ¿Por qué? Pues porque, gracias a unos amigos, me he enterado de que esa madre está sacando a la hija de su propia necesidad egoica para que en la familia haya una patinadora campeona. Por mucho que mire a esta madre y me asombre su disciplina, también sé que, en ciertos aspectos, está muy perdida, tanto para sí misma como para su hija, ya que ha proyectado en la niña todas sus necesidades no satisfechas.

Es muy importante no necesitar a los hijos para curar una parte dañada de ti mismo y que tengas tu propia vida en vez de dedicarles todos los minutos del día. Si aceptas la idea *tal cual* —es decir, si permites que los pasatiempos sean pasatiempos y que el ser puro de tus hijos permanezca libre mientras disfrutan de esas actividades—, no hará falta que tus pequeños ganen medallas y diademas.

Me acuerdo de una madre que lloraba en mis brazos porque su hija no podía ir a determinada universidad; me decía: «Todas las actividades, todas las medallas que ganó... han sido inútiles. Mejor que no hubiera hecho nada.» La madre invalidaba los éxitos de su hija simplemente porque no se habían materializado en el futuro concreto que ella esperaba.

Harvard está rechazando niños con promedios de 101. Niños con puntuaciones SAT 2200 están repitiendo una y otra vez la prueba para conseguir el 2400 perfecto. Delante de mí, muchos niños lloran lamentándose por no haber sacado 93 en un examen. Los padres, inmutables en su dogmatismo, discuten conmigo sobre el hombro de su desconsolado niño: «Usted no entiende lo importante que es ser alumno de una escuela de prestigio.» Me miran condescendientes porque no comprenden que cuando trazamos una trayectoria para la educación, la vida afectiva o la carrera de nuestro hijo, ponemos de inmediato límites a la persona en la que puede convertirse. Ellos tienen la capacidad de expresar realidades que nosotros no hemos llegado ni a imaginar. No nos corresponde a nosotros empujarlos a ser médicos o actores, a que se casen a los veinte años o a los treinta... ni siquiera a que se casen.

Muchos padres inteligentes saben disfrazar sus dictados de guía, aunque en realidad lo que dicen no es más que un plan oculto. Los niños no son tontos y saben lo que queremos de ellos antes de que pronunciemos una palabra. Nuestros labios quizá digan: «sigue tus sueños». Pero se dan cuenta de que lo que queremos decir casi siempre es: «sigue los míos».

Deja que tus hijos *quieran* asistir a una escuela de campanillas y que luego se esfuercen para ello, en vez de ser tú quien lo quiera por ellos. Cierto, puede que te dé un poco de miedo ser tan poco intervencionista con los hijos. Puede que pienses que si te implicas poco los perjudicarás, pero es justo al revés.

Dicho esto, hay algunos ámbitos en los que sí puedes poner el listón a cierta altura a tus hijos:

> Para hablar con su verdadera voz.
> Para entablar un diálogo diario contigo.
> Para participar en trabajos voluntarios.
> Para sentarse quietos todos los días.
> Para manifestar imaginación, creatividad y carácter.
> Para tratarse bien a sí mismos y tratar bien a los demás.
> Para disfrutar aprendiendo.
> Para expresar las emociones de manera franca.
> Para ser curiosos y querer sinceramente escuchar.

Si te resistes a marcar a tu hijo quien tiene que llegar a ser y el listón se lo pones de tal modo que señale quien ya es, estás enseñándole a confiar en su sentido innato de valía y destreza. Partiendo de esa base, él elaborará sus propios criterios de excelencia y esos criterios reflejarán su estado de excelencia interno.

LO QUE DE VERDAD PUEDES ESPERAR DE TU HIJO

¿Qué tienes derecho a esperar de tus hijos? Yo identifico tres elementos: respeto por sí mismos, por los demás y por su seguridad. Además de estas cuestiones básicas, tus hijos tienen derecho a manifestar quiénes *quieren* ser, aunque difiera de lo que quieras tú para ellos. Algo más ya presupone propiedad sobre lo que tus hijos deberían ser. Puedes conservar tus expectativas, pero ellos no tienen por qué hacerlas suyas solo por ser hijos tuyos.

¿Qué cosas puedes esperar para tus hijos? Voy a sugerir algunas:

No lograrán grandes resultados, pero aprenderán con rapidez.

No te obedecerán, pero te respetarán.

No seguirán tus órdenes a ciegas, pero te pedirán consejo.

No serán estrellas, pero dominarán el arte de ser.

No seguirán tu visión, pero crearán la suya propia.

No alcanzarán el éxito, pero tendrán un norte en la vida.

No encontrarán orientación, pero sí significado.

No serán tus marionetas, sino tus compañeros espirituales.

No es que no vayan a experimentar dolor, pero encontrarán la manera de ser personas completas.

No es que no vayan a fracasar, pero encontrarán el coraje para empezar de nuevo.

No es que no vayan a hacer daño a otros, pero tendrán la gentileza de disculparse.

También aquí el primer paso para liberar a tus hijos del cepo de tu falta de realismo es liberarte tú del tuyo. Primero eres ser humano, luego padre o madre; y, como tal, vas en busca de desarrollo espiritual y todavía tienes mucho que aprender, lo cual significa que hay puntos ciegos emocionales aún por sacar a la luz. No eres perfecto y si eres sensato, tampoco buscas la perfección. La perfección es banal. En vez de anhelar lo fabuloso, te deleitas en lo corriente.

Es importante que seas capaz de reírte de tus manías o rarezas; eso ayudará a tus hijos a librarse del control de tu ego, lo que les permitirá encontrar su propio centro, separado del tuyo. No necesitas que te hagan sentir mejor contigo mismo, pues sabes que es un proceso solitario. Cuentas con la capacidad tanto para ser desinteresado como para ser egoísta. Y aunque eres capaz de dar, también necesitas recibir.

CONCÉNTRATE EN EL PROCESO, NO EN EL RESULTADO

Somos muy conscientes de que las personas con un empleo normal y corriente ven amortizado pronto su puesto de trabajo por la tecnología. Si pensamos en el futuro, nos preocupa cómo sobrevivirán los hijos cuando sean adultos. Nos da la impresión de que soportarán una vida de privaciones a menos que consigan un éxito notable.

Si les enseñamos a los niños que para lograr algo han de esforzarse, el trabajo escolar acaba vinculado a saber conceptos. Las actividades están concebidas para que ellos sean mejores en esto o lo otro, no para que puedan participar por placer. Con esa perspectiva ponemos el centro de atención en adónde *van* los niños, no en dónde *están*.

Si cambiamos la perspectiva del futuro al presente (dejando de preguntar «¿y entonces, qué?»), liberamos a los hijos del miedo a lo que parecerán o a cómo se las arreglarán, en vez de lo cual les permitimos aprender sin inhibiciones. Los niños no aprenden las destrezas necesarias para tolerar lo normal, la frustración e incluso el fracaso a causa de nuestra constante atención al producto final.

Cuando mi hija contaba seis años y llegó el momento de las

reuniones entre progenitores y profesores, todos los padres y las madres se apuntaron, pero ni mi marido ni yo pudimos adaptar los horarios para ir a las primeras. Al principio pensé que el profesor de mi hija iba a creer que yo era una irresponsable. Pasado el tiempo, comprendo que yo no tenía por qué estar tan ligada a lo que el profesor pudiera decirme de la niña. No es que sus comentarios no pudieran ser útiles; al fin y al cabo, todos podemos aprender de la opinión de otro, sobre todo si pasa mucho tiempo con nuestros hijos. No obstante, en general yo sabía cómo le iba a mi hija *como persona*, así que no tenía por qué preocuparme de cómo le iba con las mates, la lectura o la escritura. En vez de saber lo buena estudiante que era en la escuela, yo me centraba en lo buena estudiante que era en *la vida*. Prefería conocer el *proceso* en lo concerniente a la vida más que el *progreso* en cuanto a las calificaciones. Me interesa ante todo si es amable y compasiva, flexible y resiliente, expresiva y juguetona, espontánea y auténtica, y todo eso lo veo en casa. Sé que si mi hija tiene éxito como persona, se ocupará de otros aspectos de su educación a su manera y a su ritmo. Al final mi marido y yo pudimos acudir más adelante a una cita con el profesor.

Una madre me contó que estaba preocupada porque su hija de cuatro años se desviaba del camino del desarrollo ya que, aunque controlaba el pis durante el día, todavía se orinaba en la cama. Tras tranquilizarla, la animé a que se olvidara de querer controlar el camino de la hija y que empezara a entender que esa sería la primera vez de las muchas en las que iba a tener que aceptar las particularidades de su hija. La madre me llamó al cabo de dos semanas para decirme que en cuanto dejó de darle a aquello tanta importancia, empezó a irle mejor a la niña.

Aquella madre estaba tan emocionada que no sabía si sería buena idea hacerle un regalo a su hija. Le dije que sí pero le advertí que, en vez de elogiar sin más a la niña por haber logrado un objetivo, el regalo sería de lo más beneficioso si servía para alabar todo lo que habían aprendido la una de la otra gracias a aquella experiencia. Me contó que había estado preocupada, pero que ahora lamentaba no haber confiado más en su hija y decía lo maravilloso que era verla capaz de fijar su propio horario y seguirlo con rigor.

Cuando nos concentramos en el logro de un objetivo y no en el proceso de aprendizaje, los hijos desaprovechan muchas oportunidades para desarrollar su autoestima. En vez de decirles «buen trabajo, he aquí tu regalo», es importante destacar el desarrollo de su carácter y transmitirles lo orgullosos que estamos de que tengan paciencia, resolución y valentía. También es bueno elogiar su capacidad de estar relajados cuando nosotros no podemos: que, a diferencia de nosotros, no sientan presión pero acepten su cuerpo y el ritmo que les dicte. De esta forma, los hijos descubren que disfrutan aprendiendo, nada que ver con alcanzar una meta.

Un niño de cinco años usaba el orinal durante el día, pero por la noche dormía con pañales. Comprendiendo la importancia de permitirle a su hijo que se regulara él mismo, el padre no decía una palabra. Un día, justo antes de ir al jardín de infancia, cuando el padre estaba cogiendo pañales para la hora de acostarse, el niño anunció: «No necesito pañal. Ahora ya soy un niño mayor. ¡Mañana voy a la escuela!» No tuvo nunca más ningún percance en la cama. Este es el tipo de dominio que queremos que los niños desarrollen.

Si los hijos acuden a nosotros con ansiedad por un examen, un enfoque consciente consiste no en soltarles un discurso de ánimo sobre lo bien que les irá en la prueba, sino en ayudarlos a manejar esa ansiedad. Hemos de asegurarles que lo importante no es tanto el rendimiento sino que disfruten con el material. Si nos centramos en su disposición a implicarse en el tema e identificarse con él, les damos permiso para *gozar del proceso* de ampliación de sus conocimientos. Si el centro de atención está en lo bien que lo hacen en un examen, enviamos el mensaje de que su proceso único solo es importante si produce *resultados*. Queremos que los hijos no le tengan miedo al fracaso, o eso decimos. Sin embargo, el miedo es justo lo que les enseñamos cuando ponemos el acento en dónde *han de estar* y no en dónde *están ya*.

Al inscribir a los niños en un curso o cuando miramos su boletín de notas, vale la pena recordar que es la manera de responderles con el lenguaje corporal, la voz y los signos de agrado o desagrado como comunicamos lo que esperamos de ellos. ¿Nuestro objetivo es transmitir que solo las buenas notas suscitan en nosotros una respuesta positiva y las malas, no? ¿Damos a entender que sacar un sobresaliente y quedar el primero en algo es la medida de su valía?

Cuando contaba doce años, saqué sobresaliente en todas las asignaturas. Entusiasmada con las notas, fui corriendo a casa a lanzarme a los brazos de mi madre. Ella, con su típica euforia, se puso a bailar conmigo tan contenta como yo. Pensé que mi padre también bailaría, gritaría y saltaría de júbilo. Sin embargo, sonrió y dijo: «Los sobresalientes están muy bien, pero lo más importante es que sientas que has aprendido todo lo que podías.»

Me quedé boquiabierta, con los hombros caídos, y mi madre protestó: «¿Por qué no le dices que estás contento y lo demuestras?» Yo no entendí por qué mi padre tenía que ser un aguafiestas. Solo al final de la adolescencia alcancé a entender lo que decía mi padre. Porque resulta que *siempre* me decía eso, con independencia de las notas. Me lo decía incluso cuando sacaba un suficiente: «El suficiente está muy bien, pero lo más importante es que sientas que has aprendido todo lo que podías.» Cuando la calificación era un suficiente, ¡su respuesta serena era un alivio, desde luego! De la manera más sutil, estaba enseñándome a no darle toda la importancia a las notas y a centrarme en el proceso de aprendizaje.

Al mismo tiempo, de él estaba aprendiendo yo a crear mi propio sello distintivo interno para el éxito en vez de fijarme en un modelo externo. Estaba descubriendo que lo realmente importante es asumir la tarea del aprendizaje. Como quedaba perfectamente claro que la aprobación de mi padre no dependía de las notas que llevaba yo a casa, nunca tuve ningún miedo al recoger el boletín. Mi padre no tenía puestas grandes expectativas en mis calificaciones y en consecuencia, yo, al no tener miedo, podía no solo obtener placer del aprendizaje sino también *superar mis propias expectativas*.

Seguro que ese planteamiento genera ansiedad en los padres. Tenemos miedo de que, al no tener nosotros expectativas claras, los niños acaben faltos de motivación y perezosos. No obstante, los patrones rígidos solo sirven para provocar desazón en los hijos. Si nos concentramos en el proceso, no en el resultado, los hijos desarrollan su curiosidad innata, debido a lo cual se interesan en su propia iniciativa. De esta manera, incrustamos en ellos unas ganas de aprender que sobrepasan el efímero placer de nuestra aprobación por las notas. Buscan su propia vocación alentando su deseo de vivir una vida no solo satisfactoria sino, también, llena de significado.

Tenemos que enseñar a los hijos a tomar la vida centrándose no en los elogios y galardones que puedan *recibir*, sino en lo que ellos pueden *dar*. La vida refleja el estado interno con el que la tomamos. Los hijos necesitan saber que la calidad de su vida interior se manifestará en sus circunstancias exteriores.

UTILIZA EL ELOGIO ADECUADO

Cuando las cosas no resultan tal como esperan los hijos, si no queremos desperdiciar energía en la decepción y el resentimiento sino educar de forma consciente, tenemos que centrarnos en las cualidades que han llegado a emerger como consecuencia del proceso. Podemos decir: «Fíjate en cuánto has aprendido sobre ti mismo. ¿Has visto lo valiente que has sido al aventurarse a eso? ¿Te das cuenta de que eres capaz de perseverar cuando a veces te sientes derrotado?» Y luego podemos añadir: «¿Qué sensación te queda cuando has superado el miedo?» Un planteamiento así forja un adulto que no teme los resultados de la vida, que celebra cada experiencia porque eso abunda en aprendizaje e incrementa el conocimiento consciente.

Cuando enseñamos a los niños a no tener en cuenta las notas y a centrarse más en su coraje para seguir esforzándose, fortalecemos su vida interior. Los animamos a asumir un riesgo, así como a perseverar en la lucha. Les explicamos que no pasa nada por tener limitaciones y que el deseo de aplicarse es más importante que la capacidad de dominar algo. Les demostramos que aprender a aceptar sus limitaciones sin más es una lección mucho más importante que aspirar a la perfección.

Si les enseñamos a los hijos esos valores, acaban siendo adultos sin miedo a aventurarse en territorios nuevos y a convivir con lo desconocido. Como están cómodos con la posibilidad del fracaso, encuentran las agallas para escalar las cumbres que hayan escogido.

Para ayudar a tus hijos a comprender la abundancia que ya irradian, puedes decirles cosas como:

Me estimulas.
Me maravilla ver quién eres.
Me asombra tu espíritu, que no conoce límites.
Me dejas sin aliento.
Tu capacidad para ser generoso es enorme.
Eres una persona auténtica.
Tu capacidad para imaginar y crear es extraordinaria.
Estás dotado de grandes facultades.
Eres rico por dentro.
Tienes mucho que enseñarme.
De ti aprendo a ser mejor persona.

TEN EN CUENTA QUE TUS HIJOS TE IMITAN

Si reconocemos que nuestros temores sobre el futuro de los hijos son en realidad solo nuestros y no suyos, no sentimos la necesidad de proyectarlos en ellos. Por consiguiente, los animamos a vivir pensando en su ser auténtico.

Quiero subrayar que la forma más profunda de enseñar a los hijos a acceder a todo lo que tienen dentro, a su capacidad y a su norte en la vida es accediendo primero a los nuestros. Hecho esto, nuestra *presencia* acaba siendo nuestra herramienta parental más eficaz.

Los hijos perciben si están conectados o desconectados de nuestro caudal de vida con propósito. Si estamos conectados a un flujo constante de satisfacción propia, irradiamos esa energía, que nos sirve como garantía de que los hijos no serán utilizados para llenar un vacío interior ni para completarnos de algún modo. Mediante ósmosis, empiezan a heredar una manera de ser similar a la nuestra. Se empapan de nuestra presencia e imitan la capacidad que tenemos para relacionarnos con nosotros mismos y nuestra vida. Así, encarnando sin más la esencia en las interacciones cotidianas, ayudamos a los hijos a encontrar su camino de regreso a una sensación de plenitud que les permita identificar la abundancia en cada situación.

Puede que nos sintamos culpables si como padres ponemos nuestras necesidades al mismo nivel que las de los hijos. Quizá nos dé vergüenza pedir espacio y tiempo para nosotros, al margen de los niños. Si ven que no nos hacemos caso a nosotros mismos, quizá sacrificando nuestras necesidades por las del cónyuge o los amigos, aprenderán a devaluarse en favor de otros; y si ven que dudamos al aceptar la vida en cualquier forma o modalidad que se presente, imitarán nuestra indecisión. Por eso, al desarrollar la capacidad para realizarnos y atender a nuestras emociones por cuenta propia, hacemos un gran servicio espiritual a los hijos.

Si no recurrimos a los hijos para que nos hagan felices, pero encontramos la felicidad en otra parte, los liberamos de ser fieles a lo que son. Serán capaces de deleitarse en nuestra felicidad, sin la carga de ser la causa. Hacer algo que nos gusta, conectar con nuestro ser interior en calma y soledad, honrar nuestro cuerpo cuidando de él a diario con el alimento que tomamos, el ejercicio que hacemos y el modo en que estamos conformes con nuestro aspecto son maneras de enseñarles a los hijos a valorarse a sí mismos.

Una amiga me describió su etapa de crecimiento con una madre siempre ansiosa por ser la mejor ama de casa y anfitriona. Cuando había invitados, hacía lo indecible para ordenar la casa, decorarla con flores, arreglarse el pelo a la perfección o preparar platos primorosos. Pero si no había invitados, no hacía nada de todo eso. Tan marcado era el contraste entre los dos estados, que mi amiga llegó a creer que los demás eran mucho más importantes. Aunque quizá por entonces solo tenía seis o siete años, recuerda el momento exacto en que comprendió que «si mamá se esfuerza tanto por complacer a los otros, será que estos son más importantes que ella, pues se deja la piel para atenderlos».

Debes enseñar a tus hijos a no tener miedo de reconocer su voz, su espacio y sus necesidades. Prosperan cuando se sienten libres para hacerse valer y establecer límites, sin vacilar a la hora de defender sus derechos. Al mismo tiempo, han de ser capaces de entregarse a los demás. *Entregarse de veras* (que es distinto de *darse*, pues esto llena un espacio vacío en tu vida y es, por tanto, una forma de necesidad) deriva del conocimiento de la abundancia interior. No hay entrega si el pozo interno está seco. La entrega auténtica tiene su origen en un pozo rebosante.

Partiendo de esta conexión interna, tienes que alentar a los hijos a vivir conforme a su ser esencial. Liberados del cepo de tus fantasías, tus expectativas y tu necesidad de controlar, son libres para vivir su propio destino. En lugar de moldearlos según tu imagen, eres testigo de su singularidad a medida que se despliega; y eso puedes hacerlo porque también has llegado a ser testigo de la tuya.

A medida que vas aceptando cada vez más tu verdadero ser, ciertos elementos de tu vida que antes eran puntales de tu yo falso dejan de estar activos. Ahora entran en tu vida otros elementos que respaldan tu autenticidad, mientras lo externo sigue a lo interno. Debido a la conexión silenciosa con tu ser intrínseco, te ves capaz de secundar la aparición del verdadero ser en los hijos. Tras haber aprendido a vivir con una actitud auténtica, ya no te sientes amenazado cuando tus hijos dicen la verdad y viven la vida de manera auténtica.

14

Crea un espacio consciente en la vida de tu hijo

Desde el nacimiento hasta los seis años transcurre un período en el que, por encima de todo, los niños no tienen que pensar en cómo alcanzar la cumbre de su vida, sino que les basta con contar con la tranquilidad necesaria para batir las alas alrededor, jugando y explorando, con mucho espacio para descansar y, simplemente, no hacer nada.

Son los años en los que a los hijos se les concede el placer de llegar a saber quienes son. Es un tiempo para dominar tareas sencillas, lograr objetivos pequeños, el más importante de los cuales supone explorar y disfrutar de su cuerpo y su espíritu. Necesitan gozar de horas y horas de juego ocioso, encuentros con amigos, paseos por el parque o por la playa. Necesitan horas ininterrumpidas para juguetear con los pulgares, pintar cualquier cosa, amasar, jugar con la arena, arrugar papel o rebuscar en cajas de juguetes. Necesitan disfrazarse, fingir que son reyes, reinas o dragones. Necesitan poder irrumpir en su cuarto y cometer errores. Necesitan el tiempo, la libertad y el permiso absoluto para actuar con arreglo a sus sentimientos.

Se trata de un período de la vida durante el que los niños siembran semillas y ven cuáles arraigan y a la larga dan un fruto suculento. Para un niño, esto es mucho más satisfactorio que el hecho de que sus padres planten un solo árbol y luego le inyecten fertilizantes para que dé cajas y más cajas de fruta sin sabor.

Después de los seis años, y sobre todo al cumplir siete y ocho, los niños comienzan un desarrollo mental que supone un cambio importante con respecto a los años de juego relajado. Como el pensamiento interviene cada vez más, su vida se va complicando; entonces podemos ser de gran ayuda explicándoles la importancia de los períodos de calma en su vida, durante los cuales dotarán de sentido a sus experiencias, sentimientos y circunstancias.

DA MARGEN PARA LA CALMA EN EL HORARIO DE TU HIJO

Mientras un niño se desarrolla mentalmente, un aspecto de la vida corriente es que conlleva una soledad considerable. Si no le permitimos sentirse cómodo con la soledad tranquila, se convierte en un desconocido para sí mismo, alejado de su esencia; cada vez que se le deja a su aire se siente incómodo y puede que desesperadamente solo. Si nadie llena el vacío con ruido y distracciones, se encuentra cara a cara con la quietud absoluta de su ser, una experiencia alarmante para alguien no acostumbrado a apoyarse en su esencia.

Es útil animar a los niños a quedarse quietos, para que aprendan a existir en un estado de silencio, sin necesidad de conversar. Los desplazamientos en coche son una buena oportunidad para crear un espacio así. A tal fin, quizá sea beneficioso no llevar artilugios ni vídeos, sobre todo en viajes diarios, cuando se presentan las mejores ocasiones para la calma. Si vamos a viajar muchas horas, tener vídeos, juguetes o juegos no va a perjudicar a nadie, como es lógico. Pero si es algo cotidiano, en el coche es mejor no poner la radio. También puede ser conveniente aguantarse las ganas de cantar, entablar conversaciones triviales o jugar sin parar. Así crearemos un espacio para la observación tranquila.

Si estamos en un estado de distracción constante con actividad, el ojo interior es incapaz de observar el ser interior.

La capacidad de ver se puede desarrollar únicamente en momentos en los que estamos a solas. Esto no significa que debamos crear tantos momentos de soledad que acabemos desconectados de los hijos. Se trata más bien de ser conscientes de que los niños solo prosperan si hay un equilibrio entre hacer y no hacer, entre actividad y no actividad, entre conexión y desconexión.

Los momentos de soledad y quietud no son vacíos aunque al principio puedan parecerlo. Hay momentos de *plenitud*, en los que experimentamos la presencia de nuestro ser. Estos momentos generan oportunidades para la contemplación y la reflexión. Durante estos períodos, los padres conscientes no desaparecen: están sintonizados con el estado natural de ser de sus hijos.

Hace poco empecé a enseñar a mi hija a meditar. Ocho años es una buena edad para que un niño comience a desarrollar el arte de profundizar en su conciencia, si bien la edad adecuada varía en función de los intereses y las destrezas de cada niño particular. Como mi hija mostraba interés, la inicié en la práctica. Por lo general, los fines de semana hacemos una actividad familiar: mi marido, mi hija y yo nos sentamos diez minutos en los que permanecemos quietos y en calma.

Primero cerramos los ojos y nos adaptamos a la oscuridad. Al cabo de unos instantes, yo empiezo a hablar; lo hago a veces durante la meditación para que mi hija aprenda la técnica apoyándose en mi voz. Guío su atención hacia su respiración mientras le sube y le baja el pecho. Aunque normalmente la respiración consciente conlleva prestar atención al aire que entra y sale de las ventanas de la nariz, para un niño pequeño quizá sea una sensación demasiado sutil. Atender al movimiento del pecho es mucho más fácil, pues se trata de una parte grande del cuerpo. Durante los minutos siguientes, observamos el aire al entrar y salir de la caja torácica: subir y bajar, subir y bajar. Luego introduzco silencio y me quedo uno o dos minutos callada. Dejo que la cría se quede a solas con sus pensamientos sin sonido alguno, y le explico que no tiene que hacer nada salvo estar sentada y respirar. Por último, dedico los últimos minutos al ejercicio de la benevolencia, durante el cual ella aprende la importancia de difundir compasión y gratitud en el universo que le rodea teniendo pensamientos compasivos y de agradecimiento.

Antes de que mi hija fuera lo bastante mayor para meditar, utilicé otros medios para introducir la quietud en su vida. Me sentaba tranquila y consciente en su cuarto incluso cuando ella estaba alborotada. La llevaba a pasear por la naturaleza y le permitía empaparse de la calma que le rodeaba. Todos los días durante un buen rato apagaba todos los aparatos y me quedaba en armonía con ella sin más. Le enseñé a escuchar en silencio y a no tener miedo de hacerlo.

Si los orientamos, los niños son perfectamente capaces de sintonizar con su ser interior. ¡Sí, incluso los adolescentes! No obstante, cuando llegan a la adolescencia es fácil sentirse impotente ante la avalancha de la que tenemos la tentación de apartarlos, lo que solo sirve para impulsarlos más hacia su mundo de tecnología. Los adolescentes nos necesitan para que los guiemos de nuevo a un estado de calma y nunca es demasiado tarde para empezar a hacerlo. Pero, ¿cómo conseguirlo?

Como principio podemos proponerles que una hora a la semana participen en un ejercicio de quietud, como yoga, taichí o meditación. Podemos sugerirles que una hora a la semana den a solas un paseo por la naturaleza. Podemos decirles que una hora a la semana apaguen todos sus chismes y hablen con nosotros. Podemos pedirles que una hora a la semana escriban en su diario. También podemos convencerles de que una hora a la semana pinten o practiquen cualquier otra clase de arte en silencio.

Los hijos merecen el privilegio de conocer su paisaje interior. Y pueden conseguirlo si se les permite conectar con su esencia; los padres pueden llevarlos hacía ahí, pues, en última instancia, es la calidad de la conexión con los hijos lo que les permite disfrutar de cierto grado de asociación consigo mismos y con el mundo.

CREA UN RELATO COHERENTE PARA TU HIJO

Todos queremos vivir una vida coherente y significativa. Queremos que nuestras experiencias tengan sentido. Los hijos cuentan con nosotros sobre todo para que los ayudemos a comprender su realidad. Nuestro cometido es enseñarles a extraer de la vida finalidad y significado.

Una de las maneras mediante las cuales podemos introducir significado en la vida de los niños es creando un relato de sus experiencias. Un sistema sutil aunque eficaz que nos puede servir para desarrollar la narración de su vida es dedicarles tiempo, pues nuestra presencia aporta continuidad. Si estamos presentes no solo en los momentos importantes sino también en los otros, los acompañamos en su aventura. Nuestra presencia y conexión emocional les procura un patrón de coherencia, orden y organización.

También creamos relato cuando hacemos que se acuerden de cosas: «¿Recuerdas que cuando tenías ocho años fuimos al zoo? Te caíste y...» Entrelazar los recuerdos de los hijos tiene fuerza y los ayuda a entender sus experiencias.

La narración de historias también proporciona un marco interpretativo para la vida de los hijos. No me refiero solo a leer historias de libros; estoy pensando también en la fuerza de una historia como la de *Raíces*, de Alex Haley, que llegó a ser una miniserie de televisión. Compartimos con los hijos cómo han llegado a ser, cómo nos hacen sentir, lo valientes y generosos que son, entre otras cosas. Cuando los niños oyen algo sobre sí mismos en un relato, son más capaces de absorber lo que intentamos transmitirles que si se lo enseñamos directamente. A los niños les encanta escuchar historias sobre ellos debido a su impaciencia por crear una visión de lo que eran en su etapa de bebé y de lo que han llegado a ser. Al contar estas historias a los hijos, los ayudamos a tejer una narración sobre sí mismos y su lugar en su familia y su mundo.

Alentar a los niños a anotar sus pensamientos y sensaciones

en un diario es otra manera de ayudarlos a dotar de sentido a sus experiencias. Un domingo por la tarde, por ejemplo, la familia puede reunirse una media hora para que cada uno de sus miembros reflexione sobre la semana y deje constancia de sus sentimientos y emociones. ¡Un método fantástico para que los integrantes de la familia estén sosegados y activen el ojo interior!

Los rituales de unión son un importante medio de apoyo al sentido de conexión de los niños. Tanto si nos juntamos como familia para cenar cada noche o acaso los fines de semana si entre semana el horario no lo permite, como si nos reunimos en un abrazo colectivo los domingos por la mañana, los rituales son un recordatorio regular de la importancia de nuestra fraternidad. Si los niños aprenden a contar con estos rituales, desarrollan cierto concepto de estabilidad. Cuando sean adultos, recordarán esos episodios y recurrirán a ellos en busca de significado. Como es lógico, también es importante que las familias celebren acontecimientos vitales, cuyo recuerdo obrará como fuerza vinculante en la psique del niño.

Los niños que crecen en familias ricas en historias en torno a la mesa y durante las reuniones familiares llevan una vida reforzada con una coherencia y una continuidad especialmente valiosas en épocas de estrés. Tras oír montones de historias sobre sus antepasados, crecen con un relato interno que les proporciona sensación de fortaleza, resiliencia y coraje.

MANIFESTAR GRATITUD ES UNA HERRAMIENTA PARENTAL PODEROSA

A los padres les digo que al enseñar a los hijos a ser agradecidos les proporcionamos una de las herramientas que les resultarán más útiles. Llegar a venerar y valorar su vida es una de las lecciones más importantes que pueden aprender los hijos. Expresar gratitud les recuerda que no están nunca solos, sino siempre en relación con la vida misma. Esta gratitud también refuerza el hecho de que la vida es amable, sabia y pródiga.

Crear en la mesa del comedor un ritual diario o semanal, en el que cada persona tiene la oportunidad de manifestar algo por lo que se siente agradecida, ayuda a los niños a desarrollar destrezas reflexivas, lo que a su vez les permite extraer belleza de la vida. Al mismo tiempo, un ejercicio así les recuerda que, igual que la vida les da a ellos, ellos deben darle a la vida. De hecho, enseña a los niños a devolver de una manera no solo física sino también emocional y llena de energía.

Cuanto más empeño ponemos en reflexionar sobre aspectos de la existencia por los que nos sentimos agradecidos, más aprenden los hijos a hacer lo mismo. Nuestra capacidad para advertir y mostrar reconocimiento por los aspectos menos relevantes de la existencia los ayuda a ralentizar el ritmo y a tomar nota de su propia vida. Aprenden a no dar por sentada ninguna dimensión de su experiencia y a respetar todo lo que existe a su alrededor. Una gratitud así fomenta el compromiso con la vida.

Es importante expresar a los hijos nuestra gratitud simplemente por ser quienes son. Casi nunca les damos las gracias por lo que son, pero siempre queremos que valoren lo que somos nosotros. Si como padres nos tomamos un momento para mirarles a los ojos y decir gracias, diciéndolo de veras en serio, su sentido de validez crecerá de forma exponencial. De este modo, comunicamos que tienen algo que aportar con solo ser lo que son, sin más.

Mi amiga, una mujer de treinta años, es valiente y vital. Sin embargo, cuando está con su familia, es todo lo contrario, sobre todo con su padre, ante el que casi se queda paralizada. Hace poco entendí la razón. Había invitado a la familia a su casa con la idea de anunciarles que iba a casarse. Ese día su prometido iba a conocer a la familia. Como él profesaba una religión distinta, ella había previsto que habría cierta tensión. La vi prepararse para la ocasión, reparé en que no podía parar quieta, y advertí que antes de la cena se tomaba dos Xanax y un trago de whisky. Graduada en Yale y socia en un bufete de abogados, estaba reducida a un estado de tal ansiedad que era como si deseara consumirse y desaparecer.

Cuando les presentó a su prometido y la familia se enteró de que no tenía la misma religión, el padre se puso rojo de furia. La llevó aparte y le dijo con tono airado: «Nunca te casarás con él. Eso me humillaría ante nuestra comunidad. Si sigues adelante con la boda, dejo de ser tu padre. Serás expulsada de la familia para siempre.» En lugar de agradecerle a su hija por pedirle que bendijera su matrimonio y por ser lo bastante fuerte para amar a alguien tan diferente de ella, el padre la rechazó. En vez de asumir las lecciones que habría podido aprender de esa relación, se basó en sus rígidos principios para repudiar a la hija.

Muchos envidiamos el derecho de los hijos a vivir su propia vida. Preferiríamos que sacrificasen su autenticidad a renunciar nosotros a la comodidad de nuestro ego. No nos damos cuenta de que los hijos no nos deben su lealtad: esto es un privilegio que nos conceden y por el cual hemos de estar agradecidos.

Es importante darles las gracias a menudo a los niños por comunicarse con nosotros. Podemos agradecerles la abundancia de significado que aportan a nuestra vida. Podemos reconocerles la sabiduría, la generosidad, la pasión, la espontaneidad o la vivacidad. También podemos enseñarles a ser agradecidos por la casa en la que viven, el alimento que toman, su cuerpo sano y fuerte, unos padres y amigos que les procuran cierto concepto de comunidad o las maravillas de las que pueden disfrutar en la naturaleza. Además, podemos alentarles a dar las gracias por cualidades como el coraje, por cosas divertidas que hacer o por la oportunidad de corresponder. Es asimismo importante que no nos olvidemos de expresar gratitud por todo lo que la vida nos enseña cada día, para así poder ser más plenamente quienes somos y exteriorizar de forma más significativa el amor que nos llena el corazón. Cuando enseñamos a los niños a reflexionar con gratitud sobre las cosas más insignificantes del día, les estamos diciendo que no necesitan esto, aquello o lo de más allá, pues ya tienen mucho; al mismo tiempo, se despierta su deseo de hacer el bien a los demás. En otras palabras, reconocer nuestra prodigalidad activa el deseo instintivo de servir a los demás.

Enseñar gratitud es fomentar la devoción en los hijos, honrar su esencia divina. Si no estamos en contacto con nuestra esencia divina, seremos incapaces de estimular en los niños la veneración por dicha esencia. Dicho esto, lanzo un aviso: para que los hijos estén en contacto con la presencia divina en lo más íntimo de su ser, no hace falta que manifiesten ninguna grandeza especial; hay que ser plenamente conscientes de que los hijos ya son grandes en su estado de ser natural, en bruto. Cuando no aceptamos nuestra devoción natural como padres empujamos a los niños a ser algo que nosotros consideramos grande, con la idea de que *entonces* los aceptaremos. En realidad, esto es deshonrar, no respetar su conexión con lo divino. Reconocer y expresar gratitud por su divinidad intrínseca sin que tengan que llevar a cabo nada es estar en contacto con el elemento de divinidad que hay dentro de nosotros mismos y, de hecho, en toda la vida.

Si vivimos la vida sin gratitud y motivados por la necesidad y la codicia, buscando lo más brillante, llamativo y grandioso con la esperanza de sentirnos realizados, esta es la conciencia que absorberán los niños. Sin embargo, si disfrutamos del aire que respiramos y de la sombra del árbol bajo el que nos sentamos, experimentando la presencia divina en todo, los niños aprenden a estar conformes con lo que ya tienen. Después, si viene más, no estarán apegados a ello, sino solo más agradecidos.

15

Conecta con tu hijo mediante una presencia comprometida

Muchos confundimos el *negocio* de la crianza de los hijos —cocinar, ayudar en los deberes, dejar y recoger— con estar presentes con ellos. Aunque podamos estar presentes con respecto a sus necesidades materiales, físicas e incluso intelectuales, ello no significa que lo estemos también con respecto a las necesidades emocionales y espirituales.

Para satisfacer las necesidades de conexión de los niños, hacen falta unas habilidades concretas, lo cual significa escucharlos, atender realmente a lo que están diciendo, sin tener la sensación de que debamos arreglar, corregir ni sermonear. Para lograrlo, tenemos que observar su cuerpo, incluyendo los gestos, las emociones y la energía, que permitimos empaparse de receptividad activada.

A muchos nos cuesta llevar nuestra presencia a los hijos. Sin darnos cuenta, en general les pedimos a ellos que interaccionen con *nosotros* y *nuestro* estado de ser. Aunque imaginamos que nos involucramos con ellos, en realidad estamos *obligándolos a ellos a involucrarse con nosotros*. La identificación del modo en que absorbemos sutilmente su energía en vez de pasarles la nuestra tiene la capacidad de cambiarles la vida.

Cuando a los padres que se quejan de que sus hijos adolescentes se niegan a hablar con ellos les pregunto cómo saben que eso es lo que ocurre, me contestan: «Siempre está mirando la televisión y no la apagará para hablar conmigo.» A menudo las protestas son de este tenor: «Está todo el rato hablando por teléfono y no me dedica tiempo.» También oigo cosas como estas: «Lo único que quiere es entretenerse con videojuegos. No soporto los videojuegos. ¿Qué tengo que hacer?» Luego está el padre que se lamenta de que «el chico solo quiere hablar de sus músicos favoritos, un tema del que yo no sé nada».

En todas esas situaciones, se requiere de los hijos adolescentes que dejen de hacer lo que han aprendido a hacer con su tiempo en ausencia de los padres y que hagan lo que estos quieren que hagan. A los padres ni se les ocurre la posibilidad de modificar *sus* planes y participar con los hijos en cualquier actividad en la que estén pasándolo bien, no necesariamente porque les guste la actividad concreta, sino porque les apetezca conectar con los chicos.

El papel de los padres no consiste en dictar sino en respaldar el desarrollo del ser consustancial del niño. Por eso, si deseamos conectar con niños de cualquier grupo de edad, hemos de encontrar una forma de ajustarnos a *su* energía emocional. Si ajustamos nuestra energía emocional a la suya, tendrán la garantía de que no estamos preparándonos para despojarles de su autenticidad y así cambiarlos de algún modo, lo que les permitirá volverse receptivos.

Con independencia de si los jóvenes tienen seis años o dieciséis, anhelan tener una conexión positiva con sus padres. Si la relación se basa en controles, juicios, reprimendas, sermones o presión, el niño hará oídos sordos. Sin embargo, si la relación tiene que ver con la autonomía, la capacidad, la afinidad, la libertad emocional y la autenticidad, ¿cómo va el niño a rechazar a sus padres? Implicar a los niños de manera consciente nos permite expedir una invitación abierta, darles la bienvenida de tal modo que no pueden menos que sentirse *vistos como quienes son*, libres de críticas. Se trata simplemente de transmitir este mensaje: «Estoy aquí, dispuesto a ser tu testigo.»

Como ofrecer nuestra presencia completa es todo lo necesario para educar a un niño emocionalmente sano, algunos padres acaso crean que deben estar con los hijos casi todo el tiempo. Pues es todo lo contrario; un padre consciente quizás esté muy ocupado, y los niños deben respetar esa circunstancia. No obstante, en los ratos en que no estamos atareados, ¿podemos permitirnos la interacción atenta con los hijos? Si así lo hacemos, ellos acaban comprendiendo: «Debo de ser una persona respetable, pues mi padre y mi madre han apagado los móviles, han dejado su trabajo y están pasando conmigo este tiempo sin reservas.»

Yo misma, para ingresar en un estado de presencia comprometida con mi hija, decido no intentar cambiar su estado de ser, sino incorporarme a él. Procuro encontrar el modo de alinear mi energía emocional con la suya, no le pido a ella que ajuste su energía a la mía. Cuando mi hija habla conmigo, me esfuerzo de veras por prestarle toda mi atención y escucho con el corazón tanto como con la cabeza. Respeto su voz y su espíritu, reverencio sus opiniones aunque no las comparta y permanezco en un estado de aceptación receptiva.

Intento por todos los medios no olvidar que, en el hecho de estar presente con mi hija, mi objetivo no es demostrar mi sabiduría ni mi superioridad, sino conectar con ella sin más. He llegado a valorar muchísimo este rato de interacción diaria en un diálogo *ser-a-ser* con ella, al que le dedico al menos una hora. Al sintonizar con un estado auténtico de amor y admiración por lo que es, expreso lo mucho que aprendo de ella. Durante este rato, no hacemos deberes ni tareas domésticas; solo nos relacionamos, sea comiendo, jugando, hablando o leyendo. Esta simple hora tiene el poder de alegrar el día de mi hija con su propia presencia interior.

ERRORES AL INTENTAR CONECTAR CON LOS HIJOS

Tan pronto los hijos intentan hablar con nosotros, solemos reaccionar al punto para aconsejarles, criticarlos o reprenderles. También somos propensos a calificar sus experiencias. ¿Por qué tenemos la sensación de que tenemos que aconsejarlos en todo momento, de transmitirles alguna perla de sabiduría, de darles nuestra opinión sobre cualquier cosa? A mi entender, la explicación radica en *nosotros* mismos, no en lo que necesitan ellos. Lo que ocurre es que somos incapaces de *ser* y *dejar hacer*. No aceptamos el carácter *tal cual* de la situación.

Como los hijos no nos han pedido la opinión ni nos han invitado a dominar la discusión, ¿es de extrañar que dejen de interaccionar con nosotros y empiecen a ocultarnos cosas?

Debido a la abundancia de lecturas, enseñanzas y consejos de base psicológica que proponen no intentar arreglar las situaciones, algunos hemos llegado a saber algo. Practicamos el arte de reflejar a los hijos lo que les oímos decir. Quizá ya hayas utilizado con tus hijos algunas de las siguientes maneras de reflejar su actitud, como yo he hecho con los míos:

Te veo alterado.

Advierto que ahora mismo estás enfadado.

Solo quiero que sepas que en este momento pareces muy irritado.

Te sientes como si nadie te comprendiera.

Entiendo que hoy te sientas solo.

Ya veo que ahora mismo no estás de humor para hablar.

Me doy cuenta de que ahora mismo te sientes frustrado.

Veo lo abrumado que estás.

Observo lo nervioso que estás por el examen de mañana.

Es importante ser consciente de que a menudo estas afirmaciones de reflejo están empapadas de nuestro propio ego, con la necesidad de controlar que ello conlleva. No es fácil reflejar los sentimientos y pensamientos de una persona sin contaminarlos con los nuestros. De hecho, si nos fijamos con atención en las frases citadas, vemos que algunas parecen condescendientes o sentenciosas.

Por ejemplo, si alguien nos dice «advierto que ahora mismo estás enfadado» y nos parece que mantiene una actitud evaluadora o condescendiente, seguramente nos molestará su gesto de superioridad y nos cerraremos; o quizá montemos en cólera. En respuesta a una afirmación como «te veo alterado» o «quiero que sepas que en este momento pareces muy irritado», es muy probable que también nos sintamos tratados con condescendencia y que reaccionemos diciendo: «¡No te quepa duda de ello, maldita sea!»

Para decir a los hijos algo que de verdad refleje su actitud, tenemos que ser conscientes de nuestra ansiedad y de nuestro ego. De lo contrario, en vez de permitirles tener su experiencia y aceptarlos plenamente mientras eso ocurre, estaremos tratándolos, sin darnos cuenta, con condescendencia o juzgándolos, lo que quizá los desconecte de sus sentimientos respecto de la experiencia. En otras palabras, cuando les hagamos de espejo, es importante ser conscientes de la actitud con la que lo hacemos. ¿Tenemos la intención de *acompañar a* los hijos mientras tienen una experiencia? ¿O nuestro deseo, por inconsciente que sea, es alejarnos de su experiencia y, en consecuencia, *disuadirlos* de ella?

Cuando interaccionamos con los hijos *en su* nivel, a veces ni siquiera hacen falta palabras, pues estas podrían restar valor a la conexión emocional que tienen ellos con su experiencia. Lo único que hace falta es estar allí atento. La presencia comprometida conlleva *ser testigo* de las experiencias de los hijos, porque eso les permite convivir con lo que están sintiendo sin insinuación alguna de que precisan ir más allá de este estado.

En vez de *psicologizar* a tus hijos, limítate a dejarlos hacer. Que seas testigo mientras los dejas hacer les permitirá aprender el arte de la reflexión en vez de fomentar su dependencia de ti.

¿VALIDAS LA *CONDUCTA* DE TUS HIJOS, O SU *SER*?

Está clara la diferencia entre validar el ser esencial y validar una conducta concreta. Nos parece lógico mostrar empatía hacia otro diciendo «lo entiendo». Sin embargo, la realidad es que a menudo *no* entendemos. Aunque hayamos estado en una situación similar, no nos hemos encontrado en las circunstancias concretas de esa persona, con su mentalidad y su carácter únicos. También aquí lo crucial es la intención con la que afirmamos eso. ¿Decimos que lo entendemos porque acabamos de inyectarnos en la experiencia del otro? ¿O es una manera de decir «estoy aquí contigo» y, lo más importante, «acepto que esto es algo por lo que estás pasando»? La diferencia estriba en si estamos hablando a través del ego o entrando de verdad en un estado de aceptación del otro y, de este modo, poniéndonos al servicio de su esencia.

Se trata de la empatía, cuya clave está en ser capaz de permitir que el individuo viva sus experiencias *a su manera* y dar testimonio de ello. Por tanto, el primer paso para criar a un adulto empático consiste en pasar por *todas* sus experiencias, dejando que sea plenamente dueño de ellas y sin revisar ni controlar nada. En otras palabras, la empatía supone validar el sentido de ser de los hijos, lo cual conlleva transmitirles que están en su derecho de tener los sentimientos que tengan. No tenemos que coincidir ni discrepar, sino solo permitir que sus sentimientos existan. No nos dedicamos a negar, moldear o cambiar los sentimientos de los niños; no solo les hacemos saber que los escuchamos, sino que también prestamos atención a lo que dicen *más allá de* las palabras.

La empatía requiere cierta disposición a suspender los sentimientos propios para alinearlos con los de los hijos. Esto acaso sea difícil de hacer si los niños están pasando por un momento emocional complicado, en especial si se trata de sentimientos inconscientes como los celos, la cólera, la culpa o el rencor. De hecho, si hay algo difícil de aguantar como padres son las emociones negativas de los hijos hacia nosotros y hacia los otros.

Un día, tras recoger a mi hija en la escuela, me propuso ir al parque. Le dije que no. Luego me pidió que fuéramos a la biblioteca. Volví a decir que no. Por último preguntó si podía ir a jugar con sus amigos, e insistí en mi negativa. Le expliqué cada vez mi razonamiento: yo tenía que preparar la cena, venía papá, teníamos mucho que hacer. La niña se puso a hacer mohínes, luego se enfurruñó y al final le entró una rabieta. «Eres una mamá mala. Nunca me dejas hacer nada. Ha sido un día fatal. Un día horrible.» En vez de aceptar su desengaño y permitirle sacar sus sentimientos sin entrometerme yo con los míos, se activó mi ego. Tras regañarla por su «egoísmo» y calificarla de «niña mimada», le solté un sermón sobre la importancia de la gratitud. Pero mientras lo hacía, me sentía culpable; y cuanto más la reprendía y más culpable me sentía yo, más intentaba que se sintiera culpable ella.

Cuando recuperé la razón, me pregunté: «¿Por qué me sentía tan amenazada por su comentario? ¿Que estuviera agradecida conmigo era tan importante como para quitarle su sentimiento de decepción?» Habría podido enseñarle estas maravillosas lecciones después de que se hubiera calmado. Sin embargo, en vez de darle la oportunidad de tranquilizarse, preferí mitigar las sensaciones de ineptitud provocadas en mí por su calificativo de «mamá mala» haciéndola sentir culpable.

Cuando los niños están paralizados por una emoción fuerte, tendemos a reñirles, esperando que, como eso es lo que deseamos que ocurra, las emociones de los niños desaparecerán como por arte de magia para que no tengamos que lidiar con su crudeza, incluso su violencia; entonces les decimos que no se enfaden, que no tengan celos o que no estén abatidos.

Con tales consejos intentamos desterrar las emociones inconscientes de los niños a los recovecos de su mente, pero eso hace que crezcan desconectados de sus estados de ánimo, y luego pagan el precio de vivir rodeados de negación. En la adolescencia, o quizá después, un episodio o una relación resucitan estas emociones sepultadas, y ya crecidos se sienten abrumados al no estar preparados para gestionarlas.

Nuestra incapacidad para ser empáticos con *todas* las emociones de los niños les enseña a vivir con miedo a esas emociones. Por ejemplo, la primera vez que fui con mi hija a un parque acuático, vio lo empinados que eran algunos toboganes y dijo: «Tengo miedo.» Mi primera tentación fue quitarle importancia al miedo diciendo: «Vamos, no seas tonta. Mira cuántos niños bajan por ahí.» También habría podido tranquilizarla: «No te va a pasar nada, estoy aquí contigo.» Oigo a muchos padres decirles a sus hijos que no tengan miedo, que no hay nada que temer.

Yo reprimí la primera reacción cuando lo pensé un instante y entendí perfectamente que la niña no iba a tener menos miedo solo porque yo le dijera que no tuviera miedo. Entonces le di otra respuesta: «Pues claro que tienes miedo. Yo también lo tengo. La verdad es que tengo mucho. Pero de esto se trata... de estremecerse y temblar, y aun así continuar con la aventura.» Lo entendió y enseguida estábamos haciendo cola y murmurando «¡qué miedo tengo!, ¡qué miedo tengo!». En lugar de tener miedo del miedo, el miedo acabó excitándonos. Después de bajar por el tobogán y al ver que habíamos llegado al final sin novedad, fui capaz de recalcar la importancia de haber corrido aquel riesgo pese a estar asustadas.

Creemos que tenemos que enseñar a los niños a no tener miedo, a no enfadarse, a no estar tristes. ¿Por qué no van a tener miedo si resulta que tienen miedo? ¿Por qué no pueden estar tristes si algo los apena? ¿Por qué les pedimos que no acepten sus sentimientos? Como más los ayudamos no es prohibiéndoles las emociones sino preparándolos para afrontarlas.

En cualquier experiencia que tengamos juntos, por trivial que sea, podemos estimular a los niños a dar voz a lo que están sintiendo de una forma abiertamente objetiva, como, por ejemplo, «estoy triste porque mi amiga no puede venir», «la oscuridad me da miedo» o «aquí hay mucho ruido».

SOLO HAY QUE *ESTAR* AHÍ

Cuando los hijos tienen una pataleta, sentimos que nos ponen a prueba. Lo que no comprendemos es que en el origen del mal comportamiento hay una emoción que no se ha expresado nunca sino que se ha escindido de la conciencia. Aunque solo sea porque nos conviene ayudar al niño a reconocer sus emociones y validarlas, haremos bien en animarlo a sentirlas todas y a canalizarlas de manera adecuada. Hago hincapié en la palabra *adecuada* porque tenemos todo el derecho del mundo a que nos desagrade el modo en que a veces los niños expresan sus sentimientos, así que podemos ayudarlos a modificar sus medios de expresión. El mero hecho de entender que el niño está enfadado no significa que debamos permitirle que nos pegue o rompa cosas.

Admito que este simple acto de dar testimonio de los estados emocionales de los hijos puede resultarnos muy exigente. Estamos tan comprometidos con ellos, tan resueltos a que enreden pero que tengan éxito, que, movidos por nuestro deseo de ser «buenos» padres, nos cuesta mucho *estar* sin más con los niños en su estado *tal cual*, permitiendo que ocurra lo que sea.

Imagina que estás hablando con tu mejor amigo sobre determinado momento de tu vida. Cada vez que abres la boca para dar una opinión o manifestar un sentimiento, tu amigo interrumpe y hace un comentario. Aun siendo bienintencionadas, sus reiteradas observaciones iniciadas con un «yo pienso», «a mi juicio», «yo creo» —o, Dios nos libre, «deberías» o «yo lo que haría»— nos provocan cierta frustración. Tenemos ganas de gritarle: «¿Por qué no te callas y escuchas?» Pues así es exactamente como se sienten nuestros hijos y, desde luego, lo que están diciendo los adolescentes cuando nos dan la espalda, suben el volumen del televisor o pegan un portazo. Los niños no se comunicarán con nosotros a menos que aprendamos a despegarnos de nuestra *propia inconsciencia* y entremos en un estado de quietud y receptividad abierta a *su conciencia*.

Mientras somos testigos del paso de los hijos por sus estados emocionales y refrenamos nuestra tendencia a analizar o etiquetar un estado determinado, los preparamos para llegar a ser conscientes de su propio testigo interior. Al no intervenir para decirles lo que están sintiendo o experimentando, les abrimos un espacio para que lleguen a esas percepciones por sí mismos. Les brindamos la oportunidad de oír su propia voz: lo único que puede llegar a cambiar a alguien. Para ellos, esto es mucho más beneficioso que cualquier cosa que podamos decirles.

Cuando abrimos un espacio para la reflexión y nos resistimos a interferir, es posible que los niños pregunten por iniciativa propia: «Mamá, ¿por qué estoy tan enfadado?» A lo que podemos responder: «¿Quieres que lo averigüemos juntos?» Así conseguimos que le pregunten a *su* ser interior qué les pasa y los alentamos a aceptar sus sentimientos sin intentar contestar a la pregunta. Se trata de garantizarles que la percepción que están buscando surgirá por sí sola, quizá dentro de un momento, o más tarde, pero siempre cuando hace falta. Ayudar a los niños a aceptar sus sentimientos y aguardar a que lleguen a sus propias respuestas es mucho más instructivo que dar las respuestas directamente.

Nos creemos obligados a tener respuestas nítidas y claras a las preguntas de los críos, y a estar preparados para ofrecerles soluciones bien presentadas. No obstante, también podríamos responder «no lo sé» sin más. Va contra lo que la intuición nos dice que hagamos, pero funciona como sigue: cuando les explicamos a los niños teorías o pensamientos bien planteados y respuestas preelaboradas, les enseñamos a ser receptores pasivos de nuestro conocimiento. Si les confesamos que no sabemos las respuestas, los invitamos a dejar que sea el universo el que se las *dé*.

Todos hemos presenciado el placer de un niño al dar con una respuesta que papá y mamá no sabían. Esto riega las semillas de la iniciativa y los recursos. Una frase tan sencilla como «no lo sé, vamos a buscarlo juntos» tiene el poder de suscitar las más profundas cualidades de la vida. Todo empieza con nuestra disposición como padres a bajarnos del pedestal del saber y a reconocer que no sabemos.

He aquí algunas maneras de pasar a ese estado de *no saber*:

Si el hijo nos hace una pregunta, no soltamos al punto una opinión o una respuesta, sino que nos quedamos tranquilos en el espacio que se ha creado.

Aunque sepamos la respuesta, decimos: «Busquemos la respuesta juntos.»

Le respondemos: «Piénsalo y dime algo.»

Manifestamos que simplemente no podemos saberlo todo y que no saber algo nos parece bien.

Les enseñamos que ser capaz de formular una pregunta tiene fuerza, incluso más que ser capaz de responderla. Entonces su orientación pasa de basarse en el resultado a basarse en el proceso.

Cuando enseñamos al niño a valorar su capacidad para formular una pregunta, estamos enseñándole a conectar con lo maravilloso de imaginar.

Si el niño pregunta «¿por qué brilla tanto la luna?» o «¿por qué las nubes parecen algodón?», es importante no dar una respuesta rápida. Lo que tenemos que hacer es sacar provecho de su estado de curiosidad, ayudarlo a experimentar la impagable alegría de estar a punto de descubrir algo. Por ejemplo, cabría utilizar alguna de las respuestas siguientes para animar a tu hijo a permanecer suspendido en un estado de curiosidad:

«¡Vaya pregunta más imaginativa!»

«Jamás se me había ocurrido una pregunta así.»

«Siempre quieres saber más de la vida, una cualidad digna de admiración.»

Repetimos la pregunta, la maceramos en la lengua y decimos: «¡Qué pregunta más deliciosa!»

Si en vez de centrarte en las respuestas enseñas a disfrutar de las preguntas pones de manifiesto cierto amor al aprendizaje y una curiosidad insaciable por la vida. También enseñas que la realidad es intrínsecamente incuantificable, incognoscible y no puede ser encasillada. Ellos aprenden que no pasa nada por no saber las respuestas y que aunque no las sepan pueden seguir sintiéndose competentes.

Un día mi hija me hizo una pregunta: «Mamá, ¿puedes explicarme cómo nacen los niños?... No la historia de la cigüeña, sino cómo nacen de verdad. ¿Cómo se mete el bebé en la tripa de la mamá?» Noté el revuelo de muchos pensamientos egoicos, por ejemplo: «Ah, he aquí mi oportunidad para ser la madre inteligente que entabla con su hija una conversación práctica» o «mantendremos una fructífera charla madre-hija sobre el cuerpo y el amor propio». Sin embargo, le respondí: «Vaya, una pregunta importante. Vamos a mirar en internet.» La explicación de que yo soltara una respuesta rápida es que quería realmente conectar con su deseo de saber. Percibí que, a su edad, el deseo ya era lo bastante mágico. La ciencia subyacente a la respuesta lo apagaría.

En la medida en que partimos del ego, nos resulta mucho más fácil decir *sí* al estado de ego de los niños que a su estado de ser. Sin embargo, si estamos bien afincados en nuestra conciencia e inspiramos presencia comprometida en todo, los hijos aprenderán a estar plenamente presentes en cada momento de su vida.

16

Cómo gestionar los errores de tu hijo

Cuando cometemos un error, primero nos hemos de perdonar, luego compadecernos y finalmente quitarnos el muerto de encima. También queremos que los amigos nos perdonen, que entiendan que no teníamos mala intención, y que lo dejen correr. Pues bien, estos son exactamente los elementos que hemos de introducir al hablar con los niños cuando cometen un error.

Hay que tomar los errores no como algo sobre el motivo de una arenga o un castigo, sino como oportunidades de aprendizaje. ¿No es así como queremos que se consideren los nuestros? El hecho es que en la vida adulta nos equivocamos mucho. Perdemos las llaves, dejamos abierto el gas, nos despistamos al conducir, olvidamos citas, tenemos accidentes de coche, se nos pasa el plazo de un pago, no llamamos a los amigos cuando dijimos que lo haríamos, extraviamos el móvil, chillamos y soltamos tacos, nos dan berrinches, bebemos en exceso, llegamos a casa muy tarde, comemos mal o vemos demasiada televisión. En otras palabras, hacemos innumerables cosas que no queremos que hagan los hijos, en su joven estado de ser, *¡solo porque les hemos dicho que esas cosas están mal!* ¿Quiénes somos nosotros, tan altivos y arrogantes, para juzgarles y reprenderles por hacer las mismas cosas que hacemos nosotros? ¿Será que nos aprovechamos de no tener a nadie detrás esperando para regañarnos?

Si quieres que tus hijos aprendan de sus errores, hay que eliminar toda sensación de maldad para que se den cuenta de que, por mucho que enreden, no pasa nada. No se puede acusar ni culpar. Solo cuando los niños están libres de miedo pueden extraer las lecciones necesarias.

¿SABES *REALMENTE* POR QUÉ HAN HECHO LO QUE HAN HECHO?

Cuando creemos entender la motivación subyacente a las acciones de los hijos y las evaluamos negativamente, les provocamos una sensación de impotencia. Unas veces con descaro y otras con más sutileza, vamos transmitiéndoles la idea de que son ineptos. Por ejemplo, nos reímos de ellos o incluso los ridiculizamos, los comparamos con sus amigos y los rebajamos delante de los demás. También esperamos que nos den más de lo que quieren o son capaces de dar.

Pensemos en algunas de las innumerables frases que pronunciamos y les hacen sentir vergüenza:

Infringes continuamente mis normas porque no quieres a esta familia.

No te esfuerzas en los estudios porque tu futuro te da igual.

No haces los deberes porque eres un vago.

Dices mentiras porque solo te importan tus sentimientos, los de los demás te dan igual.

Eres olvidadizo y no te fijas en nada.

Eres tonto por sentir lo que sientes.

Eres un maleducado.

Deberías avergonzarte.

No te creo y no confío en ti.

Me has ofendido adrede.

Eres mezquino.

Te inventas las cosas; mientes.

En estos y otros muchos casos, damos por supuesto que sabemos por qué los niños se comportan de una manera determinada, que sin duda, a nuestro entender, es malintencionada. Si les imponemos estas valoraciones, los hijos tienen una sensación de impotencia. Hemos dictado un veredicto sin tener en cuenta su opinión.

Si tratamos así a los hijos, en especial a los adolescentes, enseguida blindan sus sentimientos. Las continuas evaluaciones les fastidian tanto que se inmunizan frente a nuestra reacción. Pensamos que se debe a que les da igual, lo cual supone juzgarlos aún más, creyendo de nuevo que conocemos sus intenciones. Se nos escapa que están cansados de vivir avergonzados, de ser considerados malos.

Si los hijos orientan hacia dentro esta sensación de impotencia, es posible que se replieguen en una concha interiorizando la idea de que son malos. Si orientan la sensación de impotencia hacia fuera, quizás intenten hacer a los demás lo que se les ha hecho a ellos: así es como nace un abusón. Un abusón es una persona que ha crecido con una sensación de privación de poder que acaba siendo insoportable, lo que le impulsa a humillar al receptor de sus abusos, haciendo que se sienta tan impotente como se le hiciera sentir antes a él. Los niños abusan e intimidan solo porque están llenos de pena. Si los abusos se intensifican hasta convertirse en violencia, es porque el individuo ha asimilado un sentimiento de humillación tan intenso que, como único recurso para aliviarlo, solo se le ocurre descargar su dolor sobre los demás. Aisladas de su verdadera bondad, estas personas atacan la bondad de los otros.

En otras palabras, la violencia de los jóvenes tiene su origen en el grado de privación de poder que perciben en la dinámica padres-hijos. Cuando los hijos dejan de ser receptores de nuestro dolor y nuestras acusaciones, tienen menos necesidad de liberar sus reacciones emocionales en los demás. Un niño que goza de respeto y cuyos sentimientos son aceptados cuando comete un error, no se da la vuelta para faltarle el respeto a otra persona.

CÓMO PUEDES TRANSFORMAR ERRORES EN ORO ESPIRITUAL

Los hijos aprenden a gestionar sus emociones mientras nos observan durante períodos de estrés. Cada día brinda numerosas oportunidades para habituarnos a sentirnos cómodos con nuestras imperfecciones. Esto significa aceptar las heridas, la falibilidad y el hecho de que, por muy conscientes que creamos que somos, obramos partiendo de un grado considerable de inconsciencia.

Los hijos necesitan ver que del desorden de la vida siempre se puede extraer oro emocional y espiritual. En cuanto lo comprenden, se liberan del miedo al fracaso y son capaces de aceptar que los errores constituyen un aspecto inevitable e incluso esencial de la vida.

Como vimos antes, enfocamos los errores de los niños planteándonos cómo querríamos que los amigos abordasen los nuestros. ¿Nos gustaría recibir sermones hasta la saciedad? ¿Nos gustaría que nos recordaran una y otra vez el daño causado por haber llegado tarde a una fiesta de cumpleaños? ¿Nos parecería bien que nos abroncasen a cada momento? ¿Qué tal si nuestro amor y nuestra lealtad estuvieran siempre en entredicho? Pues resulta que así es como muchos reaccionamos ante los fallos de los hijos.

Sobre todo cuando los chicos no van bien en la escuela, es bastante común creer que si les decimos que se esfuercen más, que estudien más o que no se den por vencidos estamos preparándolos para superar su miedo al fracaso. En realidad, estamos enseñándoles a depender de la perfección y por esa razón, cuando son catapultados a la imperfección, al caos o al desconocimiento, se tambalean. Al interpretar sus errores como un reflejo de lo que *son*, después se quedan paralizados. Si entonces los reprendemos o castigamos, no solo perdemos una oportunidad para demostrar cómo un error puede ser una vía hacia una mayor conciencia, sino que además los predisponemos para el enfado, incluso para la violencia.

Antes de ayudar a los hijos a descubrir qué les hizo fallar, hemos de poner cierta distancia entre ellos y sus errores. El enfoque consciente consiste en aguardar a que se haya calmado toda la impulsividad emocional y que todo el mundo esté en su sano juicio para, a continuación, interaccionar con los hijos de forma compasiva, procesar con ellos su error sin juicio alguno, y explicarles cómo se puede extraer de ahí una enseñanza para el futuro.

Ayudar a los hijos a entender el porqué es la manera más efectiva de enseñar a perdonar, pues saber el porqué nos habilita para efectuar cambios. Por desgracia, al abordar la conducta negativa de los hijos no solemos tomarnos el tiempo necesario ni tenemos la paciencia requerida para comprender el *porqué*, y nos quedamos en el *qué*. Sin embargo, solo si entendemos el porqué podemos ayudar a los niños a trazar la ruta del cambio. Una vez que han captado el porqué, todo lo demás es fácil. Quizá la causa del error fue la miopía o la presión recibida de los compañeros; tal vez fue una simple falta de información o una decisión desacertada. No tenemos por qué darle demasiadas vueltas; se trata de tomar nota y seguir adelante.

Si no nos tomamos los fallos de los hijos de forma personal, les transmitimos la lección vital de que en realidad no hay nada que perdonar, pues los errores son una parte natural del proceso en que asimilamos nuestro yo auténtico. No tomarse los errores como una afrenta es reconocer que detrás de cada fallo hay una buena intención, aunque a veces no es fácil advertirla. Como padres, necesitamos buscar debajo del error superficial y desvelar la original buena intención de los niños. Esto los animará a tener confianza en su bondad innata. Si nos centramos en un resultado malo y no en la buena intención, los hijos pierden entusiasmo y dejan de intentarlo.

Supongamos que el niño se ha dejado el horno abierto tras hacer un pastel. ¿Nos centramos en la buena intención de querer cocinar? Si el chico quema la tostada, ¿podemos ayudarlo a reírse de sí mismo y, sin aturullarnos, proponerle que vuelva a intentarlo? Si han tenido un accidente de coche mientras compraban provisiones, ¿podemos admitir que por el mero hecho al ir a comprar ya tenían las intenciones adecuadas? Si se les olvidó la última parte de un examen, seguro que tenían tantas ganas de hacer un buen trabajo que corrieron demasiado. Al confiar en las buenas intenciones de los hijos, ponemos de manifiesto que no los juzgamos por lo que hacen.

Una de las razones por las que los niños tienen miedo de sus fallos es que, cuando los regañamos, sin darnos cuenta los despojamos de su sensación de competencia. Los deshabilitamos hasta tal punto que acaban temiendo hacer cualquier cosa que pueda traducirse de nuevo en un error. Si a un chaval se le ha quemado el pastel y casi la casa entera, a lo mejor se siente tan inútil que no quiere volver a tocar el horno. Si ha perdido el móvil, su sentimiento de culpa quizá lo lleve a concluir que no puede llevar encima un teléfono.

CELEBRA LOS ERRORES DE TU HIJO

En casa, a la hora de cenar nos dedicamos a un juego. Cada uno habla de un fallo gordo cometido durante la semana. Hemos convertido esto en una especie de partido de tenis en que cada uno intenta superar el error de otro, de modo que la conversación transcurre más o menos así: «¿Crees que esto ha sido un fallo tonto? Yo he cometido uno más tonto aún.» Mi hija se deleita con los errores de sus padres. El juego tiene una continuación. Escogemos uno o dos de los errores cometidos y cada uno explica lo que ha aprendido de sí mismo.

«He cometido un error, mamá —dijo un día mi hija—. Me he dejado el rotulador abierto y ahora hay una mancha grande en la cama. Lo siento.» Le dije lo valiente que era por «haber confesado». Después le expliqué cómo limpiar la mancha. Mi hija sabe que a mí me parece valiente cualquier confesión. Por eso ahora, cada vez que se come una golosina cuando no debe o cada vez que ella o sus amigos le esconden algo al profesor, procura decírmelo. No obstante, justo es decir que cuando mi hija miente —lo ha hecho y volverá a hacerlo—, se trata solo de una de las realidades de la infancia (¡y de la edad adulta!) que tenemos que aceptar. No menosprecio su miedo cuando se da el caso, pero la tranquilizo diciéndole que es lógico tener miedo de confesar los errores. También señalo que a veces serán otros quienes la reprendan por sus equivocaciones. De todos modos, en nuestra casa ella necesita saber que los errores se aceptan y en general se abordan con compasión. De esta manera, el error de mentir se considera un aspecto natural del continuo del comportamiento humano.

Cabría preguntarse esto: «¿Estimula esto al niño a tomarse los errores a la ligera?» Explicaré por qué esto no es una cuestión preocupante. Una premisa de la educación consciente es que los hijos son por naturaleza bienintencionados y quieren hacer lo debido. No obstante, a lo largo del día es inevitable que un niño cometa algunas equivocaciones sea por comisión o por omisión. Si teme el castigo, como ya hemos indicado, quizás intente ocultar los fallos mintiendo. El enfoque que propongo no solo le enseña al niño a no tener miedo de los errores: subraya también que al ser lecciones valiosísimas para aprender cosas de nosotros mismos no conviene esconderlas; lecciones que enriquecen nuestra vida como jamás habríamos imaginado de no haber cometido esos fallos.

Al alentar a los chicos a dejar correr los errores, los ayudas a separar el grano de la paja, y luego arrojar la paja al aire. El verdadero test para saber si *tú* has dejado correr el asunto se realiza la siguiente vez que te piden que les confíes las llaves del mismo coche que han estrellado la semana anterior. Si tú hubieras tenido un accidente con el coche de tu amigo, ¿te parecería bien que nunca más te dejara las llaves?

Si cuando los hijos te muestran sus aspectos más vulnerables, tú te muestras dispuesto a aceptarlos tal como son, estás diciéndoles que son dignos de ser respetados y acogidos. Si los traicionas empeñado en el modo en que a tu juicio deberían ser, les transmites que no son dignos y que el mundo es un lugar implacable; y así se vuelven temerosos de salir al encuentro de la vida.

Al ejercitar el coraje para admitir los errores propios, los niños aprenden a respetar su falibilidad y sus limitaciones a la vez que demuestran confianza en su capacidad para seguir adelante, lo cual fortalece en ellos la fe en su valía; con la tranquilidad de que siguen siendo queridos, aceptan que cada uno de nosotros somos una obra en curso.

17

Las dos alas del águila

Para desarrollar una conducta consciente, el niño necesita dos flujos de aprendizaje, que me gusta imaginar como las dos alas de un águila: *autenticidad y contención.* Si al niño le falta alguna de las dos, se tambaleará, no alcanzará nunca las cotas de su potencial.

Hasta ahora, en este libro nos hemos centrado en la autenticidad, que surge de una conexión fuerte con el ser interior. Para un niño, esto significa aprender a reconocer su propia voz interior, lo cual le enseñará a ampliar su presencia en el mundo. A medida que los hijos se relacionan cada vez más con su ser interior, aprenden no solo a *aceptarse* a sí mismos sino también a *abrazar su voluntad y a manifestarla en el mundo.* Desarrollan la capacidad de forjar una conexión coherente con otros así como con la vida propiamente dicha.

La contención, la otra ala del águila, es el medio por el cual absorbemos la voluntad de otro. Mientras la autenticidad nos exige respetar nuestro ser interior y expresarnos tal como somos, la contención nos permite moldear esto en relación con la voluntad de quienes nos rodean.

Los hijos necesitan aprender el arte de la conexión tanto consigo mismos como con los demás, los dos pilares de todas las relaciones. La capacidad para relacionarse con otros está ligada a la capacidad para conectar con uno mismo, lo cual es el trampolín de la autenticidad y la clave de la aptitud para mantener relaciones valiosas.

Al igual que necesitan fomentar un sentido de conexión interna y la capacidad para ser auténticos, los hijos también necesitan aprender a vivir en un mundo de reglas y llevarse bien con los demás en el campo de juego de la vida. Para que pase esto, han de escuchar su voz interior y, en la misma medida, absorber las voces de los demás. Promover la capacidad de someterse a la voluntad propia y a la de otro cuando proceda es un elemento clave de la imposición de disciplina, algo muy distinto de conseguir solamente que los niños *se porten bien.*

Si a los niños se les ha enseñado a expresar su voz, lo más lógico es que a veces esa voz sea motivo de desacuerdo con los padres. Es la inevitable secuela de criar a un niño lleno de vida y seguro de sí mismo. Pero a medida que los niños van viendo que el mundo no gira a su alrededor, aprenden a aguantar la frustración. Aceptan que, como no son los únicos con deseos y necesidades, no pueden conseguir gratificación inmediata en todo momento.

En la medida en que como padres conectamos con los hijos procurándoles un abrigo seguro en el que se les vea como lo que son, ellos aprenden a sentirse cómodos con la conexión. Entienden la dinámica de una relación de concesiones mutuas y son más capaces de prosperar pese a las dificultades que surjan. Toleran que se dependa de ellos y, a su vez, confían en poder apoyarse en otra persona.

Un niño no puede elevarse sin contención

Stephanie y su marido Phillip tienen tres niños pequeños que andan algo descontrolados. Como los tres están siempre peleándose, los juegos son una pesadilla, y las comidas, un desastre. En la casa no hay orden, los niños tienen el mando, e impera el caos. Es un hogar en el que no existe el respeto, ni por parte de los niños ni por parte de los padres.

Abrumada, Stephanie se pasa el día llorando. Su madre era dominante y controladora, por lo que no tienen asumido que los críos tienen capacidad de acción y enseguida se siente tratada injustamente, y como el conflicto la asusta, hace lo posible por evitarlo. Por su parte, Phillip creció en una familia en la que las emociones casi nunca se expresaban, por lo cual cada vez que ha de manifestar las suyas se siente incómodo. Así que tanto la vida de Stephanie como la de Phillip son bastante limitadas desde el punto de vista afectivo, lo cual hace que los dos tengan miedo de hablar claro con sus hijos, que, como gurús espirituales que son, actúan como actúan, precisamente, para desafiar a sus padres a que afronten su bagaje emocional.

Al observar esa familia, enseguida tuve claro que los padres no seguían ningún criterio para imponer disciplina. Por lo que respecta a los niños, no tenían pista alguna sobre cómo debían comportarse. Por ejemplo, estaban los tres jugando en una habitación cuando, más pronto que tarde, empezaron a tirar los juguetes por todas partes y a subirse a los muebles. Cuando Jacob, el mayor, al tiempo que cabecilla, empezó a zarandear las lámparas, Stephanie entró y dijo: «No hagas esto, Jacob, por favor.» Pero Jacob no le hizo caso. Stephanie volvió a hablar: «He dicho *por favor*. Por favor, deja de portarte así o te irás a tu cuarto.» Ningún niño le prestó atención. Stephanie, con voz suplicante, repitió: «He dicho *por favor*.»

Al ver que su sistema no surtía efecto, Stephanie, impotente, recurrió a mí rogándome con los ojos que entendiera. Lo explicaba así: «Estoy intentando imponerles disciplina, pero nadie me escucha. ¿Se da cuenta de lo difícil que es?» Instantes después, cayó la lámpara al suelo y le hizo una herida en el pie a Jacob. Stephanie corrió hacia él para atenderle y no regañó al niño; Jacob solo recibió abrazos y besos. Al poco rato estaba jugando y repitió el comportamiento. En cuestión de minutos, se produjo otro percance, esta vez debido a una pelea entre los tres. Stephanie apareció de nuevo en la puerta y dijo: «Niños, por favor, no os hagáis daño.» Los chicos siguieron alborotando. Todavía a cierta distancia de ellos, la madre volvió a suplicar: «No os hagáis daño, por favor.» Nadie le hizo caso. De repente, Stephanie se acercó a zancadas, los separó, le dio una bofetada a Jacob y gritó: «¡Eres un niño malo! No paras de darme disgustos. A tu cuarto el resto del día.» Como no lo había previsto, Jacob se quedó pasmado. Gritándole a la madre, se quejó de que solo lo señalaba a él y eso no era justo. Ella, que todavía estaba sobrecogida por la herida que se había hecho el chaval, se enfureció y empezó a temblar y agitarse. Le pegó. Él le pegó a ella. Encogidos de miedo los otros, Stephanie rompió a llorar echándoles la culpa a todos de su pena mientras los tres agachaban la cabeza avergonzados.

Stephanie no tenía ni idea de que aquel era un escenario en el que ella había recreado su propio sentimiento infantil de privación de poder. Al trasladar a los chicos la impotencia que *ella* había experimentado de pequeña, en aquel momento era incapaz de diferenciar sus sentimientos de la conducta de ellos. Como todas sus acciones estaban determinadas por la evitación emocional, no podía responder como los hijos necesitaban.

Conozco muchos padres que se sienten impotentes ante la «mala» conducta de los niños, en especial cuando ya son mayores. Observo a esos padres y me doy cuenta de que su error común radica en cierta incapacidad para realizar una actuación rápida. Por ejemplo, una niña de ocho años le quitaba los juguetes a su hermano pequeño, pero la madre no hacía caso, y así siguieron hasta que aquello acabó en pelea. Otro caso: una madre veía a su hijo de seis años tirar migas al suelo, pero no dijo nada hasta que el pequeño hubo esparcido migas por todas partes; entonces ella montó en cólera. Aunque suele ser prudente superar la tendencia impulsiva antes de ponernos a enseñar a los niños una conducta más adecuada, a veces la demora es contraproducente. En vez de dejar que la situación se intensifique, los padres conscientes pasan a la acción en cuanto así se requiere.

En el caso de Stephanie, si hubiera sido consciente de sus patrones emocionales, habría podido abordar la situación con mucha más firmeza desde el principio. Tan pronto empezó Jacob a violar las reglas del respeto a la casa y de la seguridad propia y de los demás, Stephanie habría podido ponerse autoritaria. Apoyada en su fuerza interior, habría podido decirles: «Quietos ahora mismo. Que todo el mundo deje lo que está haciendo.» Con el juego detenido, habría podido reiterar las pautas de comportamiento de los chicos. Si les hubiera dicho que repitieran con ella lo que se esperaba de ellos, habría podido asegurarse de que entendían las consecuencias de una nueva infracción, dejando claro que cualquier desviación de estas expectativas supondría la conclusión inmediata del juego. No podemos ser complacientes y andar suplicando, y a la vez tener luego la esperanza de ejercer algún poder sobre los hijos.

Temerosa de reconocer sus límites emocionales, Stephanie dejaba que los niños abusaran de ella. Estaba tan acostumbrada a sentirse privada de poder que encarnaba automáticamente una postura de debilidad, cuando lo que necesitaban sus hijos era que hablase alto y claro. Incluso cuando, tras pasar por alto todas las señales, explotó por fin, seguía siendo incapaz de reconocer sus emociones, en vez de lo cual las desplazaba a los hijos haciéndoles sentir culpables por darle «tantos disgustos». Lejos de ser malos, los niños solo hacían lo que hacen los niños, mientras su madre les fallaba de forma lamentable.

El ejemplo de Stephanie revela lo fácilmente que podemos acabar envueltos en nuestros propios patrones, lo cual a menudo poco tiene que ver con la conducta que estamos abordando en los niños. En lugar de responder al comportamiento de los *hijos*, actuamos impulsados por *nuestra propia ansiedad*.

Muchos padres bienintencionados perpetúan el caos en la conducta de sus hijos. Ello se debe a que salirnos del ego y los guiones vitales propios para imponer a los niños disciplina de forma efectiva nos resulta algo ajeno. Si no estamos atentos al ego y los guiones que nos impulsan, no podemos implicar a los niños en la forma necesaria. Al no ser conscientes de nuestros desencadenantes emocionales y nuestro grado de confort con el conflicto, reaccionamos a partir de la ceguera emocional.

El estilo parental consciente no consiste en estar todo el rato acaramelado y sensiblero. Cuando educamos de manera consciente, no damos a los niños permiso para que se comporten de modo inapropiado ni colocamos automáticamente sus necesidades por delante de las nuestras. Permitir a los niños comportarse como si fueran salvajes, sin tener en consideración cómo afecta eso a quienes les rodean, es criar pequeños monstruos. Enseñar a los hijos a contener *apropiadamente* su autenticidad y a controlar sus emociones es fundamental. Por este motivo, ser rígido cuando es preciso va de la mano con ser flexible cuando es lo adecuado. Establecer límites diciendo «no» y mostrarse firme forma parte del buen estilo parental tanto como aceptar y acoger a los hijos.

La clave de la educación consciente es la capacidad de estar *presente* en cualquier situación que surja. ¿Eres capaz de responder basándote en la *conciencia* más que en el *apego*? ¿Impones disciplina partiendo del ego o de la autenticidad?

Criar a los hijos de manera consciente significa *responder* a sus necesidades, no *atender* peticiones. Si se comportan como unos malcriados, de forma indecorosa, no debes mostrarte indulgente con ellos. Tu cometido consiste en ayudarlos a encontrar dentro de sí mismos la fuerza emocional para llegar a ser resilientes y autosostenibles. La obtención de esta fuerza conlleva en buena parte gestionar sus emociones cuando se les está imponiendo disciplina.

EL ENFOQUE ESPIRITUAL DE LA DISCIPLINA

Para casi todos, el conflicto es un tema candente porque cuando hemos de enfrentarnos a alguien que no se comporta con arreglo a nuestras expectativas nos salen reacciones viciadas. Mientras algunos responden implicándose en exceso y controlando demasiado, otros se sienten abrumados y se retraen. En concreto, imponer disciplina a los niños tiene el poder de activar en nuestro interior o bien el *monstruo del control*, o bien su contrario, el *evasor emocional*. El conflicto suscitará una reacción o la otra, lo cual dependerá de la combinación de la educación y el temperamento.

¿Hasta qué punto somos conscientes de nuestras proyecciones y las cuestiones relativas al ego cuando educamos a los hijos? Por ejemplo, ¿están siendo los niños rebeldes de verdad o estamos siendo nosotros demasiado rígidos? Para hallar la respuesta, es útil hacernos ciertas preguntas: «¿Qué emociones se despiertan dentro de mí ahora mismo? ¿Cómo me provoca? ¿Qué estoy trayendo al presente desde el pasado?» En cuanto hayamos abordado nuestro estado interno, seremos capaces de determinar si estamos en condiciones de responder al hijo de una forma justificada, o si en este momento la evaluación está oscurecida por la ansiedad.

Un día, una amiga mía nos acompañó a la playa a mí y a mi hija, que a la sazón contaba tres años. La niña se portó todo el rato como un monstruo: chillaba, se agitaba y en general actuaba como una chiflada. Yo estaba horrorizada. Quería impresionar a mi amiga, que me admirase como una de las «mejores» madres con una niña «de modales exquisitos». Partiendo del ego, me tomé la conducta de mi hija de forma personal, y al ver que la niña me humillaba acabé furiosa. La llevé a un lado y le clavé la mirada más dura y amenazadora de la que fui capaz, lo que, como era de prever, hizo que gritara aún más.

Entonces me deje llevar por el impulso: «No te traeré a la playa nunca más mientras viva —le juré, lo cual ocasionó más llanto, como es lógico. Intensificando mis amenazas, le dije—: No te dejaré ver a Elmo nunca más ni volveré a darte golosinas. Se acabó lo de ir al parque y lo de ir a comer pizza, para siempre.» Al final, la niña tuvo el sentido común de callarse y dejar que a mamá se le pasara la pataleta. Durante el resto del día se portó como un angelito.

Al sentirme atacada, perdí el oremus. El resultado fue que, en vez de ayudar a mi hija a regular sus emociones, la acallé con amenazas por el bien de mi ego, preocupándome más por mi imagen ante mi amiga que por corregir el comportamiento de la niña. De hecho, lo único que mi hija aprendió fue a tener miedo de mamá, pues a veces mamá pierde los estribos, y todo porque me tomé sus acciones como si fueran contra mí.

Si hay algún aspecto de la educación de los hijos capaz de poner realmente al descubierto el apego al control y la incapacidad para tolerar desviaciones de la idea de cómo han de ser las cosas, son las situaciones en las que la conducta de los hijos cruza los límites de las expectativas puestas en ellos. En momentos así, vemos lo rígidos, dogmáticos, dictatoriales e incluso tiránicos que podemos ser. Somos testigos del grado de nuestra inconsciencia.

No se me había ocurrido nunca que debería imponer disciplina a mi hija un día paradisíaco en la playa. Di por sentado que, como yo estaba de buen humor y hacía un tiempo espléndido, el talante de mi hija seguiría el mismo patrón. Sin embargo, la necesidad de imponer disciplina rara vez aparece en el momento ideal. Cuando hace falta contención, hay que procurarla con independencia de la situación. La corrección del berrinche de un niño *siempre* ha de producirse *en el momento presente* y en eso debemos ser sistemáticos. Una respuesta rápida en el acto y el procesamiento posterior de sus sentimientos son componentes clave de la enseñanza de la contención.

Incumplí el principio de corregir a mi hija en aquel momento preciso porque no quería echar a perder la excursión. Como no quise exigirle disciplina, empeoré las cosas. Incapaz de mantener una actitud neutra y de adoptar las medidas adecuadas, me fastidiaba más que se estropeara el día que el hecho de que mi hija se portara mal. Ahí radica la diferencia esencial entre procurar que un niño se porte bien sin más y enseñarle contención.

Últimamente me lo recuerdo a menudo a mí misma: «Responderé a mi hija en el momento preciso en que ocurra el hecho que merece respuesta. Si su conducta pide validación, estaré lo bastante presente para dársela. Si su conducta pide moldeado y contención, estaré comprometida y alerta, preparada para procurárselos en el momento en que le haga falta. Si su conducta me pide que no reaccione, así responderé.»

Por lo visto, creemos que podemos ir tirando con un compromiso mínimo, planteamiento que me parece más común en padres de niños muy difíciles de controlar. Es un error presuponer que los niños aprenderán como por arte de magia la forma correcta de comportarse. Si nos limitamos a permanecer a la espera de que su conducta cambie de algún modo sin siquiera echar una mano, ellos acaban consolidando sus hábitos y nosotros sin saber qué hacer. Los hijos cuentan con que les guiaremos siempre por el continuo del tiempo, pero no solo cuando sea conveniente. Si desconectamos varios días seguidos y luego volvemos a ejercer de padres cuando nos viene bien, perdemos la oportunidad de pillar la conducta emergente en el brote. El moldeado de la conducta de los niños no se puede llevar a cabo a trancas y barrancas.

Por esta razón, ahora agradezco incidentes como el de la playa. No es que me gusten, pero sé que estos episodios desagradables ponen mi ego en primer plano para que yo pueda afrontarlo. Cuando pasa, me digo que mi hija está permitiéndome ser testigo de las diversas maneras en que me conviene evolucionar. Le estaré eternamente agradecida por ello.

En momentos como esos la educación de los niños tiene posibilidades de convertirse en un proceso espiritual. Pocas relaciones suscitan en nosotros estas ansias ciegas de control, lo cual revela nuestra inmadurez y, por tanto, nos invita a dar grandes saltos en nuestro desarrollo.

VALORAR EL CONFLICTO EN VEZ DE EVITARLO

Los conflictos con los hijos son inevitables. Aunque no nos hagan sentir bien y prefiramos evitarlos, en realidad constituyen valiosas oportunidades para el crecimiento.

Si los padres, temerosos de emprender acciones decisivas en

beneficio de su hijo, evitan el conflicto, también tendrán miedo de adoptar una postura efusivamente afectuosa o protectora. Estos padres educan a niños que, como han aprendido a dudar de su ser esencial, irradian un escaso sentido de validez.

Suelen producirse conflictos cuando se da una lucha de voluntades como consecuencia de un pensamiento rígido. El primer paso para superar un conflicto es examinar nuestro pensamiento y la forma inconsciente en que nos peleamos por el control.

Imagina que tu madre cumple ochenta años y el bonito y caro vestido de fiesta que le has comprado a tu hija de cuatro años está arrugado en el suelo de su cuarto. Se niega a ir si no la dejas que se ponga esas viejas y sucias zapatillas y sus vaqueros favoritos. Te mira con ese brillo en los ojos que tan bien conoces y que te dice: «mira lo que puedo hacer»; con la barbilla hacia delante con gesto desafiante y los pies firmemente pegados al suelo, está esperando que te repliegues a las cobardes sombras del soborno o, mejor aún, que caigas de rodillas y supliques. Con tu enfado en aumento, se te pasan por la cabeza las típicas imágenes de «va a ver quién manda aquí». Tu voz sube de tono. Ella chilla y se revuelve. Tú gritas más. Ella patea y patalea. Pasa una hora. Gana ella. Va a la fiesta con las zapatillas y los vaqueros. Has envejecido cinco años.

Todos los padres se han visto en situaciones en las que se han dicho para sus adentros: «Como mi hijo está actuando así adrede, voy a dejarle claro que aquí mando yo.» Si adoptamos esta clase de postura, es porque nos sentimos atacados personalmente de algún modo. Partiendo de este ego, casi nunca actuamos con sensatez; al revés: tendemos a dar rienda suelta al monstruo del control y tratamos de dominar a los niños en un esfuerzo por recuperar cierta apariencia de orden y alguna sensación de poder. Es en momentos así cuando, sin darnos cuenta, podemos llegar a gritar a los niños e incluso darles una bofetada.

En vez de tomarnos la conducta de los niños como algo personal, conviene entender que, cuando tienen una pataleta, *no están pensando en nosotros*, sino solo en sí mismos. Para llevarlos a un estado de calma, hemos de encontrar la fuerza que nos permita distanciarnos de su conducta. Debemos despegar nuestro ego de su comportamiento en ese momento y, luego, partiendo de la serenidad, procurar interrumpir su inadecuado proceder.

En cuanto refrenamos el ego, el conflicto llega a ser un valioso medio para aprender a hacer concesiones mutuas, para practicar la destreza negociadora y para entrenarse en el arte de perder. A un niño de cuatro años se le puede enseñar, en el momento concreto, que esto no es una batalla entre dos personas, sino una situación en la que estamos juntos y a la que hemos de encontrarle una solución creativa que nos sirva a ambos.

Para conseguirlo, en primer lugar los padres tenemos que desprendernos del deseo de ganar y de hacerlo a nuestro modo o nada. Así pues, quizá lleve el vestido pero con zapatillas y no con los zapatos elegantes. O quizá se ponga el vestido, pero a cambio de que le prometas que la próxima vez podrá elegir el atuendo. Como alternativa, nos liberamos de nuestra necesidad de que tenga determinado aspecto y le permitimos llevar lo que quiera porque, al fin y al cabo, lo que aquí se entromete es nuestro ego: la necesidad de que la niña parezca o actúe como una muñeca porque, ¡ay!, «¿qué pensarían los demás parientes?».

Un punto muerto así puede transformarse en un diálogo interesante, con muchas oportunidades para ejercitar el arte de la negociación. Hay situaciones en las que no se puede ser flexible, desde luego, como las concernientes a la seguridad o al respeto por uno mismo y por los demás. Por lo general, sin embargo, los conflictos se centran en nuestro enorme ego parental: el deseo de aparecer de determinada manera ante el mundo exterior.

Al enseñarles a los hijos el arte de la negociación, sembramos las semillas que les permitirán establecer relaciones íntimas en etapas posteriores de la vida. Cuando somos capaces de aceptar la incomodidad de no saber, se aprenden muchas lecciones y nos preguntamos: «¿Debo ceder o cederás tú?» Se trata de conformarse con no tener toda la razón. La vida no es pulcra y ordenada, sino confusa. Exige que nos entreguemos y también que abandonemos, y que lo hagamos una y otra vez. Si permanecemos en la pelea interna que acompaña al conflicto —aceptando que las cosas no son perfectas y asumiendo la frustración de no poder encontrar un arreglo rápido—, les enseñamos a los hijos a tolerar sus emociones.

El conflicto ofrece a padres e hijos lecciones de vida intemporales: «Sí, puedes *efectivamente* hacer valer tu voluntad y no serás castigado por ello. Pero también debes aprender a aceptar y asumir la voluntad de otro.» Al mismo tiempo, los padres aprendemos a sofocar nuestra necesidad de control. ¡De hecho, la crianza consciente es una transformación que se produce en doble dirección!

Si como padre o madre puedes practicar y luego enseñar el baile del equilibrio entre el yo y el nosotros, les impartirás a los hijos una de las lecciones más difíciles pero también más esenciales de la vida. Al aprender a contemplar el conflicto como un modo de experimentar el valor de la pérdida, la belleza de crear una solución negociada o la insensatez de vivir en un mundo rígido de o bien eso o bien lo otro, les enseñamos a los niños a abordar la vida tal como es: llena de exigencias complejas y enfrentadas, e imprevisible al máximo. Les enseñas que en la vida ganar tiene que ver con hallar soluciones creativas, con ser flexible y aprender a negociar de forma honrada con gente a la que aprecias.

CÓMO IMPONER DISCIPLINA DE UNA MANERA QUE FUNCIONE

Tradicionalmente, la relación entre padres e hijos ha sido jerárquica y lineal: el progenitor dicta normas y órdenes como un general, y los niños obedecen o, si no, reciben un castigo.

Una relación consciente no es nunca lineal ni jerárquica. La disciplina consciente no se basa en el posicionamiento de los padres *frente a* los hijos, sino que supone una dinámica circular de los padres *con* los hijos. La *relación* entre los hijos y los padres es de primordial importancia, no consiste en técnicas específicas. Al margen de lo que pueda estar pasando con respecto al *contenido* de la relación, la relación propiamente dicha debe tener siempre carácter circular. Muchos problemas de conducta se pueden atajar simplemente modificando de esta manera la dinámica padres-hijos.

Si nos centramos solo en el contenido de la conducta de los hijos, quizá nos veamos limitados a unas cuantas estrategias, como las reprimendas, los aislamientos en el cuarto o los castigos, que no solo provocan estrés y contrariedad, sino que además reducen las posibilidades de desarrollo personal. Como convertimos la conducta inadecuada en algo vergonzoso, los hijos pierden oportunidades de autoaprendizaje.

En general, para los niños la disciplina tiene connotaciones negativas. Ya la mera palabra «disciplina» huele a autoridad y control, a la vez que evoca imágenes de castigo. En contraste, si entendemos la disciplina no como imposición de disciplina basada en el miedo sino como enseñanza de lecciones de vida cruciales, los niños aprenden a utilizar el discernimiento y el buen juicio, a tomar decisiones efectivas y a buscar soluciones positivas. Por esta razón, creo que sustituir el término «disciplina» por algo como «modelado conductual» está más en consonancia con un enfoque consciente del estilo parental. El modelado conductual conlleva responder a *todas* las conductas de los niños, no solo a las que nos parecen poco deseables. Nos centramos en lo positivo en la misma medida o más.

En vez de considerar que los momentos conflictivos son un fastidio, el modelado conductual utiliza el conflicto como laboratorio para el aprendizaje. Por eso, el modelado tiene lugar continuamente, a cada momento, no se limita a algunos intervalos punitivos. La firma de este modelado es el *refuerzo positivo*, una herramienta más eficaz que el castigo, que significa que, si tu hijo se lava los dientes deprisa y corriendo, mejor que no te obsesiones con el trigésimo primer diente que no está del todo limpio y que te centres en el que sí lo está. Si el niño se hace el remolón a la hora de estudiar geografía, en vez de criticarle por su incapacidad para sentarse y estudiar una hora seguida, elógiale cada vez que estudie durante diez minutos. Si el hijo ha sido grosero con uno de sus amigos, la primera vez que hable con educación, y todas las veces siguientes, toma nota de esa conducta y refuérzala.

Si nos centramos en la conducta sana, sobre todo en las buenas intenciones, invitas a los niños a orientarse hacia su luz interior. Como si fueran una flor, tienden a volverse hacia esa luz. El problema es el siguiente: ¿crees que tus hijos han de estar motivados por lo que hay de bueno en ellos o por la aplicación de medios punitivos? La respuesta a esta pregunta determina tu planteamiento del proceso parental en su totalidad.

Por ejemplo, si el niño saca un suficiente en la escuela, regañarle o castigarlo no sirve para abordar lo que está pasando realmente. Hay que tener en cuenta sus limitaciones: ¿se esfuerza por superarlas? ¿Está aprendiendo a ser humilde y asumir su normalidad, a aceptarse a sí mismo? ¿Se implica y disfruta del aprendizaje? ¿Está de veras presente en su experiencia educativa? En momentos así, esos son los problemas primordiales, no la cuestión concreta de las notas.

Si te centras en las notas o en los avances de su desarrollo, y piensas que como tu hijo sabe hacerlo tú tienes que empujarlo, proyectas características divinas en los sobresalientes o en su capacidad para no usar ya pañales a los dos años. De este modo, no ves lo divino del suficiente o de la conducta que para ti es «perezosa», «falta de interés» o «con déficit de atención». Los padres *conscientes* ven lo divino en *todas* estas cosas.

LA REGLA SOBRE LAS REGLAS

Muchos padres están todos los días peleándose con los hijos: sobre la comida, la ropa que han de llevar o los deberes que han de hacer. La mayoría de esos lances están relacionados con nuestro ego y su necesidad de controlar. Si nos vemos a menudo enredados en conflictos con los niños sobre asuntos de poca monta, acaso sea una señal de que estamos demasiado involucrados en su vida.

Cuando un problema no es una cuestión de vida o muerte y aun así insistimos en nuestro sistema para hacer las cosas, quizá pensemos que estamos enseñando a los hijos respeto por las reglas cuando en realidad pretendemos que sean como nosotros: rígidos e inflexibles. Por eso el conflicto prosigue implacable. Los niños pronto hacen oídos sordos porque saben que queremos las cosas a nuestra manera sin tener en consideración sus deseos. Y así es como empiezan a robar, a hacer cosas a escondidas o a mentir.

Presos de la ansiedad, a veces nos volvemos estrictos al máximo sin intención. Por miedo a perder el control y a que los niños nos dominen, acabamos siendo de lo más severos. Y entonces interpretamos incluso los actos de rebeldía sanos como signos de desobediencia, como un ataque a nuestra autoridad. No se puede regular todo. Si una casa tiene demasiadas reglas, un día se vendrá abajo sin más. Los niños sometidos a demasiadas normas, y con poco espacio para explorar y experimentar, seguramente se decantarán hacia el lado salvaje, incapaces de seguir asimilando la rigidez de sus padres.

Si se somete todo a reglas, el niño se siente reprimido. Lo peor que podemos hacerle a su espíritu es crear un ambiente en el que inspeccionemos todas las expresiones de sí mismo por si hay alguna infracción. Si las reglas han de suscitar la atención de los hijos, deben ser pocas y sencillas, para que crezcan en una casa en la que se sientan seguros, se familiaricen con esas reglas y sepan que no les van a imponer otras nuevas cada día. Sean cuales sean las normas requeridas, tienen que garantizar que los niños disfrutan del espacio suficiente para deambular libres de problemas y preocupaciones.

Entre las reglas principales y las reglas flexibles hay una diferencia. Las primeras abarcan el respeto a la autoridad paterna en cuanto al momento de acostarse, los deberes escolares, el horario de las comidas y la hora de levantarse, entre otras; el respeto a la autoridad de los padres cuando dicen no; el respeto por uno mismo (también por la tranquilidad y la seguridad propias); y la actitud y el tono respetuosos hacia los demás.

Por desgracia para nosotros y nuestros hijos, no son muchas las oportunidades para aprender los fundamentos de la buena conducta. El modelado de la conducta tiene la máxima importancia en el intervalo comprendido entre un año y seis años, la época formativa durante la cual se consolidan los horarios para los deberes escolares y otras rutinas, como bañarse o acostarse. Si no aprovechamos la oportunidad para influir durante esos años en la conducta de los niños, estos, cuando entren en la preadolescencia, se portarán mal. Si a los nueve años un niño no ha aprendido a sentarse y trabajar en silencio en algo, es muy posible que se encuentre toda la vida con este problema.

Si queremos que se sigan nuestras normas, al transmitirlas tenemos que ser serios. Muy a menudo, los padres no son consecuentes con las reglas o simplemente no se atienen a ellas, y luego no entienden cómo es que sus hijos las pasan por alto. Las reglas de respeto a uno mismo y los demás han de implantarse al principio de la partida. Si no les enseñamos a asimilar nuestra voluntad y respetarla, crecerán pensando que es aceptable pisotear a otro ser humano. La consecuencia es que acabamos criando niños narcisistas que no saben ser empáticos con los otros. Incapaces de mantener relaciones, sus compañeros suelen aislarlos.

Las reglas flexibles son las que no tienen ninguna incidencia en el bienestar o la salud del niño. En cuanto se han establecido las reglas principales, tanto los padres como los hijos han de contribuir a la lista de reglas flexibles, que se pueden discutir y acordar entre todos. Los niños han de poder decirnos «no» en un diálogo permanentemente fluido en el que se produce un intercambio de puntos de vista entre espíritus. Cuando nos ven utilizar nuestro poder para establecer las reglas principales pero nos ven también dispuestos a ceder poder para que ellos puedan mostrar su plena condición de persona, el modelado conductual llega a ser un verdadero intercambio espiritual entre padres e hijos.

Son las reglas flexibles, más que las principales, las que enseñan a los hijos las lecciones importantes de la vida, pues les proporcionan la oportunidad de expresar su opinión. Los hijos aprenden que en las relaciones hay concesiones mutuas y que los asuntos se pueden negociar, una destreza fundamental para obrar con eficacia en el mundo adulto. Las reglas flexibles afectan a la ropa que se puede llevar, los alimentos que conviene comer, los intereses y las aficiones que cabe tener, las películas y los libros de los que se puede disfrutar, las amistades que hay que mantener o la forma de emplear el tiempo libre. Mediante un equilibrio saludable de reglas principales y flexibles, los niños aprenden a tener límites adecuados así como respeto por el diálogo con los demás.

Cuando llegan a la adolescencia, los niños han de saber que se les deja llevar lo que les gusta (siempre y cuando no se pasen de la raya y respeten su sentido del bienestar y la seguridad), expresar sus intereses y pasiones, y elegir a sus amigos. Si les hemos enseñado como es debido a respetarse a sí mismos y respetar a los demás desde pequeños, seguro que ya no perderán ese respeto cuando sean mayores.

Cuando negociamos reglas flexibles con los niños, damos ejemplo de resiliencia y al mismo tiempo modelamos cierta disposición a aprender lecciones emocionales junto a ellos. Dejamos nuestra agenda *perfecta* y aprendemos cosas sobre nuestro yo imperfecto. Esto nos libera para adoptar un enfoque más blando de tal modo que las situaciones potencialmente estresantes se puedan abordar con creatividad y espíritu divertido.

Mientras modelamos la disposición para participar en elaborar entre todos una solución a una situación concreta, transmitimos la sensación de que en eso estamos *juntos*. Los niños aprenden que hay que escuchar a todas las partes en conflicto, lo cual lleva a que cada uno obtenga lo que de veras le importa. Así es como los niños aprenden a pensar de forma no convencional a fin de encontrar soluciones creativas que surtan efecto para todos. Se trata de una lección especialmente importante en el cada vez más diverso mundo actual.

ENSEÑAR ES MÁS EFECTIVO QUE CASTIGAR

A veces hay que hacer frente a conductas inapropiadas. Si los hijos realizan actos poco respetuosos, debemos conseguir que se fijen en ello en el preciso momento en el que ocurren. Por ejemplo, si el niño golpea a alguien o se comporta como un consentido, es imprescindible responder con rapidez y compromiso. El modo de hacerlo dependerá del nivel de madurez del chico.

En la niñez temprana (entre uno y dos años y medio), puedes sostenerlos en brazos y estar muy presentes con ellos hasta que se tranquilizan. Como a esta edad no cabe esperar que se contengan, tú haces la contención por ellos. Por otra parte, si tu hijo adolescente te habla con mala educación, debes estar presente con él de una manera no combativa.

Unas veces conviene soltar a los hijos algo parecido a una reprimenda, mientras otras es mejor abordarlos en broma, con delicadeza, o transmitiendo elogios y refuerzo positivo. En otras ocasiones, los niños necesitan que los moldees dando testimonio de que los dejas que resuelvan las cosas por sí mismos. Cantar, bailar, actuar o interpretar también pueden servir para ayudarlos a entender la forma idónea de comportarse. De estas y otras maneras, los niños interiorizan las normas que les has pedido que cumplan. De este modo, vivir con contención se convierte en un hábito que potencia su forma natural de ser.

El castigo quizás interrumpa una conducta, pero desde luego no le enseña al niño a sustituir una conducta inadecuada por otra más provechosa. En vez de castigarlo sin más, cabe utilizar las mismas situaciones problemáticas para enseñar el arte de la reflexión, lo que abrirá el camino a posibles formas de gestionar situaciones mediante la resolución de problemas.

Por ejemplo, si el niño se porta mal y eres consciente de que está cansado, en lugar de centrarte en su berrinche, puedes apuntar directamente a su experiencia emocional y decir: «Ahora mismo debes de estar muy cansado.» Y si está triste por algo, cabe preguntar: «¿Te comportas así porque estás triste?» Entonces se abren las puertas del procesamiento emocional. Tras identificar su estado emocional y entrar en él junto con el niño, puedes hablar así: «Al margen de cómo te sientas, no puedes portarte así. Busquemos otra manera de transmitir tu estado de ánimo.» A continuación, puedes enseñarle a comunicar sus sentimientos de una manera directa, no indirectamente mediante una rabieta.

Si los hijos son incapaces de encontrar un medio para expresarse de manera directa, su mente y su cuerpo descubren otros. Disociados de su mundo interior, se ven impulsados a buscar en otra parte lo que interpretan como las piezas que faltan. Eso suele tomar la forma de conducta o bien autodestructiva o bien perjudicial para los otros.

Cuando los niños se ponen demasiado pesados y rebeldes, empiezan a robar, a hacerse cortes, a dejar de bañarse o a faltar a clase, signos todos ellos de que a sus emociones les pasa algo. El estado anímico de un niño se manifiesta a menudo en síntomas asociados al cuerpo, como migrañas, dolor de estómago o crisis de ansiedad. Esto ocurre cuando el niño ha llegado a estar tan distanciado de sus sentimientos reales que tiene el cuerpo sobrecargado de emociones no expresadas. Tal vez esté tan abrumado por el papel de niño complaciente o superdotado —o, al revés, el de rebelde o chico malo— que al final se viene abajo y el cuerpo sufre las peores consecuencias de que la persona se haya desmoronado.

Como padres, cuando nos enfrentamos a estos medios secundarios de búsqueda de la atención, tendemos a reaccionar con inquietud. Por ejemplo, si el hijo empieza a ir mal en la escuela, nos enfadamos y queremos controlar. Si el niño está sufriendo una cantidad excesiva de problemas físicos, lo llevamos a un especialista tras otro. Con los síntomas físicos, la situación es especialmente delicada, pues siempre existe la posibilidad de que estos síntomas tengan una causa física. El problema es que quizá sin darnos cuenta reforzamos la idea del niño de que a su cuerpo le pasa algo malo en vez de acceder a la cuestión emocional subyacente. Por eso es tan importante que forjemos para los hijos el espacio donde puedan expresar quiénes son partiendo de los aspectos emocionales.

En cuanto entiendes que tus hijos tienen una conducta positiva o negativa debido a un estado emocional latente, puedes enseñarles a manifestar las emociones de manera directa. Si expresan los sentimientos así es que son capaces de explicar que están enfadados en vez de adoptar una conducta revoltosa potencialmente ofensiva o destructiva. Del mismo modo, pueden señalar que están tristes en vez de recurrir a comportamientos autodestructivos. Cuando les enseñas a acceder a su mundo emocional de forma constante, no sienten la necesidad de representar sus emociones con la idea de llamar la atención. Como se sienten escuchados, no tienen motivos para atraer la atención. Al sentirse aceptados y validados, no experimentan ninguna tendencia obsesiva a ahogar las emociones dolorosas en conductas negativas.

Si los hijos ven que articulas las emociones de una manera directa y natural, emulan tu proceder. Para expresar lo que sientes, no tienes por qué gritar ni chillar. En lugar de ello, ante un problema entre tu hijo y tú, puedes decir: «Sobre esto, los dos tenemos sentimientos. Háblame de los tuyos y yo te hablaré de los míos.» Es crucial que los hijos sepan que sus sensaciones son tan importantes como las tuyas.

Supongamos que les propones que te cuenten lo que les molesta; si el asunto tiene que ver con algo que has hecho tú, puedes decirles esto: «Dime en qué crees que me he equivocado y cómo puedo corregirlo. Voy a escuchar todo lo que esté provocándote pena ahora mismo. Exprésate con libertad... No te juzgaré.» En una situación así, es esencial estar dispuesto a admitir los errores. A los niños puedes decirles esto: «Sé lo que se siente cuando uno percibe que se le falta al respeto. Lamento haberte hecho sentir así. Busquemos una manera gracias a la cual podamos experimentar respeto el uno por el otro.»

Si tu hijo roba, puedes formularte ciertas preguntas: «¿Hay algo en mi presencia que genere en mi hijo la necesidad de robar? ¿Qué carencia interna está intentando satisfacer mi hijo mediante el robo?» Se trata de una oportunidad para identificar las raíces emocionales de la conducta, pues un comportamiento así no sale de la nada sino que siempre lleva aparejada una razón emocional subyacente; sacarla a la luz es responsabilidad tuya.

Imagina que acompañas a los hijos a vivir en la realidad de una manera aceptable al mismo tiempo que dejas de considerarte el encargado de imponer disciplina. La coherencia es clave. No puedes moldear una conducta sí y otra no, o influir en ella un día y al día siguiente pasarla por alto. Si un día su comportamiento te saca de tus casillas y otro no les haces caso, los hijos aprenden a manipularte.

EL MAL COMPORTAMIENTO REFLEJA NECESIDADES EMOCIONALES INSATISFECHAS

Casi nunca nos damos cuenta de que, cuando los hijos se portan mal de verdad, seguramente es porque están gritando: «¡Ayúdame, por favor!» En realidad, están diciendo: «Interrumpe mi conducta, por favor, o me haré daño o le haré daño a alguien. Quiero aprender a contenerme porque no me gusta sentirme así cuando estoy descontrolado. No me gusta sentirme culpable por haber lastimado a los demás y no me gusta sentirme avergonzado todo el rato. Soy una buena persona. Ayúdame a expresar mi bondad, por favor. No quiero ser alocado ni rebelde. Eso me sienta fatal.»

Comprendo que es difícil escuchar esta súplica subyacente cuando un hijo está pataleando, mordiendo, chillando, bebiendo o tomando drogas. Como esas conductas extremas nos asustan, resulta difícil mirar debajo de la manifestación externa en busca de algo que nos permita entender mejor. No obstante, solo si aceptamos que los hijos se portan mal debido a una necesidad emocional insatisfecha somos capaces de emprender un proceso serio de indagación.

El modelado conductual reconoce que la causa de que los hijos tengan conductas problemáticas no es que sean malos y que deban ser amenazados con castigos; en realidad, son buenas personas que están experimentando sensaciones difíciles que todavía no han aprendido a expresar de forma contenida. Si no se aborda la emoción subyacente, continuarán las manifestaciones superficiales de conducta inapropiada. Cuanto más aprendan los hijos a exteriorizar sus emociones de manera contenida, menos veces se comportarán mal. El objetivo del modelado emocional siempre es la autorregulación emocional.

Quiero subrayar una vez más la crucial importancia de que el modelado conductual esté ligado al grado de madurez de los niños, no a su comportamiento concreto ni a la edad cronológica. Por tanto, igual que las escuelas llevan a cabo evaluaciones de tus hijos para conocer el grado de desarrollo educativo, tienes que hacerles evaluaciones emocionales de continuo. No propongo hacer una valoración formal, sino ahondar en el conocimiento de su estado real mediante la observación, en vez de *dar por hecho* que están donde *deben* estar.

Hay niños maduros para la edad que tienen, mientras otros maduran más despacio. Tenemos tan metidas las ideas tradicionales de edad y madurez que no llegamos a identificar el temperamento único de cada niño. Instar a un niño a «crecer» partiendo de su edad cronológica es un ejercicio infructuoso que solo destruye su sentido de validez. Si nos frustra que el crío no «es como los otros de su edad», haremos bien en recordar que la edad no es más que un constructo —un artificio con el que, en el caso de darlo por bueno, podemos limitar el espíritu del niño—. Por tanto, es prudente evitar las comparaciones.

Cada niño necesita planteamientos distintos en mayor o menor medida. Algunos funcionan bien con el refuerzo positivo, que utilizan para avanzar hacia el cambio. A otros les va mejor con reglas y directrices. Y aun otros prosperan gracias a la atención emocional, que favorece la creatividad. Según sea el niño que tengamos delante, debemos ajustar el foco para satisfacer sus necesidades individuales.

Mi hija es precoz en algunas áreas emocionales: para la edad que tiene, va al menos dos años avanzada. En otras, es normal, quizás esté incluso por debajo de la media. Si no soy capaz de identificar las áreas en las que va adelantada y aquellas en las que va más atrasada, la trataré con arreglo a cómo *creo* yo que deben ser tratados los niños de su edad. Si no llego a conocer su grado concreto de madurez, mis esfuerzos por enseñarle contención probablemente serán inoperantes.

Cuando los niños se portan mal, es importante que te formules las siguientes preguntas:

¿Mi hijo se ha portado mal a causa de una falta de criterio derivada de inmadurez emocional o con pleno conocimiento del asunto y, por tanto, manteniendo una actitud descaradamente rebelde?

¿Es mi hijo capaz de dominar la tarea que tiene entre manos o no tiene los recursos necesarios?

¿Necesita mi hijo que le dé una respuesta más elaborada porque se encuentra en un grado de desarrollo superior?

Si tu hijo se porta mal por falta de criterio debido a inmadurez, comienzas de inmediato a obrar desde otra perspectiva. En vez de asumir la función de imponer disciplina, adoptas el papel de educador. A la rigidez, cuando está en funcionamiento la máxima de «a mi modo o nada», le sustituye la preocupación por las necesidades del niño en ese momento concreto.

LA RESPONSABILIDAD DE LOS PADRES
EN LA CONDUCTA DE LOS HIJOS

Tanto si tu hijo se rebela descaradamente como si se porta mal como norma, has de aceptar tu responsabilidad en que esa conducta se mantenga. Los niños son desafiantes porque se han acostumbrado a salirse con la suya. Por supuesto, hay niños más obstinados porque así es su temperamento, pero transforman su terquedad en rebeldía mediante su relación con nosotros. Si no te das cuenta de ello, comenzarás a creer que tu hijo es malo.

Cuando un crío de cinco años tiene un berrinche, cortas esa conducta de golpe y le muestras vías alternativas para manejar las emociones. Si a los seis años te saca la lengua, no lo pasas por alto sino que le lanzas una mirada seria y le dejas muy claro que eso es inaceptable. Cuando a los siete te pone a prueba pidiéndote más caramelos o que le dejes ver la televisión más rato, pones fin a la manipulación y estableces unos límites. Si a los ocho te da con la puerta en las narices, entras en su cuarto y de manera tranquila pero inequívoca le haces ver su falta de respeto. Cuando a los nueve años se distrae mientras hace los deberes, te sientas con él un día sí y otro también hasta que aprende a concentrarse y a cumplir con sus obligaciones (y te aguantas las ganas de hacerle el trabajo y solo lo ayudas si es realmente incapaz de hacerlo por sí mismo). Si a los diez finge no oírte o te contesta mal, aprovechas la ocasión para explicar que este comportamiento es inadmisible. Cuando a los once roba o dice mentiras, adoptas una actitud más firme y procuras que su conducta tenga consecuencias. En otras palabras, te tomas en serio su modo de obrar.

Hay varias situaciones de la vida real que ilustran cómo se sustancia ese planteamiento en la práctica. Empezaré con una madre que pide a su hija que recoja los zapatos y los guarde en el armario. La hija no hace caso. La madre vuelve a pedírselo. No hay respuesta. La madre ya no lo repite más y al cabo del rato recoge los zapatos ella misma. ¿Qué tiene que pasar en esta situación? La madre le brinda a la hija la posibilidad de corregirse. Si la hija no lo hace, la madre la redirige con toda naturalidad hacia la tarea en cuestión, sea de forma física o verbal, sin hacer ninguna interpretación emocional del comportamiento. Es fundamental que la madre no se desconecte hasta que se haya completado la tarea; si manifiesta presencia suficiente, la hija responderá porque la presencia auténtica es magnética. En tal caso, la madre elogiará que respete la necesidad de mantener la casa ordenada para que todos puedan disfrutarla sin tropezar con cosas tiradas por ahí.

Pasemos ahora al caso de un padre que le pide a su hijo que apague la televisión y haga los deberes. El chico no le hace caso. El padre reacciona gritando, lo cual resulta infructuoso, pues el chico sigue sin hacer nada: no hace caso de lo que le dicen incluso cuando le llueven insultos. Al final, el padre, exasperado, se da por vencido. Hagamos una nueva versión de la escena. Si el chico no presta atención al padre, se le dice que la próxima vez que se le pida que apague la televisión ha de obedecer. Si sigue sin hacer caso, el padre invade su espacio, coge el mando y con calma, no enfadado, la apaga él mismo. A continuación se queda con el mando y le explica al hijo que volverá a confiar en él si demuestra ser capaz de cumplir las normas. Esa noche no vuelve a encenderse la televisión por muchos lloriqueos y súplicas que haya. La noche siguiente, el hijo pide el mando a distancia, y, tras comunicarle de nuevo con claridad sus expectativas, el padre se lo da. Como esa noche no hay enfrentamiento a causa de la televisión, el padre elogia al hijo por el cambio de conducta.

Dos niños están en la mesa, muy atareados pintando. La madre les pide que, después de pintar, despejen la mesa y se marcha. Los niños no hacen caso de las instrucciones de su madre, pero ella no hace nada al respecto; es la mujer de la limpieza la que más tarde lo recoge todo. La madre debería haberse quedado al ver que los niños no hacían caso, tendría que haberles quitado la pintura y haberles dicho que limpiaran. Luego, los habría elogiado.

La hija, de seis años, hace un bonito dibujo y corre a enseñárselo a su madre, que, ocupada como está hablando por teléfono, no le presta la menor atención. La hija hace un dibujo más grande y más bonito. La madre la manda callar. La niña le pega a su hermano. Entonces la madre grita: «¡Eres una niña mala!» En ese momento, en vez de chillar y avergonzarla, la madre podría llamar a la cría y explicarle cómo se sentirá el hermano al que le ha pegado. En lugar de dar a la conducta de la hija más importancia de la que tiene, le pide a la pequeña que haga las paces con el hermano. Lo ideal sería que la madre rastreara la dinámica hasta el momento en que su hija le reclamaba atención. Habría sido mucho mejor que, cuando la niña de seis años acudió por primera vez a su madre, esta se hubiera tomado un momento para responder y hubiera alabado no solo la aptitud de la niña para el dibujo sino también su capacidad para cuidar de sí misma y encontrar algo interesante que hacer mientras ella estaba al teléfono. De ese modo, la hija se habría sentido satisfecha desde el punto de vista emocional.

Un niño de ocho años está solo en casa todos los días al volver de la escuela. Cuando llegan sus padres, están ocupados con trabajo de la oficina o quehaceres domésticos. Por consiguiente, el niño se siente solo. Se pone a jugar con cerillas y nadie se da cuenta. Tiene la impresión de que a todo el mundo le da igual. No acude nadie ni siquiera cuando hace una hoguera en su cuarto. Un día hace una hoguera en la escuela y lo expulsan temporalmente. ¿La respuesta de los padres? Lo castigan sin salir durante tres meses.

Los padres harían bien en interpretar la expulsión como una advertencia. Pueden pedir orientación psicopedagógica para entender que su hijo está reclamando atención. También pueden disculparse por su negligencia e intentar cambiar el horario de trabajo, o buscar a alguien que esté en casa cuando el niño llegue de la escuela. Por otra parte, también es necesario que los padres le dediquen tiempo de calidad todos los días.

Los niños no están concebidos para aceptar entusiasmados cualquier orden que les demos y, además, tampoco debemos hacerlo. Dicho esto, han de entender los límites de su conducta a fin de tener claro lo que se espera de ellos y lo que no. Pero solo podemos enseñarles eso cuando sentimos en lo más hondo nuestro derecho a enseñarlo y nuestro derecho a ser respetados. No es cuestión de exigir respeto de una forma egoica, sino de estar tan *presentes* que impongamos respeto.

Si somos conscientes del equilibrio entre flexibilidad y estructura, también seremos capaces de dejar que los hijos jueguen con libertad y se expresen con naturalidad dentro de los límites de lo que es apropiado. Si traspasan la línea, hay que proporcionales estructura. En la danza continua entre dejar hacer e intervenir los padres tienen la oportunidad de enseñarles a ser su propio contenedor.

En primer lugar, hay que tener claro que los límites somos nosotros mismos. Muchos padres tienen miedo de invadir el espacio de los hijos y de tomarlos de los hombros, con tacto pero también con firmeza, y guiarlos hacia donde necesitan ir. Como tememos la confrontación y tenemos nuestro propio concepto del poder, dejamos que los hijos hagan lo que les plazca porque preferimos enfurecernos con ellos que adoptar las medidas enérgicas necesarias para ajustar su conducta.

Un ejemplo clásico de esto es Robin, cuya hija de cuatro años, Jolyn, no se echaba nunca la siesta, por lo que a la hora de acostarse siempre había jaleo. De tan nerviosa que estaba, era dificilísimo lograr que se durmiera. La noche conllevaba mucho estrés además de gritos y llanto. A menudo Robin se acostaba antes que Jolyn, que se quedaba despierta hasta la una o las dos de la madrugada. La falta de sueño reducía la capacidad de todos para funcionar bien durante el día.

«No quiere acostarse y ya está; ¿cómo voy a obligarla?», se preguntaba Robin, que pensaba que exigirle a la hija que se tumbara durante el día o en un momento concreto de la noche era ir contra la voluntad de la pequeña. No entendía que imponerle una rutina favorecería el bienestar de la niña. Robin tiene que coger a Jolyn de la mano, acompañarla a la cama, arroparla y asegurarse de que se queda acostada. Si Jolyn se levanta, Robin vuelve a llevarla con delicadeza de nuevo a la cama y a arroparla. Si la niña se levanta otra vez, Robin tiene que ir de nuevo a la habitación, pero ahora sin perder tiempo. Ha de ser todo como si tal cosa. Si hay que llevarla a la cama varias docenas de veces, así es como ha de ser; y todo sin enfado ni irritación por parte de Robin. El factor clave es la presencia sostenida, no reaccionar impulsivamente. Puede repetirse este escenario varias noches antes de que Jolyn sustituya sus ritmos por otros que le resulten más beneficiosos.

Sin ese tipo de conducta estructurada, Jolyn acabó agotando el depósito emocional, que era el origen de todo el trastorno. Para un niño pequeño, la siesta y la hora de acostarse son elementos de las reglas principales y, como tales, *innegociables*. Si los padres actúan con resolución, el niño enseguida captará que el asunto no tiene vuelta de hoja. El problema de Robin era que no estaba segura de lo clara que debía ser en la aplicación de esa regla.

POR QUÉ LOS NIÑOS ENCANTADORES SE CONVIERTEN EN ADOLESCENTES REBELDES

Aunque ya hemos abordado en cierta medida la rebeldía de los adolescentes, como en la actualidad es un verdadero problema, quiero volver sobre el tema y añadir algunas percepciones. Los adolescentes disfuncionales no surgen de la noche a la mañana. Son la consecuencia de años de autenticidad subyugada y falsas promesas. Han estado sufriendo una muerte lenta y ahora tienen que librar una batalla permanente solo para sentirse vivos. Ningún adolescente quiere ser *malo*; es solo que no saben ser de otra manera.

Que un niño al crecer se convierta en un adolescente rebelde, se debe a la falta de autenticidad, de contención y de conexión con los padres, o a la combinación de las tres cosas. Por ejemplo, puede que un niño que no haya tenido una conexión real suficiente con los padres al llegar a la adolescencia sienta la necesidad de comportarse de una manera llamativa para hacerse notar.

Cada vez que tus hijos se portan de forma rebelde hay una motivación latente: que tú les hayas prestado una atención negativa o que ellos no hayan aprendido a respetar los deseos de los otros. Se les ha permitido traspasar los límites sin pagar las consecuencias. Cuando te enfrentas a momentos difíciles con los hijos, en vez de ser impulsivo formúlate las siguientes preguntas:

¿Mi hijo está portándose así porque soy incapaz de ser firme y consecuente?

¿Estoy dejando claro que no apruebo en absoluto la conducta de mi hijo? ¿O no me expreso con precisión y mando mensajes ambivalentes?

¿Debo replantearme mis expectativas y calibrar de nuevo la idea que tengo de la capacidad emocional de mi hijo?

¿Mi necesidad de controlar viene provocada desde fuera y estoy reaccionando ante mi hijo partiendo de un estado provocado?

¿Tengo dificultades para interaccionar con mi hijo con reciprocidad y me guío por el *o a mi modo o nada*?

¿La sensación de impotencia y pérdida de poder que me provoca mi hijo se debe a los condicionamientos que arrastro desde tiempo atrás?

¿Percibe mi hijo que, como siento incomodidad con el conflicto, fastidio aún más?

¿Es posible que no crea en mí mismo y, por tanto, no confíe en que puedo ganarme el respeto de mi hijo?

¿Está mi hijo pidiendo a gritos mi atención porque he estado ocupado y no le he hecho caso cuando se portaba mal?

¿Tengo tan poca tolerancia a la frustración que no puedo dialogar con mi hijo porque eso me provoca demasiada ansiedad?

¿Estoy tan presionado y tenso que pierdo la cabeza a la

menor percepción de pérdida de control? Tras entregarme a mi familia todo el día, ¿me siento resentido y doy rienda suelta a la menor provocación?

¿Estoy quedándome sin recursos y no puedo materializar la presencia que mi hijo merece?

¿Es posible que no sepa responder al carácter temperamental de mi hijo y que esto me cause ansiedad?

¿Me presiono y presiono a mi hijo para que se comporte de la manera *correcta* hasta el punto de que, si las cosas no van como está previsto, pierdo mi sentido de la perspectiva?

Si no somos conscientes de nuestros sentimientos, echamos la culpa a los hijos por *hacernos* sentir de una manera determinada, lo cual desencadena en ellos los sentimientos que arrastramos nosotros. En la medida en que descargamos la ansiedad en los hijos, ellos llevarán incorporadas nuestras emociones no procesadas, lo que significa que también actuarán de manera desequilibrada. A continuación, su estado nos catapulta a una reacción intensificada; así el ciclo de dolor se mantiene de generación en generación.

Aunque, tal como se ha señalado antes, la energía emocional de cada parte despierta estados emocionales en la otra, hemos de dejar claro que nadie puede *hacer* que nos sintamos de determinada manera. Con independencia de lo que pueda parecer a primera vista, en lo más profundo nadie tiene este poder. Las semillas de la irritación, la impotencia, la frustración o la tensión solo pueden florecer si ya estaban dentro de nosotros. En todo caso, si nos sentimos impotentes y un tanto descontrolados, el menor indicio de que no se nos escucha o bien hará que sintamos que perdemos poder, y seremos incapaces por tanto de manejar a los niños, o bien nos empujará a descargar la frustración en ellos. El grado en que llegamos a estar emocionalmente agitados a causa de los niños refleja el grado en que *ya* estábamos agitados antes por dentro.

En cuanto entendemos que nadie tiene el poder de provocarnos infelicidad, podemos librarnos de la importante inversión en guiones de vida e improntas emocionales. Esto nos permite modificar el espacio energético que habitamos al interaccionar con los demás, lo cual pone punto final a todo drama. Al no considerarnos ni víctimas ni vencedores, ni mártires ni meros supervivientes, ya no necesitamos el drama para sentirnos vivos. Si de vez en cuando nos sentimos provocados, somos capaces de controlar nuestra reacción antes de causar daño o trauma a otros.

A la inversa, somos capaces de tener una consideración positiva hacia los hijos solo cuando ya la tenemos hacia nosotros mismos. Solo en la medida en que estamos seguros de nosotros mismos podemos interaccionar con los hijos en un marco de confianza. Eso se debe a que lo que experimentamos internamente, sea lo que fuere, en última instancia se manifiesta externamente, que es lo que afecta a los hijos y, a su vez, nos afecta a nosotros... y así se repite el ciclo. Como en este nivel profundo no hay separación y somos *uno* con los hijos, estos acaban siendo reflejos de nuestro ser interior, con lo que son idóneos para actuar como nuestros guías espirituales.

LAS TÁCTICAS SEVERAS SALEN MAL

Muchos padres creen que si dan miedo, o incluso si aplican castigos corporales, los niños aprenderán lo que les conviene. Pero no es así; lo que ocurre, en cambio, es que los niños nos cogen miedo, lo cual los desconecta de su deseo natural de ser las buenas personas que son por naturaleza. Si queremos imponer un grado notable de disciplina a los hijos, tenemos que aprovechar nuestra autoridad y ser firmes a la vez que intensificamos la conexión emocional con ellos. La táctica del miedo solo nos permite obtener una conexión atenuada.

Si estás buscando un *arreglo* sencillo para la conducta de tus hijos, prepárate para las decepciones a largo plazo. En la labor parental no hay respuestas pulcras y aseadas. El denominado amor duro (quien bien te quiere te hará llorar) genera, en última instancia, resentimiento. Tu cometido consiste en refrenar la severidad a fin de que los hijos aprendan a depender de sus recursos internos para determinar cuál es el comportamiento bueno o malo en una situación dada. Aunque de vez en cuando unos padres agobiados puedan regañar a un niño, incluso levantarle la voz (como ya he dicho que me pasó a mí el día de la playa con mi hija de tres años), esto no puede ser una pauta habitual si queremos educar a los hijos de manera consciente.

Si utilizas tácticas severas, las reprimendas provocarán en tus hijos sentimiento de culpa y ansiedad. En una situación así, no te respetan ni se respetan a sí mismos. Cuando los hijos no sienten respeto, se sienten culpables, lo que a su vez se traduce o bien en una sensación de vacío, o bien en falta de empatía hacia los demás. El sentimiento de culpa deriva de que ningún niño quiere faltar al respeto ni actuar de manera descontrolada.

El modelado de la conducta consciente requiere abandonar la dinámica en la que el niño se siente amenazado, deshonrado o rebajado: procura poner orden teniendo en cuenta las necesidades de las dos partes. Por ese motivo, el diálogo no puede ser unilateral. Tenemos que preguntarnos siempre si estamos respondiendo a la conducta de los hijos partiendo de nuestras necesidades o de la voluntad de atenderlos, y debemos estar abiertos a su aportación. La disciplina no puede basarse en ideas como «lo he dicho yo y esto es así», sino que hay que introducir otras del tipo «estas son las reglas, pero eres libre de tener tu experiencia con ellas, y yo estoy a tu disposición para escuchar qué piensas de todo ello». La disciplina consciente les pide a los hijos que sigan nuestras instrucciones, pero también les concede libertad para expresar sus opiniones.

Nuestra capacidad adulta para tolerar la frustración tiene sus raíces en la niñez. Para ser más exactos, parte de la capacidad de los padres para enseñarnos a manejar la palabra «no» y afrontar la emoción residual. La mayoría de los padres dicen no, pero no ayudan a los hijos a procesar las emociones que la rodean. La explicación de que evitemos ayudarlos a explorar sus decepciones es que no hemos abordado primero nuestros propios desengaños. O bien negamos sus sentimientos, o bien intentamos calmarlos rápidamente «arreglando» lo que pueda fallar o distrayéndoles de algún modo, lo cual es igualmente ineficaz. Así es como los niños aprenden a huir del malestar; luego, en la adolescencia y en la vida posterior puede comportar automedicación extrema.

Si nuestros hijos no aprenden pronto a gestionar sus emociones, sobre todo cuando se les niega algo, serán incapaces de afrontar los rechazos que irán encontrando en la vida. Reaccionarán con pataletas, como niños de dos años o, en un estilo más adulto, cogiéndose una borrachera o tomando drogas. Pocos nos damos cuenta de hasta qué punto nos saboteamos con nuestra conducta. En el origen de todo está la incapacidad para tranquilizarnos y tolerar la vida *tal como es*.

No hay que olvidar nunca la necesidad que tiene un niño de consuelo y de ejercer cierto poder. Tras cualquier tipo de modificación de conducta, es imperioso interaccionar con el hijo mediante narraciones de historias, abrazos o diálogos, según sean sus necesidades y su edad. La modificación conductual no puede realizarse nunca a costa de la relación.

El comportamiento de los niños no sale de la nada, sino que está relacionado con lo capaces que somos de ejercer nuestra autoridad, no la autoridad del ego, sino la de la presencia auténtica. Si estamos atascados en el nivel de satisfacción y reaccionamos de la manera tradicional yo-frente-a-ti, perdemos el poder y con ello la capacidad para dar respuestas creativas. Entonces tenemos la impresión de que los niños nos privan de algo, sea la cordura, la capacidad de mantener el control, el tiempo, la dignidad o el honor. Se convierten en entidades *hostiles*, no *cordiales*.

En vez de entablar las típicas batallas de uno contra otro, en las que nos decimos que todos los que están a nuestro alrededor son un reflejo de mí, es mejor responder a los desencadenantes de una manera muy distinta. La tradicional dinámica padre-frente-a-hijo debe ceder el paso a la idea de que los hijos son a menudo más sensatos que nosotros así como capaces de potenciarnos espiritualmente con la misma eficacia con que nosotros los potenciamos a ellos.

Observé que eso también funciona con adolescentes en el caso de un padre y su hija que habían estado muy unidos cuando la niña era pequeña. Al llegar ella a la adolescencia, sin embargo, la relación entró en una etapa tan disfuncional que apenas hablaban y la chica empezó a faltar a clase. La hija se sentía aislada y juzgada con severidad. Se lamentaba: «Mi padre siempre cree que miento y no confía en mí. No me conoce.» Al sentirse incomprendida y desatendida, para evitar la dureza de trato del padre alteró su personalidad mintiendo; así me lo explicaba: «Antes me importaba, pero ahora me da igual decir o no la verdad. Es mucho más fácil mentir.»

Desesperado, el padre no dejaba de repetir: «Siempre está mintiéndome. Debe dejar de mentirme.» Su método para poner fin a las mentiras de la hija fue dar una vuelta de tuerca y volverse aún más crítico y controlador. Como no paraba de interrogarla, el tiempo que pasaban juntos giraba en torno a la idea de llegar a la verdad. Se sentía *el padre* y actuaba totalmente condicionado por el miedo. Cuando le hice ver al padre que la relación con la hija había perdido su elemento humano y su capacidad provisora, él comenzó a ver la importancia de alejarse de la dinámica lineal en la que estaba atrapado. Al pasar más tiempo de calidad con la hija, fue capaz de forjar una alianza con ella. Se dio cuenta de que sin una alianza sólida entre ellos la disciplina solo los haría polvo. Entonces empezó a no asumir el papel de padre tradicional y se hizo amigo de su hija. Al cabo de unas semanas de interesarse por ella como persona, la conducta de la chica experimentó un marcado cambio a mejor. Más agradable y simpática, ahora mentía menos, sobre todo porque se sentía apoyada. No puede haber modificación de conducta sin una relación.

Cada vez que te encuentres repitiendo una dinámica sin obtener resultados, has de hacer una pausa y pensar: «¿Por qué estoy haciendo esto si no funciona?» La respuesta suele radicar en que has estado tratando a tu hijo de una manera que no es buena para ninguno de los dos. Si cambias el planteamiento, la dinámica cambia. La cuestión es si estás dispuesto a modificar el planteamiento.

CÓMO EJECUTAR EL «NO»

A nadie le gusta que le digan no. Para muchas personas la palabra «no» está asociada a mensajes amenazantes que recibieron tiempo atrás. También es posible que despierte el recuerdo de un padre implacable y severo o de una niñez privada de capacidad de actuación.

A pesar de ser adultos, cuando nos niegan algo queremos patalear como un niño de dos años, tirarle el chupete al mundo o revolcarnos por el suelo gritando hasta quedarnos roncos. Como sabemos que no podemos hacer esas cosas, nos permitimos berrinches más sofisticados, consistentes, por ejemplo, en gemir, murmurar, chismorrear o enfurruñarnos. Quizás incluso la emprendamos a puñetazos con una la almohada o soltemos tacos en el coche. La palabra «no» todavía es la más difícil de aceptar, a la edad que sea. No obstante, la decimos innumerables veces cada día a los hijos sin tener en cuenta cómo les sienta.

Cada vez que, dogmáticos e inflexibles negamos algo que nos piden, evidenciamos nuestro malestar. Y después los hijos hacen oídos sordos o, lo que es más grave, se rebelan. Si nos sentimos incómodos con la palabra «no», con independencia de las veces que la pronunciemos, los hijos no van a escucharla. Nos prestarán atención solo cuando *esperamos* de veras que nos escuchen. Lo cual equivale a *esperar* respeto y que no se traspasen los límites.

En otras palabras, igual que los hijos necesitan sentirse cómodos al oír la palabra «no», los padres tenemos que sentirnos cómodos al pronunciarla. Si no es así, es probable que los hijos nos desafíen y tengan un comportamiento problemático al llegar a la adolescencia. De todos modos, la forma de negar algo y el contexto relacional desempeñan un papel clave. ¿Decimos *no* en un estado consciente, con la conciencia clara de que es una verdadera respuesta a la conducta de los hijos y no una expresión de nuestros problemas? Si obramos partiendo de la conciencia, seremos capaces de rechazar lo que nos pidan no solo sin sentimiento de culpa sino también libres de cualquier ambivalencia o incoherencia.

A veces no podemos plantarnos con eficacia porque nos da la impresión de que no tenemos derecho a responder así. La explicación es que hace mucho tiempo nuestros padres nos robaron el derecho a esperar respeto. El respeto a uno mismo debe ir por delante del respeto a los demás. Ni los hijos ni nadie nos respetarán nunca si no nos respetamos primero nosotros. Si al negarnos a algo no dejamos claro por qué respondemos así, los hijos acabarán presionándonos y manipulándonos. Por eso es esencial que digamos *solo* lo que queremos decir, que lo que digamos sea *en serio*, y que *sigamos adelante*.

A veces los hijos se encuentran inmersos en su ego y hay que animarlos a volver a estar presentes. En esas ocasiones, quizá necesitemos proyectar *nuestra* presencia en ellos. Quizás incluso tengamos que imponerles nuestra voluntad. Eso es muy distinto de imponerles inconscientemente nuestros métodos sin ser apenas conscientes de lo que necesitan.

Suzanne es madre soltera de una preadolescente desbocada, Maryann, que de pequeña era un ángel, de modo que madre e hija se llevaban la mar de bien. Pero cuando la hija empezó a poner de manifiesto su individualidad, Suzanne no supo gestionar aquella incipiente independencia ni responder de manera constructiva a la natural necesidad de autonomía y competencia, lo cual fue debilitando cada vez más la autoestima de la madre.

Suzanne tenía problemas con su hija porque, a su vez, se había criado con una madre severa y abusiva que no solo la menospreciaba continuamente sino que incluso la hacía sentirse como si en el fondo tuviera alguna tara. Como consecuencia de ello, cuando llegó a la edad adulta, encadenó una serie de relaciones violentas y nunca fue capaz de atraer a una pareja que la respetara. Además, padece obesidad y problemas crónicos de espalda.

La autoridad de Suzanne sobre sí misma estaba tan mermada que ni siquiera se le ocurría reclamarle respeto a su hija. Tan insegura estaba de sus límites, que no le impuso ninguno a la hija. Por consiguiente, no le paró los pies a Maryann cuando esta empezó a desobedecer las reglas a los siete años; ni dijo una palabra cuando a los ocho Maryann le pegó; ni protestó cuando Maryann le rompió su collar favorito y no le pidió perdón a los nueve. Tampoco le impuso un horario de vuelta cuando a los doce años salió con sus amigos por primera vez. En otras palabras, sin darse cuenta, Suzanne había creado en su hija matices de su propia madre abusiva. De manera inconsciente, había sembrado las semillas de la falta de respeto de su hija porque el papel de víctima invisible era un espacio lleno de energía con el que estaba familiarizada.

En cualquier situación que exija una respuesta, la pregunta pertinente es: ¿estoy actuando a partir de mis necesidades y mis problemas no resueltos o de la voluntad de atender de veras a mi hijo? Esta disposición a ser moldeado por la relación padres-hijos y a ingresar en un estado de transformación es el sello distintivo del estilo parental consciente.

El modo de comunicar una negativa depende del temperamento del hijo. Los niños que escuchan con más facilidad son más sensibles y por tanto más maleables. A algunos les basta una mirada del padre o de la madre para dejar lo que están haciendo. No obstante, esos niños también son propensos a complacer a los padres con demasiada facilidad. Por eso hay que procurar no agobiarlos; si no, se convertirán en personas inseguras o quizás incluso miedosas. Los niños más fuertes desde el punto de vista temperamental tal vez necesiten algo más que una simple mirada. Estos niños suelen meterse más en líos porque tienden a ser no solo independientes sino también perseverantes, obstinados e incluso exaltados. En estos casos, los padres han de ser más contundentes sin dejar de ser amables, un malabarismo peliagudo. Es crucial que cualquier disciplina vaya asociada a abundante conexión en un ambiente relajado.

A veces los hijos pasan por una fase rebelde durante la cual estamos continuamente diciendo «no». Como solo es una fase, los padres pueden muy bien mostrarse firmes un día sí y el otro también. El problema es que muchos se cansan al cabo de unos días y entonces el niño, tras haberles ganado la partida a sus agotados padres, se envalentona y vuelve a su comportamiento difícil.

Ante un hijo que se pone recalcitrante, hay que hacer una pausa, coger aire y formularnos una pregunta: «¿Ha infringido una regla principal o una de las flexibles?» Cuando el niño se niega a hacer caso a nuestro «no» en un asunto importante, hace falta pasar a la acción. En el caso de una regla flexible, haremos bien en practicar el arte de la negociación o el de la rendición.

Si es preciso pasar a la acción, esta quizá consista, mediante una interrupción, en separar al niño de lo que esté haciendo o en alejarlo de su objeto de interés, sea un juguete, la televisión o el ordenador. Hemos de aprender a decir no y decirlo realmente en serio, con una voz que no sea dogmática ni vacilante. Si los hijos ven que establecemos una correspondencia entre palabra y acción, relacionarán las dos. La acción alcanza su efectividad máxima cuando no es punitiva ni tiránica, sino consecuente y firme.

En la tarea de aprender a afrontar las negativas, los niños necesitan el tiempo y el espacio para encontrar sus propios mecanismos tranquilizadores, que les permitirán recuperar el equilibrio. A mi hija le digo: «No puedo quitarte la frustración; ni quiero hacerlo. Pero puedo estar contigo mientras te enfrentas a esto.» La primera medida para tratar la frustración es permitir que exista. Cabalgamos las olas a medida que van llegando. Los niños aprenden a regular sus emociones practicando la toma de conciencia, la aceptación y la tolerancia.

Cuando los niños son pequeños, podemos echar los cimientos que más adelante les permitirán afrontar sus sentimientos por sí mismos. Para conseguirlo, cabe utilizar la técnica de poner nombre a esos sentimientos. Otra técnica consiste en estar junto al niño mientras dibuja lo que siente o escribe al respecto, y también funciona hacer que respire hondo cuando se exalte.

Muchas veces, un «no» se asume deprisa, sin emociones residuales. Pero en otras ocasiones los hijos quizá quieran decir cosas o expresar sentimientos. Si no los ayudamos a aguantar la frustración, acallarán las emociones dentro del cuerpo. Nuestra tarea pasa por escucharlos y luego hacerles entender que sentirse frustrado es algo natural. «Vamos a ver qué estás sintiendo», le digo a mi hija. Y entonces observamos las sensaciones juntas.

Es útil investigar si hay algo que aprender de los sentimientos que surgen cuando el niño recibe una negativa. Una lección podría ser que la vida no siempre resulta ser como nos gustaría. Es una enseñanza dura pero fundamental. De todos modos, si lo aceptamos, un no invita a la creatividad. Un crío que no obtiene en un momento concreto algo muy concreto de un ámbito muy concreto ¿cuenta con alguna vía para conseguir otra cosa que desee de otro ámbito? Cuando nos implicamos en la búsqueda conjunta de respuestas creativas, les proporcionamos una herramienta eficaz para afrontar la palabra no.

Tras centrarnos en cómo decir «no» y los asuntos a los que hay que responder de esa manera, voy a sugerir varias acciones o situaciones a las que hay que responder con un «sí» inequívoco:

Decir sí al esfuerzo y callar sobre el logro.
Decir sí a la búsqueda y callar sobre el hallazgo.
Decir sí a no saber y callar sobre saber siempre.
Decir sí a otras formas de saber y callar sobre aprender de memoria.
Decir sí a luchar y callar sobre el éxito.
Decir sí a la curiosidad y callar sobre el apego a lo ya descubierto
Decir sí a ser y callar sobre hacer.

Decir sí a la imaginación y callar sobre la imitación.

Decir sí a correr riesgos y callar sobre ir a lo seguro.

Decir sí a llorar y callar sobre aguantarse.

Decir sí a la generosidad y callar sobre la codicia.

Decir sí al juego y callar sobre la presión.

Decir sí a la creatividad y callar sobre los ratones de biblioteca.

Decir sí a participar y callar sobre ganar.

LA IMPORTANCIA DE ELEGIR EL MOMENTO OPORTUNO

Uno de los errores que solemos cometer es intentar enseñarles a los hijos la conducta adecuada mientras estamos en plena batalla con ellos. Aunque es fundamental *interrumpir* la conducta inadecuada cuando está produciéndose, puede que no sean capaces de entender el significado subyacente a su comportamiento hasta que se hayan calmado. Lo cual significa que debemos esperar un momento más oportuno, quizás a última hora del día o durante el fin de semana, para revisar la conducta con ellos.

Como estaba pasándoselo muy bien, mi hija no quería dejar de jugar con los amiguitos. Pero tenía que irse, desde luego; no había vuelta de hoja. Me la puse a hombros y la llevé al coche; ella se pasó todo el trayecto a casa llorando. Yo estaba enfadada con ella por ponerse así y traté de comunicárselo. Mientras la sermoneaba, no prestó la menor atención. Abrumada por la emoción, no entendía por qué estaba yo disgustada. Al cabo de unos días, mientras la acostaba, volví sobre el tema. Mediante un juego de roles sobre su forma de comportarse, describí todas las emociones que ella había sentido el día aquel y puse de manifiesto lo poco razonable que había sido. Cuando los niños ven su conducta a través de nuestra recreación, tienen la oportunidad de mirarse en el espejo y verse reflejados. Fue una ocasión para poner en común posibles opciones y encontrar una solución satisfactoria para ambas. Un proceso así permite a los hijos sentirse con capacidad, pues se les incorpora al proceso de su propia disciplina en vez de limitarlos a recibirla.

En el diálogo que siguió a continuación, mi hija me explicó: «Lo siento, pero lo de dejar a mis amigos me cuesta.» Le contesté que yo comprendía lo difícil que le resultaba dejar a sus amigos y que eso era normal. También le dejé claro que, por difícil que fuera, eso no significaba que ella pudiera ignorar los límites cuando quedaba para jugar. Tras asegurarle que valoraba su sinceridad, le pedí que me ayudara a encontrar una solución. ¿Qué habría hecho ella en mi lugar? Me pidió que le diera tres avisos que la ayudaran a prepararse para el final de la sesión de juego. Fuera ya del fragor de la batalla, era capaz de procesar sus sentimientos y hallar una vía para una conducta positiva.

Mediante esa clase de actuaciones el viaje parental tiene el potencial de ser, tanto para los padres como para los hijos, una experiencia espiritualmente regeneradora en la que cada momento es un encuentro de espíritus, y en la que los hijos y los padres comprenden que unos y otros danzan en un camino espiritual que es único, cogidos de las manos y, sin embargo, solos.

EPÍLOGO

Comprender nuestra inconsciencia compartida

La única manera de llevar a cabo un cambio auténtico y duradero es entendiendo bien qué es *realmente* lo que hace falta cambiar. Cuando emprendemos la tarea de llegar a ser conscientes, nos damos cuenta de que la conciencia resulta de diversos factores entrelazados. Cada uno de nosotros hemos heredado elementos de inconsciencia de generaciones pasadas y no solo de nuestros antepasados, sino también del inconsciente cultural colectivo.

En otras palabras, la sociedad, incluidos los grupos de personas afines, nos condiciona igual que los padres. De hecho, cuando emprendemos una investigación de la inconsciencia, advertimos lo interdependientes que somos con respecto a todos los que han estado antes que nosotros y todos los que mantienen contacto con nosotros. Nos damos cuenta de que nuestra inconsciencia está en función de la inconsciencia de todos los que nos rodean.

Para ser padres conscientes tenemos que aprender a responder a la realidad de una forma consciente y no a partir de un impulso ciego, utilizando más la razón que la reacción y empleando la voluntad activa con preferencia sobre el condicionante pasivo. Eso nos ayuda a reparar en que los hijos, por su naturaleza consustancial, desean una conexión profunda, duradera y auténtica con nosotros. Si luego se vuelven en nuestra contra o se alejan, es porque no hemos satisfecho sus necesidades emocionales ni les hemos enseñado a satisfacerlas ellos mismos.

ESTAMOS TODOS JUNTOS EN ESTO

Si queremos llegar a ser padres conscientes, hemos de reconocer que nuestra inconsciencia, que nos ha sido legada por la inconsciencia colectiva, paraliza a los hijos. Por ejemplo:

Somos nosotros quienes enseñamos a los hijos a ser codiciosos al darles diamantes en vez de palos y piedras.

Somos nosotros quienes enseñamos a los hijos a temer la aventura al recompensar sus éxitos y criticarles los fallos.

Somos nosotros quienes enseñamos a los hijos a mentirnos al enfadarnos con ellos cuando nos dicen la verdad.

Somos nosotros quienes enseñamos a los hijos a ser mezquinos y violentos con los demás al no tener en cuenta sus emociones y negarles aceptación incondicional.

Somos nosotros quienes enseñamos a los hijos a perder su motivación y su afán al presionarles para destacar y *ser algo*.

Somos nosotros quienes enseñamos a los hijos a deshonrarnos cuando les presionamos para que sean lo que no son.

Somos nosotros quienes enseñamos a los hijos a intimidar cuando dominamos su espíritu y acallamos su voz.

Somos nosotros quienes enseñamos a los hijos a sentirse confusos y abrumados al darles toda clase de cosas externas pero pocas herramientas para mirar hacia dentro.

Somos nosotros quienes enseñamos a los hijos a estar poco atentos y a distraerse al inundar su vida de actividades sin dejar espacio para la calma.

Somos nosotros quienes enseñamos a los hijos a vivir la vida mirando hacia fuera cuando dedicamos el tiempo y la energía a nuestro aspecto y nuestras adquisiciones.

Somos nosotros quienes enseñamos a los hijos a no respetarnos al no pararles los pies la primera vez que son irrespetuosos y siempre que lo sean.

Somos nosotros quienes enseñamos a los hijos a ser rebeldes al no saber imponer las reglas en serio.

Somos nosotros quienes enseñamos a los hijos a sentir vergüenza al avergonzar su espíritu y juzgarlos constantemente.

Somos nosotros quienes enseñamos a los hijos a estar inquietos al negarles la celebración del presente y centrarnos siempre en el mañana.

Somos nosotros quienes enseñamos a los hijos a no quererse a sí mismos al clasificar sus emociones en dos categorías, las que aprobamos y las que no aprobamos.

Somos nosotros quienes enseñamos a los hijos a no confiar en el mundo al traicionarles cada vez que no vemos quiénes son en su esencia.

Somos nosotros quienes enseñamos a los hijos a amar o no en la medida en que nosotros nos amamos o no a nosotros mismos.

Todos nos sentimos impulsados a actuar de maneras previsibles a partir de la costumbre. Desvincularse de este hábito y responder de una forma auténtica y espontánea no es fácil, si bien es precisamente esto lo que hace falta si queremos educar con eficacia. Ante el reto de educar un espíritu individualista e idiosincrásico, no podemos imponer sin más nuestros métodos habituales a los hijos, pues en este caso sufrirán una pérdida de autenticidad. Ser padre o madre consciente no consiste en obligarlos a adaptar su espíritu a nuestra autenticidad, sino en ajustar nuestro planteamiento agotado, cínico, resentido o amargado a la suya.

Lo satisfactoria que sea la vida de los hijos dependerá mucho de su relación con nosotros. Si esta relación no logra potenciar su conexión interna consigo mismos, su sedienta alma intentará restablecer esta conexión por otros medios. Buscarán en la tienda de ropa, la lujosa oficina de la empresa, la esmeralda, el casino, la botella, la aguja o el cónyuge número uno, dos o tres. Sin embargo, si su relación con nosotros los estimula a entablar un diálogo coherente con su ser interior, estarán en paz consigo mismos, lo cual será clave para una vida resplandeciente de significado.

LLEGAR A SER UN PROGENITOR QUE ESTÉ PRESENTE

Mientras a los padres se les insta a proporcionarle al hijo guía emocional, estabilidad, aceptación y seguridad, al niño se le invita a la vida de los padres a enseñar algo que está solo en sus manos: a vivir la vida con la presencia, la autenticidad y la espontaneidad alegre que los adultos han perdido como consecuencia de su propia educación inconsciente.

La crianza de los hijos requiere presencia con ellos a cada momento, centrar la atención en innumerables incidentes de compromiso y no compromiso. Por eso no podemos limitarnos a dominar una estrategia ingeniosa o una técnica hábil. El enfoque consciente es un planteamiento vivo, orgánico, efectivo a cada instante, en virtud del cual los hijos se empapan de *nuestra* relación con la vida y por tanto aprenden a seguir su propio espíritu, con lo que imprimen una marca única en su vida. Por tanto, la manera en que estamos conectados con nuestro yo interior y vivimos nuestra finalidad es lo que más impacto causa a la larga en los hijos.

Por este motivo, nos corresponde a nosotros supervisar el grado en que estamos realmente presentes mediante el hábito de formularnos la siguiente clase de preguntas:

¿Soy capaz de tranquilizar la mente y quedarme quieto?

¿Soy capaz de interrumpir los pensamientos y oler, oír y saborear cada uno de mis momentos?

¿Soy capaz de reírme de modo incontrolado incluso cuando la vida no está saliendo según lo que había planeado?

¿Soy capaz de mostrar empatía hacia otro incluso cuando estoy dolido?

¿Respeto mi cuerpo?

¿Vivo mis pasiones?

¿Me gusta mi vida imperfecta?

¿Soy capaz de ser uno conmigo mismo mientras no soy nada ni hago nada en particular?

¿Soy capaz de acceder a mis emociones más profundas sin miedo a ser juzgado ni vergüenza?

¿Oriento todo mi mundo desde un eje interno?

Cuando estamos presentes de esta forma, los hijos aprenden lo mismo: no de nuestras palabras sino de nuestra capacidad para estar presentes con nosotros mismos; no de lo que les compramos ni de la universidad a la que los enviamos, sino de nuestra conciencia *iluminada*.

La realidad es que pocos de nosotros sabemos *vivir las experiencias* sin injerencia de la mente, limitándonos a estar presentes con ellas. Sin darnos cuenta, nos vemos atascados en polaridades: lo uno o lo otro, esto o aquello, bueno o malo, placer o dolor, yo o tú, pasado o futuro y... sí, padres frente a hijos. En cuanto la mente se implica en ese tipo de pensamiento polarizado, crea una separación entre nosotros y nuestro mundo. No nos damos cuenta de que estamos generando esa separación, pero la verdad es que lo hacemos a menudo. Conocemos a alguien y enseguida lo evaluamos. Observamos a los hijos y de inmediato nos decimos cosas como «es bueno», «es malo» o «¿por qué se porta así?». Sentimos continuamente la necesidad de imponerle nuestros criterios a la realidad.

Interaccionar con la realidad en su forma *tal cual* nos resulta ajeno. Estar presentes del todo en nuestra realidad, *tal como es* y no como *nos gustaría que fuese*, nos exige acallar la mente y desprendernos de nuestras preocupaciones respecto al pasado y al futuro. Requiere que nos centremos en el aquí y el ahora. En vez de verlo todo a través del velo polarizador, ingresamos en un *estado de experiencia pura*.

Es cuando no estamos presentes en nuestra vida cuando nos cuesta aceptar a los hijos en su forma *tal cual*. En lugar de ello, intentamos imponerles ideales arrancados de nuestros condicionamientos del pasado. Como nuestros hijos son *nuestros*, creemos tener un derecho sin cortapisas a hacerlo; por tanto, educamos a los hijos de una manera que aplasta su ser esencial. Aumentamos la reserva de inconsciencia en la sociedad en vez de reducirla.

No se trata de que tus hijos hereden tu inconsciencia, sino de que tú excaves en ella. Ser un progenitor consciente equivale a darse cada vez más cuenta de la fuerza y la preponderancia de la inconsciencia cuando surge en las situaciones cotidianas.

Los hijos criados por padres conscientes, que, en consecuencia, están en paz consigo mismos y conectados con su dicha interna, descubren la abundancia del universo y aprenden a sacar provecho de esta fuente de flujo ininterrumpido. Al considerar que la vida es su compañera, estos niños responden a sus retos con curiosidad, entusiasmo y una sensación de compromiso reverente. Educados para ser internamente pacíficos y conocer su dicha connatural, a su vez, les enseñarán a sus hijos a vivir en un estado de abundancia feliz.

Esta dicha es capaz de infundir en el alma una sensación de ganar poder. Los habituales juegos de poder y control no tienen aquí cabida y son sustituidos por una experiencia de unión con todo, de modo que la vida fluye con capacidad sanadora para las generaciones venideras.

Apéndices

La brújula de la conciencia

Preguntas que debemos formularnos a nosotros mismos

¿Cuál es mi misión en la vida?
¿Cómo manifiesto mi norte en la vida?

¿He llegado a un sitio en el que soy capaz de conectar con un norte en la vida más profundo?
¿Me siento realizado por dentro?
¿Cómo hago que cada día tenga sentido?

¿Cuáles son mis principales apegos al ego?

¿Estoy apegado al éxito de una forma material?
¿Estoy apegado a mi imagen y a los roles que desempeño en la vida, como padre o madre, cónyuge o profesional ambicioso?
¿Siento continuamente carencia o necesidad?
¿Noto que tengo suficiente o que me falta?
¿Por qué me encuentro en un estado así?
¿Qué es esto a lo que me estoy agarrando ahora mismo en la vida y que noto que no puedo soltar? ¿Y si lo soltara, sea lo que sea?

¿CUÁLES SON EN EL FONDO MIS MIEDOS?

¿Me he quedado a solas conmigo mismo y me he mirado realmente al espejo y me he enfrentado a mis miedos?

¿Soy capaz de entrar con suavidad en esos miedos y empezar a reconocerlos en vez de aliviarlos de forma frenética mediante manifestaciones externas de control y poder?

¿Soy capaz de estar con mis miedos esenciales, entenderlos, hacerme amigo de ellos y expulsarlos?

¿QUÉ GUION VITAL ESTOY SIGUIENDO?

¿He examinado mi pasado y he visto que estoy interpretando un guion vital basado en la familia de la que provengo?

¿Soy capaz de ver los objetivos e ideas en función de los que he estado estructurando mi vida?

¿Soy capaz de ver patrones recurrentes al observar cómo se desarrollan mis relaciones con los demás?

¿CUÁL ES MI HERENCIA EMOCIONAL?

Cuando la vida no transcurre con arreglo a mi plan, ¿qué respuesta emocional suelo dar?

¿Cómo me planteo la vida a diario?

¿Soy capaz de distanciarme de mis marcas emocionales y llegar a ser consciente de ellas?

¿Soy consciente de cómo proyecto mis emociones en mis hijos y mi cónyuge?

¿CUÁLES SON MIS DESENCADENANTES EMOCIONALES?

¿Cuándo me siento abrumado por las emociones?

¿Cuáles son mis principales desencadenantes emocionales?

¿Cómo proceso las emociones cuando me afecta algún desencadenante o activador?

¿CÓMO PROCESO LOS EPISODIOS NEGATIVOS DE MI VIDA?

Cuando estoy enfadado o abatido, ¿tiendo a buscar a los sentimientos un origen exterior o lo localizo dentro?

¿Me permito a mí mismo interaccionar con mis emociones y observarlas en vez de reaccionar a ellas?

¿Soy capaz de desprenderme de las emociones negativas?

¿Soy capaz de verme cuando proyecto mis emociones en otra persona?

¿SOY CAPAZ DE VIVIR EN UN ESTADO DE CONCIENCIA?

¿Soy capaz de vivir en un espacio de confianza y percepción, o estoy nublado por el miedo, la ansiedad y el resentimiento?

¿Estoy en contacto con mi esencia?

¿SOY ALGO MÁS QUE UNA PERSONA QUE HACE COSAS? ¿SOY CAPAZ DE SER ALGUIEN?

¿Cómo me implico en mi vida? ¿Todo mi hacer fluye desde ser?

¿Noto la presión de llenar cada día con una actividad tras otra, o soy capaz de quedarme a solas conmigo mismo al menos una vez al día y entrar en contacto con mi calma interior?

¿Participo en acciones que fomentan la conexión interior o de tan ocupado que estoy he perdido esta conexión interior?

¿Siento constantemente la necesidad de juzgar y estar en el espacio mental de hacer? ¿O soy capaz de experimentar de manera simple y plena mis experiencias con un estado de ser neutro pero despierto?

¿EN QUÉ HE BASADO LOS PILARES DE MI ESTILO PARENTAL?

¿He basado inconscientemente los pilares del éxito de mi hijo en su capacidad para hacer cosas, producir y triunfar?

¿Soy capaz de permitir al espíritu de mi hijo fluir de manera natural antes de que se establezca la idea de que hay que hacer cosas?

¿Cuánta presión le meto a mi hijo para que llegue a ser la persona que quiero que sea en contraposición a la que es por naturaleza?

¿Contemplo a mi hijo con una sensación de carencia o de abundancia?

¿Miro a mi hijo y lo veo siempre en función de lo que debe llegar a ser, o soy capaz de estar con él y maravillarme de lo que ya es?

¿CÓMO LE ENSEÑO A MI HIJO A CONECTAR CONSIGO MISMO?

¿Cómo interactúo con mi hijo?

¿Cómo escucho a mi hijo: de forma pasiva, o de forma activa con presencia comprometida?

¿Soy capaz de ver a mi hijo como lo que es realmente?

¿Cómo ayudo a fomentar la conexión de mi hijo con su yo interior?

¿Cómo modelo mi propia conexión interior conmigo mismo?

¿Qué me parece la vida? ¿Benévola o maléfica? ¿Depende la respuesta de las circunstancias que encuentro dentro de mí?

Algunos aspectos destacados de
Padres conscientes

Cada uno de nosotros se imagina que es el mejor padre que se puede ser; de hecho, la mayoría somos buenas personas que queremos mucho a los hijos. No les imponemos nuestra voluntad por falta de amor, desde luego, sino, más bien, por falta de conciencia. Lo cierto es que casi ninguno somos conscientes de la dinámica que se da en la relación con los hijos.

El problema no son los hijos sino nuestra inconsciencia.

Los hijos no deben heredar nuestra inconsciencia; nosotros hemos de excavar en ella.

El amor y la verdad son sencillos. Una vez que hemos llegado a ser conscientes, la crianza de los hijos no es tan complicada ni difícil, pues una persona consciente es afectuosa y auténtica por naturaleza.

Enseñamos más por el ejemplo que damos que de ninguna otra manera. Los niños lo ven y lo imitan todo. También detectan planes ocultos e intenciones maliciosas.

Los niños son demasiado egocéntricos para pensar en nosotros cuando tienen un berrinche; solo piensan en sí mismos.

Así que no debemos tomarlo como algo personal. La conducta inadecuada apropiada es un grito procedente del corazón: «Ayúdame, por favor.»

El berrinche de un niño tiene su origen en una emoción que no pudo ser expresada en su momento.

La pataleta de un niño hay que corregirla siempre en el momento presente.

Si el hijo es adolescente, ya ha quedado atrás la época en que nos pedía permiso.

Si nos relacionamos con los hijos aceptándolos tal como son en un momento concreto, les enseñamos a aceptarse a sí mismos. Si pretendemos cambiar su estado presente y modificar su conducta para poder darles nuestra aprobación, estamos transmitiendo el mensaje de que su ser auténtico no está a la altura. Entonces ellos empiezan a encarnar un personaje y así se alejan de su verdadera personalidad.

Ajustar nuestros impulsos emocionales a los de los hijos es mucho más efectivo que ajustar los suyos a los nuestros.

Hallarnos en un estado de impulsividad emocional equivale a oponer resistencia a todo.

Para modelar la conducta se utilizan los conflictos como laboratorio de aprendizaje. Por esta razón, la conducta se va puliendo continuamente, a cada momento, sin limitarse a momentos de castigo. La firma de esa escultura de la conducta es el refuerzo positivo, una herramienta más eficaz que el castigo.

Nuestro cometido es hacernos amigos de la esencia del hijo.

Si reivindicamos de veras nuestra singularidad, tenemos miedo de sentirnos aislados y solos.

El espíritu de tu hijo es infinitamente sabio.

Los padres conscientes confían sin reservas en la intuición de su hijo con respecto a su destino.

NAMASTE Publishing
Descargas digitales y de audio,
de la doctora Tsabary,
disponibles en *www.namastepublishing.com*

CD 1. INTRODUCCIÓN
DIEZ PASOS HACIA LA EDUCACIÓN CONSCIENTE

Este material introductorio presenta una perspectiva general de los principios básicos de la educación consciente. Ofrece a los padres un planteamiento del estilo parental que pone el acento más en los padres que en los hijos. La educación consciente subraya la importancia de que los padres intensifiquen la conexión con su propio ser interior, lo que a su vez dará lugar a una intensificación de la conexión con sus hijos.

CD 2. AUTENTICIDAD
DIEZ PASOS PARA INTENSIFICAR LA CONEXIÓN CON LOS HIJOS

Establecer una relación auténtica entre padres e hijos es el primer paso para educar a un niño de tal modo que disfrute de un estado de totalidad. Mediante la relación con sus padres, los hijos aprenden a respetarse a sí mismos y respetar a los demás. Y, más importante si cabe, aprenden a interaccionar con su mundo interior provistos de cierto poder. Este material didáctico explica a los padres métodos gracias a los cuales pueden cimentar la relación con sus hijos de una forma compartida que favorezca la conexión consciente.

CD 3. CONTENCIÓN
DIEZ PASOS PARA IMPONER DISCIPLINA
A LOS HIJOS DE FORMA CONSCIENTE

Nuestros hijos necesitan que les enseñemos a tolerar y contener sus emociones. La clave de su capacidad para ejercitar la contención emocional está en aprender a confiar en su fuerza interior. Si son capaces de soportar emociones como la frustración, respetarán los sentimientos y los límites de los demás. Este componente vital de la educación prepara a los hijos para relacionarse con los demás de una manera consciente y respetuosa.

Agradecimientos

A Constance Kellough, por haber tenido la visión de este libro y parirlo con tanto amor, convicción férrea y respaldo incondicional. Mi más profundo reconocimiento.

A David Robert Ord, por tu genio. No hay otro editor como tú. No tengo palabras para expresar mi gratitud.

A los muchos pacientes con los que he trabajado a lo largo de los años, por permitirme entrar en sus vidas.

A mis amigos y mi familia, por estar siempre ahí. Sabéis lo que sois y lo que significáis para mí: el mundo.

A mi esposo Oz y mi hija Maia; las palabras nunca captarán el sentimiento. Nada de lo que soy o hago existe al margen de vuestra presencia.

Gracias.

Índice